学生体育训练理论与方法研究

张 栋 盖安俊 赵 统 著

全国百佳图书出版单位
吉林出版集团股份有限公司

图书在版编目（CIP）数据

　　学生体育训练理论与方法研究/张栋，盖安俊，赵
统著. --长春：吉林出版集团股份有限公司，2022.4
　　ISBN 978-7-5731-1477-8

　　Ⅰ．①学…Ⅱ．①张…②盖…③赵…Ⅲ．①体育教
学-教学研究-高等学校 Ⅳ．①G807.4

　　中国版本图书馆 CIP 数据核字（2022）第 067951 号

学生体育训练理论与方法研究
XUESHENG TIYUXUNLIAN LILUN YU FANGFAYANJIU

著：张　栋　　盖安俊　　赵　统
责任编辑：沈丽娟
技术编辑：王会莲
封面设计：豫燕川
开　　本：787mm * 1092mm 1/16
字　　数：278 千字
印　　张：11.5
版　　次：2023 年 11 月第 1 版
印　　次：2023 年 11 月第 1 次印刷

出　　版：吉林出版集团股份有限公司
发　　行：吉林出版集团外语教育有限公司
地　　址：长春福祉大路 5788 号龙腾国际大厦 B 座 7 层
电　　话：总编办：0431—81629929
印　　刷：长春第二新华印刷有限责任公司

ISBN 978-7-5731-1477-8　　　　　　定价：　　36.00 元

前　言

进入 21 世纪，随着信息时代的来临和高新技术的迅猛发展，各国之间的竞争越来越激烈，且竞争的重点集中在人才竞争上。体育教育是我国教育的重要组成部分，在培养全面的人才中发挥着越来越重要的作用，受到了人们的广泛关注。

"生命在于运动"这句话深刻地体现了体育在促进人体发展和增强体质方面的重要作用。健康是生命永恒的主题。体育与健康教育是学校教育的重要组成部分。近年来，体育与健康发展十分迅速，已成为我国学校教育不可或缺的内容之一。越来越多的人认识到，经常且有规律地进行运动对保持健康体质、达到良好状态是十分重要的。当然，有规律地进行运动只是众多增进健康生活和提高生活质量的生活方式中的一种。

体育教学是学校体育的中心内容。开展体育教学不仅是为了提升学生的体质，更是为了培养学生全面发展。

经过多年的改革与发展，目前我国学校体育教学水平明显上升了一个层次，各方面都呈现出积极发展的景象。但是体育教育训练的理论还有明显的欠缺，相当一部分学校只专注于实践教学和技能的提高，而对理论体系建设不够重视，这对体育教育的发展是非常不利的。鉴于此，作者撰写了本书，以求对当前体育教育训练的理论发展提供一些帮助。

本书首先对体育教育进行了概述，然后对现代体育教育理念及其发展、体育教育主体及其发展、体育教育管理理论及其发展、体育教育课程内容资源的挖掘与发展、体育教学理论发展与创新、体育训练理论与发展创新、重点运动项目的科学训练理论与发展进行了系统的研究，在本书结尾，也对体育训练的方法与安全进行了研究。

本书由山东现代学院张栋、南昌职业大学盖安俊、河南中医药大学赵统共同担任著者。具体撰写分工如下：张栋负责第一章和第三章的内容（共计 10.3 万字）；盖安俊负责第二章、第七章至第九章的内容（共计 10.3 万字）；赵统负责第四章至第六章的内容（共计 7.2 万字）。全书由张栋统稿完成。

本书在撰写过程中参阅了许多有关现代体育教育训练的理论发展和创新方面的著作，也引用了许多专家和学者的研究成果，在这里一并表示衷心的感谢。由于时间仓促，作者水平有限，书中难免存在错误与疏漏，恳请各位专家、学者批评指正，欢迎广大读者多提宝贵意见，以便本书日后的修改与完善。

编　者

2021 年 10 月

目　　录

第一章 体育教学观

体育是学校教育的重要组成部分，也是实现教育体制改革和素质教育不可缺少的重要方面，而体育教育是否适应教育发展的要求又显得格外重要。因此，体育教育的途径、手段、方法特别是观念和思想，是决定体育教育成败的关键。体育教育要注重培养学生科学的体育观，使他们充分认识体育的重要作用和意义，并充分调动他们的积极性和主动性。

第一节 认识体育学科的性质

一、体育是学校教育的重要组成部分

体育与其他学科一样，是正式的教学科目，是学校学科整体的一个重要部分，也是学校教育的重要组成部分。在中国，从小学、中学，一直到大学二年级的课程中都设有体育（与健康）课。由此可见，体育学科既是一门基础课程，也是学校教育各个阶段的一门必修课程，同时还是各科教学中课时安排最长的一门学科课程。

值得提出的是，体育（与健康）课程是一门以身体练习为主要手段，以增进学生身心健康为主要目的的必修课程。体育（与健康）课程对培养学生运动参与意识，增强学生体质和提高学生健康水平，促进学生身心和谐发展，以及培养现代社会所需要的高素质劳动者，具有极为重要的作用。

体育既是学校教育的重要组成部分，也是学校课外活动的主要内容；它能有效地增强体质、增进健康，并对学生的智力、个性发展以及思想品德教育起着积极的促进作用。

二、体育学科的主要特点

虽然体育学科与其他学科有一定的共同点，即两者都是在教师和学生的共同参与下，按照教育计划和教学纲要，由教师向学生传授一定的知识、技能，并向学生进行思想品德教育的一种教育过程，但同时，体育学科也是众学科中一个非常有特点的学科，与其他知识类学科有着本质的区别[①]。这种区别表现在以下几个方面。

（一）体育学科内容的内部逻辑关系上的特点

任何学科的内容逻辑性无非是逻辑的关系和并列的关系。以知识、原理为主要内容的学科，如数学、物理、化学等内容结构主要是一种逻辑的内部关系，数学的加减法必在乘除法之前，乘除必在混合运算之前，等式在不等式之前，一次方程必在二次方程之前等，前者是后者的基础，后者是前者的发展，两者不能逾越或颠倒，内容之间表现出很强的逻

---

① 刘伟. 基于学生全面发展的校园体育拓展训练研究［M］. 长春：吉林出版集团股份有限公司，2021.03.

辑关系。

以各种技能、知识为主要内容构成的学科，如体育、美术、音乐、技术教育等主要是一种并列的内部关系。如篮球、体操这两个项目，在教学安排上先教哪个都可以，二者可以互换，甚至可以取消，谁都很难说是另外一个内容的基础或提高，两者之间没有很强的依存关系，也不存在先教后教的问题。两者在很多时候还可以达到共同的教学目标。

（二）体育教学中学生需要承受一定的运动负荷

虽然体育课教学也要通过记忆、思维等来掌握一定的体育与卫生保健知识，但学生主要是从事各种身体练习，人体器官系统积极参与活动并协调配合，学生身体要承受一定的生理负荷，有时甚至是较大的运动负荷，并因此而产生身体疲劳，加速机体的新陈代谢活动。同时，学生在掌握体育基本知识、基本技术、基本技能和进行身体练习的过程中，需要承受一定的心理负担或压力，或进行情绪情感的体验等心理过程，从而达到强身健体、育心育体的教学目标。

（三）体育学科内容庞杂，与体育相关的学校工作较多

由于形成体育学科和体育内容的源流较复杂，因此，体育带有多种文化的特点；又由于体育与作为人的物质存在的身体有关，所以很多工作都或多或少地与体育学科有关。如学校中就有早操、课间操、班级体育锻炼、课余体育训练、课余体育竞赛、军训、体检、健康教育、校内外集体活动，甚至与劳动等都有密切的关系。由此出现体育学科与体育教学内容庞杂，体育教师工作多、工作量大等现象。

（四）体育学科教学在特定的空间进行

体育教学一般都在室外进行，师生的活动不像其他学科局限于教室、实验室内。体育教学基本上使学生的活动处在一种动态变化之中。这种教学时空的特殊性，使体育教学组织过程复杂多变，人际交往频繁，增加了学生的学习与活动体验，但同时也存在着安全隐患，因而需要体育教师在体育课的组织、控制与管理方面付出更为艰辛的劳动。

三、体育课程类型及其特点

体育课程类型是指体育课程的组织方式或设计体育课程的种类。由于课程工作者的课程观不同，学校的具体情况不同，因而所设计的体育课程类型也会有所不同。在教育部近年推行的体育教育改革措施中明确提出，体育课程主要有两个方面组成，即学科类课程和活动类课程。

学科类课程是体育课程的主体，是实现体育教学目标和达到国家对各个教学阶段与各年级学生体育基本要求的主要途径。而活动类课程是体育课程的有机组成部分，一般要求全体学生参加。两者相互联系，紧密结合，共同完成体育教育目标。

（一）学科课程

学科课程是以传统和公认的体育知识和运动技能为基础，按照体育教学目标要求，从体育知识和规范的运动技术领域中选择一定的内容，根据内在的逻辑体系而组织起来的体育课程。学科课程的优点是有助于系统传授人类体育文化遗产；有助于学习者获得系统的体育文化知识，形成运动技能；有助于组织教学与评价，提高教学效益。学科课程的主要缺点是容易轻视学生的需要和经验，脱离社会生活实际。

（二）活动课程

活动课程是以学生的体育兴趣、需要和能力为编制课程的出发点，以学生主体性活动的经验为中心组织的体育课。活动课程以开发与培育主体内在的、自发的体育价值为目标，旨在培养具有个性的主体。活动课程的主导价值在于使学生在体育活动中获得关于体育的真情实感，提高学生的实践能力、创造能力和加强学生的活动体验。

第二节　研究体育课程的教学内容

体育教学内容是体育教学目标与体育教学实施的中介。体育课程的设计、实施与评价都可以理解为围绕体育教学内容的安排而展开的活动。

一、体育教学内容

（一）体育教学内容的概念

体育教学内容是课程内容的一个有机组成部分："体育教学内容是那些以体育教育为目的，以身体练习、运动技能学习和教学比赛等为形式，经过组织加工后，可以在教学环境下进行的内容的总称。""体育教学内容是体育教学中传授给学生的体育基本知识、技术、技能的总称。包括身体练习及体育基本知识两大类。"

（二）体育教学内容的特点

1. 身体运动性

体育教学内容"是以有关身体运动的学习和身体运动的技能形成为主要培养目标的内容；是以运动为媒介，以大肌肉群的活动状态进行教育的内容。"体育教学不仅是学生的思维活动，解决学生知与不知、懂与不懂的问题，而且主要通过实际的运动学习与身体练习，通过学生运动中肌肉本体感觉的形成与动作记忆解决会与不会的问题。

2. 健身性

体育教学内容的学习过程实际上也是学生从事身体练习的过程，在这一过程中学生必然承受一定的运动负荷，它为增强体能、增进健康提供可能。合理地安排身体练习的负荷大小与负荷过程，对于提高体能、增进健康的作用是其他课程无法取代的。

3. 娱乐性

体育教学内容大部分来自体育运动项目，而体育运动项目大多是从各种各样的运动性、竞技性游戏发展变化而来，运动性游戏具有趣味性、娱乐性。在运动学习与运动竞赛过程中会经历竞争与合作、成功与失败的体验，给人的情感、情绪以深刻而丰富的影响。

4. 非阶梯性

体育教学内容与一般学科的课程内容不一样，它没有比较清晰的由易到难、由简到繁的阶梯性结构以及明显的从基础到提高的逻辑性体系。它是由众多相互平行的运动项目和身体练习组成，繁杂的理论知识素材，为体育教学内容的选择增加了困难。

二、体育教学内容的选择

体育教学内容的选择一直是体育教学设计的核心问题，也是体育教学设计中最棘手的问题，在以往的体育教学内容选择过程中，往往直接将体育运动中的运动项目移植到体育教学内容中来。

（一）体育教学内容选择的依据与原则

1. 体育教学内容选择的依据

体育教学内容是实现体育课程教学的手段而不是目的。体育教学目标的多元性以及体育运动的可替代性，增加了体育教学内容选择与组织的困难和多样性。体育学习目标是选择、组织体育教学内容的依据，体育教学内容是实现体育学习目标的手段。在选择和组织体育教学内容时，不仅要考虑到体育学习目标，还要考虑体育教学内容的科学性与有效性，考虑学生和社会以及与学校整个教育目的的一致性[①]。

2. 体育教学内容选择的基本要求

（1）基础性

中小学体育教学内容的基础性主要是使学生掌握体育与健康的基本知识与技能，为以后继续进行体育学习所需要的体育能力，为有效地增进健康，形成良好的个性，提高体育文化素养，实现终身体育奠定基础。在选择体育教学内容时，应注重选择学生必须具备的体育基本知识、运动技能和体育能力的相关内容。

（2）实用性

体育教学具有鲜明的生活教育色彩，体育教学内容必须反映社会发展的要求，适应社会发展的变化。体育教学内容的选择应有利于培养学生对体育的兴趣爱好和实际从事体育运动的能力，并能为学生未来继续进行体育锻炼服务。因此，在选择体育教学内容时一定要既打好基础，又选择大众喜爱的、较为普及并有很好健身娱乐效果的项目进行学习。

（3）兴趣性

学生的体育兴趣在很大程度上决定着学生对体育活动的注意，并指引着学生学习的方向，成为体育学习的主导力量。体育教学内容是为特定学生所选择的，应为学生所接受，充分考虑学生实际的兴趣、需求和能力，使学生能够体会体育的乐趣，并有利于学生体育学习兴趣的发展。

（4）科学性

体育教学内容的选择要符合不同学段学生的身心发展特点，有效地促进学生的身心健康。同时，体育教学内容的选择要充分考虑学生的个体差异。

（二）体育教学内容选择的过程

1. 用教育的观点审视现有的体育素材

体育教学内容的选择首先要关注社会的制约因素，要从社会的生产生活、科技教育等发展的实际出发，考虑社会的发展对人的影响与要求，并以此为基点对现有的体育素材进行分析与评价，即这些内容是否有利于增进学生的健康，是否有利于学生进行锻炼，是否有利于对学生进行思想品德教育，是否有利于培养学生良好的思想品质。

2. 根据体育学习目标对体育运动进行整理

各种体育运动项目和身体练习对于人的身心都具有程度不同的影响，每一个体育运动项目与身体练习，对人的身体、心理等各个方面都有不同的作用与影响。体育教学内容选择应依据体育学习目标，分析各个体育运动项目与身体练习的主要功能，将各个体育运动

---

① 韩相伟. 大学生体育训练教学发展［M］. 北京：北京工业大学出版社，2020.04.

项目与身体练习进行整理与合并，作为形成体育教学内容的基本素材。

3. 对各种体育运动进行典型性分析

因为体育运动项目与身体练习具有多功能性与多指向性的特点，具有明显的可替代性，可供体育教学内容的素材非常多，但由于体育教学时间有限，不可能将很多体育运动项目与身体练习都选为体育教学内容。因此，必须根据社会的需求与条件，同时考虑不同学段学生的身心特点与兴趣爱好，从众多的体育运动项目和身体练习中选出比较典型和常见的作为体育教学的内容。

4. 根据不同水平的体育学习目标选择具体的体育运动

由于不同年级学生具有不同的身心特点，不同年级的体育教学目标也不相同。因此，在选择不同年级学生的体育教学内容时，应根据不同学段学生身心与相应水平的体育教学目标，选择相应的内容。

5. 可行性（实施的条件）分析

体育教学内容受地域、气候和场地、器材条件的制约与影响，在选择体育教学内容时，一定要充分考虑体育场地、器材的可能性。

（三）体育教学内容的发展

1. 对体育教学内容的反思

（1）体育教学内容的逻辑关系不强。

体育教学内容与其他教学内容相比，其最大特性就是其内在的逻辑关系不强，这使在安排教学内容时无法完全按简单到复杂、由低级到高级的逻辑顺序来排列教材。

（2）竞技项目如何教学化。

长期以来，竞技体育项目充当着体育教学的主要内容。由于运动训练与体育教学有着本质的区别，在实际的体育教学中又一味地按照竞技体育的标准要求学生，出现了学习内容枯燥、难度较大、教学效果不佳等问题。因此，必须对竞技运动项目加以改造，以适应体育教学的需要。体育教学内容的当务之急是如何改造竞技体育运动项目，使竞技体育运动项目符合体育教学内容的要求。

（3）体育教学内容与健康教育的畸形关系。

体育教学内容本应该和健康教育融为一体，但一直以来人们比较忽视理论基础知识的精选与传授，认为体育教学就是上实践课；或者说是很多会上体育实践课的教师不会上健康教育课，而很多会上健康教育课的教师又不会上体育实践课，这导致了体育教学和健康教育的关系变得非常尴尬。随着"终身体育"这一概念的提出，人们认识到，体育必须同卫生、保健相结合，必须进行科学的锻炼和保健才能保持健康，理论与实践有机地结合对于体育教师来说是一大挑战。

（4）体育教学内容应该多样化还是重点突出。

同别的学科相比较，体育教学的内容在横向上要丰富得多，而其他学科教学内容多表现为纵向上的逻辑递进。随着"终身体育"思想的出现，特别是针对由于目前的体育教学内容太多，学生学不会的弊端，有些学者提出只教会学生一项运动技能的观点，用这一项内容就可以满足终身体育的需要了。但也有诸多的反对者，他们认为，面对庞大丰富的体育文化知识宝库来讲，那是太狭小了，一个项目不可能满足儿童、少年、青年、中年直至老年的体育运动兴趣。这是一种片面的终身体育观，项目太多和项目太少都不是可行之路。因此，学者们正在探讨初中、小学的多样化教材内容和高中、大学选择特长项目的设想。

2. 体育教学内容的发展趋势

（1）向不同学段逐级分化和从规定性向选择性方向转化。

过去的体育教学大纲在确定体育教学内容时，试图从综合性极强的体育学科当中寻找运动项目之间的逻辑关系，把所选择的体育教学内容按照一定的逻辑关系进行体系化，而体育教学内容恰恰缺少逻辑性，这给教材的安排出了一个难题。而未来的体育与健康的教学大纲在选择体育教学内容时，遵循体育学科自身的内在规律，把一些学生喜闻乐见的、健身性、娱乐性、时代性强的体育素材选入到体育课程里，并对不同年龄阶段和学段的教学内容和要求有所区别，并且在高中阶段以后要实施"选择制教学"。

（2）从教师价值主体向学生价值主体转化。

体育教学内容的选择与确定，不仅受国家与政府的价值观念、社会发展的水平、学校教育的发展水平的制约，而且受教师与学生的价值观念的制约。在 1997 年以前的体育教学大纲中，体育教学内容的选择与确定，更多体现的是体育教师对体育教学内容的价值取向，为了教师的"教"而选择体育教学内容。然而，随着学校体育课程改革进程的不断加快，体育教学内容的确定与选择将更多考虑的是从学生的需要出发，更多体现的是学生对体育教学内容的价值取向，为了学生的"学"而选择体育教学内容。

（3）从只注重提高身体素质向身、心、适全面发展的方向转化。

由于体育教学内容的选择受教育思想、方针政策的影响和制约，也受学校体育的功能和目标的制约，学校体育课曾一度变成了以提高学生跑、跳、投等身体素质为目的的达标课。从《中国教育改革与发展纲要》出台以来，素质教育成为学校教育的主旋律，全面发展学生的素质就成了学校教育义不容辞的责任。体育教学内容的选择与确定，必须符合素质教育的要求，全面发展学生的身体、心理素质以及社会适应能力，使之成为全面发展的社会主义建设者。

（4）应考虑终身体育目标的要求。

学校体育为终身体育打基础是当今世界学校体育发展的大趋势，要实现终身体育的终极目标，则需学生学习终身参加体育所需的技能、知识和态度。因此，应处理好教材的健身性、运动文化传递性与娱乐性的关系，精心选择既有健身价值，又有终身运动性质的大量生活中常见的运动作为体育教学内容。

（5）及时吸收新型体育项目、娱乐性项目和民族传统体育项目。

随着社会的进步、物质生活水平的提高以及大众体育的蓬勃开展，新兴的运动项目和娱乐性体育项目不断涌现。青少年喜欢追求时尚，当然也喜欢新兴的、娱乐性强的体育运动项目。因此，体育教学内容应一改以往十几年来传统体育教材一直占统治的局面，把旱冰、攀岩、有氧操、跳绳、独轮车等形形色色的运动作为学校体育的教学内容。另外，中国是一个多民族的国家，民族体育源远流长，这些民族项目既各具特色，又有良好的健身价值，在未来的体育教学中完全可以根据当地民情加以适当地选用。

3. 体育课程内容的新体系

体育课程的内容从整体上说，应当丰富多彩，这可以为教师和学生选择提供可能，这就是体育课程内容有可能进一步构建新体系的理论依据。新世纪的体育课程内容新体系的构建是和学生的体育需求扩大和体育功能扩展相关的，"健康第一"的指导思想进一步为体育课程内容的拓展提供了思路。为了使学生在身体方面、心理方面、社会适应方面均得到发展，就应当构建相关的体育课程内容。

体育进步和社会相结合、和学生的日常生活相结合是当代体育发展的一个重要趋势。因此，体育课程内容应该进一步拓展，并构成新的体系。新世纪的体育课程内容应该包含下述五个方面，即身体教育、保健教育、娱乐教育、竞技教育和生活教育。

（1）身体教育

身体教育是指以健身为目的的体育教育。它的发展目标主要定位在提高人的基本活动能力：走、跑、跳、投、悬垂、支撑、攀登、爬越等；发展人的运动素质，特别是与健康相关的运动素质：身体成分、肌肉力量、有氧耐力及柔韧性。

（2）保健教育

保健教育指安全、健康地从事体育运动的有关知识与技能，也包括一些必要的生理卫生和保健知识。在体育课的教学过程中，特别要引进运动处方的理论与实践，使保健教育与体育运动实践密切地结合起来。

（3）娱乐教育

娱乐教育是指愉悦身心的娱乐、休闲体育，包括活动性游戏和表现舞蹈等。娱乐教育可以和日常生活密切结合，在家庭、学校、社区等环境灵活地展开。各个民族均有丰富多彩的娱乐教育活动，把它引进作为体育课程的内容是一种有益的选择。

（4）竞技体育

竞技体育主要是指适应学生身体条件、年龄特征和兴趣爱好，以专项运动项目为主要内容的教学内容，这类内容受到学生广泛的欢迎。但是不宜照搬对运动员的要求，在动作难度、运动负荷的要求方面应当适当，可以对正规的运动技术进行改造，以适应学生的实际。

（5）生活教育

生活教育指防卫训练、拓展练习、冒险教育及健康生活教育。当前，广大学生受到城市化的影响，生活优越，但内容单调，很多学生希望选择新鲜的环境，接受自然的熏陶，走向自然、走向生态、维系生命。追求时尚已成为了新的价值追求，而正是这种价值追求，为拓展新的体育课程内容提供了可能。

第三节　确立体育学习活动的主体

一、学生的基本观念

关于学生的基本观念，即学生观，是教师的不同教育观念、不同教育思想、不同教育主张对学生认识、态度和方式上的集中体现。从构成上来考察，教师的学生观可以分为三个层次：一是观念，法制水准的学生观，即原则的学生观；二是一般水准的学生观，即在接触学生时普遍反映出来的学生观；三是具体的学生观，即教师对每个学生的个别印象、形象、想法及期待的学生观。从现代学生观和教育观要求来看，教师在认识学生，对待学生的基本观念上，应当把握以下几点。

（一）发展的、独特的个体

学生是处于发展中的人，具有与成人不同的身体特点，有着他们自己特殊的需要和独立发展的方式，教师对待学生不能以成人的标准去要求。并且，学生身心所展现的各种特征都是处在变化之中的，其各个方面的发展都潜藏着极大的变化性。因此，学生最需要教育，也最容易受教育。教师要以发展的眼光辩证地去看待学生，诸如教学目标、教学内容、教学方法等的选择，都要根据学生的身体发展水平来确定。

（二）具有主体性的人

体育教学影响只有在得到学生的主体意识的选择、支持后，才能对其知识、能力、个性品质、身体等各方面的发展起作用。苏霍姆林斯基"让每个学生都抬起头来走路"的教育信条，就是要激发学生学习的主体性，教学活动中学生的主体性表现在以下几个方面。

1. 对教育影响的选择性

学生对教师的教育影响并非无条件地接受，他们要求教师的教学尽量适应学生的需要、符合学生的身心发展、运动员负荷量适当等等。因此学生有根据主体意识，积极地或消极地进行选择的权利。

2. 学习的独立性

学生的学习起点、学习的目标与追求、制约学习的个性心理特征等是各不相同的。体育教学中教师尤其要注意因材施教。

3. 学习的主动性

学生学习活动的主动性、自觉性是学生学习主体性的本质体现，体育教师的教学活动要建立在学生对体育学习的自觉的、主动的、自我追求的基础上。

4. 学习的创造性

学生完成体育教学任务的方式、方法、思路以及对问题的认识等，并不一定完全遵循教师所教的内容或方法，可能表现出一定的创新性。因此，体育教师要特别赞同并鼓励这种创造性。

（三）具有潜能特征的人

越来越多的科学发现证明，人体内潜存着大量未被开发利用的能力。一般来说，学生的潜能具有以下特点。

1. 丰富性

科学家对正常人的潜能的估计令人感到惊讶，特别是丰富的人脑潜能。

2. 隐藏性

"潜能"的特点就在于它的隐藏性，是沉睡在人体中不为人们所认识的各种特殊能力。

3. 差异性

每个人都有自己的潜能领域，但潜能的能力、能量、等级因人而异。潜能的显现或与心理发展的关键期有关，或与人的社会性实践有关，或与早晚有别。

4. 可开发性

人的潜能是可以通过教育教学的训练而得到开发的，体育教育教学是发现和开发学生各方面潜能的重要途径。

（四）有差异的人

体育教师面对的是有血有肉、活泼好动、各具个性的学生。而且，在不同年龄阶段学生的心理发展水平、生理发展水平具有差别，在知识结构、感知能力、思维水平、想象力、创造力以及兴趣、情感的表现力等方面都会有显著的差别。因此，因材施教是教学的基本原则，要求教师必须了解学生，懂得学生身心发展的特点。

二、学生身心发展的特点与体育教学

体育教学过程构成的基本因素是正处于生长发育关键时期的青少年学生，他们既是体育教学的对象，又是体育学习的主体。学生的身心发展在不同的年龄阶段具有不同的特点，其生长发育表现出一定的规律性。体育教学的内容、方法、手段只有适应学生各时期生长发育的规律，才能对学生的身体健康产生积极的作用，从而提高体育教学效果。因此，了解青少年学生身心发展的特点，认识学生身体生长发育的规律，并尽可能掌握这些规律，是体育教学的根本出发点。

（一）学生生理发展的特点与体育教学

1. 学生身体形态发育的主要特点

身体形态是身体的外部形状和特征，一般是指体格、体型和身体姿态等，主要受遗传因素和后天环境的影响。

（1）生长加速

学生身体形态发育随年龄的增长而增长，具有波浪式和阶段性的特点。学生身体形态发育高峰出现在青春期，随后，增长速度逐渐减慢，直到成熟为止。可把 10 岁以前作为第一阶段，10 岁以后至 20 岁作为第二阶段。第一阶段，从出生后第一年内增长较快，称为第一次高峰。出生以后第二年增长速度略低于第一年，以后持续下降，保持相对稳定的增长速度。第二阶段，从 11 岁开始生长发育速度加快，身材增高，进入青春快速增长期。第二阶段又可分为前期、后期。前期为 11～14 岁是生长发育的突增期，生长速度快，增长量大。后期为 15～20 岁增长速度逐渐减慢，直到成熟为止。因此，11～14 岁是青少年学生生长发育的关键时期。这一时期生长发育的快慢与好坏，对成年后体格健壮和体型是否匀称有很大影响。所以这一时期的体育教学，必须充分考虑促进学生正常的身体发育，这对他们今后身心健康发展有很大的意义。

（2）体重增加

中学生体重的增加十分明显，每年可增加 5 公斤～6 公斤，少数学生每年可增加 10 公斤左右。但由于学生身体形态发育具有不均衡性，身高增长的速度要比体重快，所以呈现"身长体轻"的特点。学生体重的增加并不表现为脂肪的增厚，而是表现为骨骼、肌肉和内脏发育的情况，它是少年身体发育是否充分的重要标志之一。

依据中学生身体发育的特点。体育教师要科学地设计学生的体育锻炼计划，尤其对中小学生要特别注意其正确的坐、立、走、跑等身体姿势，加强胸、腰部肌肉的锻炼，在全面锻炼的基础上，应多在体育教学中开展体操、球类、游泳和舞蹈等活动。这有利于运动器官的发展，特别是对四肢发展有益，可使学生体形匀称，体格健壮。

（3）有性别差异

第一阶段，一般说，10 岁前男女生身体形态发育的差异不明显，但由于男女生青春发育的开始时间不同，一般女生较男生早 2～3 年，因而女生 10 岁时身高一般要超过男生。又因女生停止长高的年龄比男生早 3～4 年，男生突增时间比女生长，到发育成熟时，男生身高总要超过女生。

第二阶段，男生体重突增年龄为13～16岁，女生为9～15岁。男生身高突增期比体重突增期早两年，而女生则几乎同时开始，所以在这一阶段男生身体各部分发育不协调的情况比女生突出，这一点在初中体育教学中可明显看出。

2. 学生身体机能发育的主要特点

(1) 神经系统

中小学生神经活动过程不稳定，兴奋与抑制过程容易扩散，神经活动的强度和集中都较弱，表现为活泼好动，注意力不集中，做动作时不协调、不准确，易出现多余动作。到初中时，抑制过程得到发展，分析综合能力明显提高，能较快建立各种条件反射，但由于分化能力尚不完善，掌握复杂精细的动作比较困难，表现出抑制过程稍弱，没有足够高的区别兴奋的能力，具备特有的行为冲动和过于强烈的活动积极性。根据这一特点，在中学阶段，体育教学应该安排丰富多样的教学内容，运用新颖、多变的教学方法，在教学中多采用直观教学法。高中以后，由于神经系统的发育趋于完善，可多采用启发式、比较法等教学方式。

(2) 骨骼系统

青少年的骨骼正处于生长发育阶段，主要表现在骨骼的快速增长，软骨组织较多，骨组织内的水分和有机物质多、无机盐少、骨密质较少，骨富有弹性而坚固性不足。关节面软骨组织相对较厚，关节囊、韧带薄而松弛，伸长性较好、活动范围较大、柔软性较好，但坚固性较差，易于弯曲变形、脱臼和造成关节损伤。因此，在体育教学中应注意多选择体操、游泳、舞蹈等运动项目，多做伸展练习以形成学生健美的身体姿态。由于该阶段骨化过程旺盛，软骨生长活跃，适当的运动负荷有利于骨的生长，但过量的负荷易引起运动损伤，因此，在体育教学中切忌大负荷大强度的力量训练，在练习过程中要遵照循序渐进的原则。到高中阶段，骨骼基本骨化，骨组织内有机物和水分减少，无机盐增多，骨骼较坚固，可承受较大的运动负荷，在体育课上适当增加负荷量，但要注意的是高中生关节的灵活性不及儿童和少年。

(3) 肌肉系统

在青春发育期，肌肉的增长速度特别快。肌肉重量与体重的比例随着年龄的增大而逐渐增大。小学生肌肉的横断面积小，肌纤维长，肌肉水分多，蛋白质和无机盐较少，肌肉力量和耐力较差，易疲劳，但恢复较快。中学生肌肉系统以很快的速度发育，当身高增长加速时，肌肉主要向纵向发展，长度增加较快，但仍落后于骨骼的增长，生长加速期结束后，身高增加逐渐缓慢，肌肉横向发展较快，骨组织内无机盐增多，水分和有机物减少，骨密质增加，骨骼变得粗、硬，可承受较大压力。在中学阶段，学生身体各部分肌肉增长不同步，一般是大肌肉群先增长，小肌肉群后增长。因此，学生完成运动动作的准确度会受到一定程度的影响。在学生进行体育锻炼时，要尽量避免安排生理负荷、压力过大的练习，要教会学生合理安排时间与负荷并自觉自主进行体育锻炼。

(4) 呼吸系统

小学生和初中生的胸廓狭小、呼吸肌较弱、呼吸表浅、呼吸频率较快、肺容积小，因而肺活量较小，最大吸氧量和每次心跳的吸氧量（即脉搏）较低。高中生和大学生呼吸肌增强、频率减慢、深度加大、肺活量增大。呼吸系统的发育随年龄的增长日趋完善，功能逐渐增强。在组织体育教学和课外体育锻炼时，运动密度可稍大，但强度不宜过大，尤其是速度耐力性的练习强度不宜过大。随年级的升高，运动强度可以相应增大，应注意多选择匀速的耐力跑练习，加强肺功能的锻炼，教会学生正确的呼吸方法。

（二）学生心理发展的特点与体育教学

体育教学不仅具有促进学生身体发展的作用，而且具有促进学生心理发展的作用。所谓学生心理发展是学生个体心理所发生的积极的心理变化，主要包括学生的认识发展、情感和意志发展、个性发展三个方面。

1. 学生认识发展的特点与体育教学

（1）学生感知的特点

感觉是人脑对直接作用于感觉器官的客观事物的个别属性的反映。例如，听到声音、看到颜色、嗅到气味、觉察到运动，都是感觉。知觉是人脑对直接作用于感觉器官的事物的整体反映。知觉是在感觉的基础上产生的，是人对感觉信息的组织和解释的过程。

小学生感知能力较差，抽象思维尚未形成，其思维形式以感觉运动模式为主，这一时期模仿能力较强。学生往往对新颖动作示范很感兴趣，而对教师的讲解则缺乏热情。因此，教师应多运用正确、生动的语言来讲解，优美、形象的示范，通过直观方式来丰富学生的感性认识。到中学阶段，学生的感知能力都有很大提高，能比较全面地感觉事物，尤其是运动知觉随着年龄的增长而提高，主要是通过大量的运动实践，在实际体验中逐渐发展起来的。高中阶段学生的抽象思维能力有更大提高，但是运动知觉还必须通过一定的动作练习，才能逐渐分化为精细的、准确的运动知觉。

（2）学生记忆的特点

记忆是人脑对过去经验的保持和提取。学生在单位时间记忆的数量，是随着年龄的增长逐渐提高的。从记忆内容来看，小学生是以具体的形象记忆为主，中学以上是以抽象的材料识记为主。体育教学中，教师应向学生提出记忆要求，而且要目的明确、任务具体，对要求学生记住的东西要有选择、有重点。从记忆的方法上看，小学生以机械记忆为主，中学生以理解记忆为主，教师应使学生疏通知识信息传递路线，使新旧知识联系起来，并得到强化。

（3）学生思维的特点

思维是人脑借助言语、表象和动作实现而对客观事物概括的、间接的反映。它揭露了事物的本质特征和内部联系，是认识的高级形式。学生思维的发展是从具体到抽象、从低级到高级，是既有连续性又有阶段性的发展变化过程。在小学阶段，学生的思维处在从具体形象思维向抽象思维过渡的时期。到了初中阶段，学生的抽象逻辑思维便开始占有相对的主导地位，这既是个体思维发展中的一个质变，也是青少年时期思维发展的主要特点。青少年时期的另外一个思维特点是思维的独立性和批判性有了显著的发展，但在很大程度上还属于经验型。高中生的思维则具有更多的抽象概括性，辩证思维开始形成，思维的独立性和批判性更加鲜明，思维的片面性有所改善，逐渐从经验型过渡到理论型，他们能解释和论证事物或现象之间复杂的因果关系。

2. 情感和意志发展的特点与体育教学

（1）学生情感发展的特点

情感是人们对客观事物的态度和相应的行为反应。青少年时期正处在向成人过渡的时期，也是身心发展最迅速的时期。小学阶段学生的情感体验丰富、生动，表现强烈、鲜明，但对情绪和情感的控制力不够。如会因个人或集体在游戏或比赛中获胜而欢呼雀跃，也会因一时的失败而垂头丧气。从情感的发生和发展看，中学阶段学生的情感特征主要表现在情感强烈而且容易冲动，情感丰富而不稳定，情感表现具有间接性，情感发生的心境性情操在逐渐形成。

（2）学生意志发展的特点

意志是人们通过自觉地克服困难来实现预定目标的心理过程。小学生意志的独立性、果断性、坚持性和自制性都比较差，他们常依靠外部影响来完成某一活动。初中以后，学生的独立性和坚持性都迅速发展，果断、自控能力也随之增强。处处表现出精力旺盛，相信自己力量无穷，但在认识水平上，却还没有发展到与体力相匹配的程度，容易过高估计自己的力量，以致容易草率地做出决定和仓促行事。

3. 个性发展的特点与体育教学

个性是指个人整个的面貌，包括与他人相同的心理特征，也指某人区别于他人所具有的意识倾向性以及经常出现的较稳定的心理特征的总和。个性包含个性心理特征和个性倾向性两个方面。个性心理特征由气质、性格和能力三方面因素组成，其中气质受遗传因素影响较大，性格主要是由环境和教育影响决定的，气质和性格共同对一个人的能力产生影响。在不同个体身上能力的发展有快有慢，有高有低。个性倾向性由需要、动机、兴趣、信念和世界观等构成。

（1）学生学习动机的特点

动机是推动一个人进行活动的内部动力，是指能引起并维持人的活动，并将该活动导向一定目标，从而满足个体的需要、愿望和理想等的心理过程。动机是个体的内在过程，行为是这种内在过程的结果。

学生体育学习动机是随着体育学习需要本身的变动和学生对体育学习需要的认识发展而变动的。在体育教学中，只有培养和激发学生的学习动机，才能调动其参与体育学习的积极性和主动性。学生体育学习的动机实质上是其对体育学习需要的动态表现，它是在社会、家庭、学校的影响下形成的。在体育教学过程中，经常是多种动机交织着起作用。但在不同的阶段，各种学习动机所起的作用不一样，从而使学习动机呈现出不同的年龄特征。

（2）学生学习兴趣的特点

兴趣是人们探究某种事物或从事某种活动的心理倾向，它以认识或探索外界的需要为基础，推动人们认识事物、探究真理。学生对体育学习的兴趣随着年龄的增长而不断发生变化。

小学阶段，学生兴趣广泛。在体育教学中，最初只愿意参加趣味性活动，对具体形象的事物感兴趣，但兴趣不稳定，容易转移，对呆板、单调的活动易产生厌烦情绪。因此，在体育课上，教师要尽量使教学内容丰富多样，教学方法新颖、有变化。

初中生对体育学习的兴趣出现分化的现象，男生多喜欢活动量大、竞赛性强、能表现自己勇敢、敏捷、机智的运动项目，女生则喜欢动作优美，有节奏韵律感，能体现身体灵活、柔韧的运动项目。此时，大多数学生喜欢集体性的教学内容，他们常要求按兴趣进行练习。有个别学生会对某项体育活动产生强烈的兴趣，但多数人尚未形成对专项运动的稳定兴趣。

高中以上的学生对体育学习的兴趣更加浓厚、稳定且具有更大的选择性。许多学生养成了从事体育锻炼的习惯，能妥善处理学习、锻炼、休息的关系。男女生之间的兴趣差别仍然存在，男生更喜欢竞赛性活动，但不及初中生狂热。女生由于性特征的明显变化，对技术性强的动作产生顾虑，在体育活动中的惰性表现得更加明显。

第四节　发挥教师在体育教学过程中的主导作用

教师的主导性是对应学生主体性的概念。主导性表明了教师在教学中的主要地位和主要责任。主导性包括对学生的引导和指导等综合的作用与责任。

一、体育教师主导性的内容

体育教师在体育教学中的主导性主要体现在以下几方面。

（一）贯彻体育教学指导思想

不同的时代和不同的时期有着不同的体育教学指导思想。这些教学指导思想既体现在体育的教材中，更体现在体育教学过程中，而体育教师的重要任务之一就是在教学过程中贯彻教学指导思想，这种贯彻体现在体育教学过程的准备阶段和实施阶段。因此说，体育教师是贯彻体育教学指导思想的主导者。

（二）进行教学内容的选择与教材加工

由于体育的素材非常多，而且许多素材是体育的正规竞技项目，体育教师是体育素材和学生之间的桥梁，担负着选择体育素材并将素材加工成为教材的重要任务。教师要从社会要求、学科要求和学生的需要三者之间寻找到结合点，精选符合社会要求、符合学科特点和符合青少年身心发展的教学内容，教给学生实实在在的体育知识与技能。因此说，体育教师是选择和加工体育教学内容的主导者。

（三）选用与学生学习需要相适应的教学方法和手段

每个体育教材都要求相应的教学方法和手段，不同年龄阶段的学生也有着与他们相适应的教学方法和手段，能否正确地选择体育教学方法和手段直接影响教学效果的好坏。体育教师要根据教学目标和教学情境的变化，巧妙地运用各种教学方法，创设各种教学情境，以帮助学生更好地掌握体育知识和技能。因此说，体育教师是选择和运用体育教学方法的主导者。

（四）进行体育学习的评价

体育教师必须通过对学生的学习态度和效果进行评价来不断地激励学生的学习，并给予他们应有的教学反馈。体育教师要通过对学习的终结性评价和形成性评价，通过组织学生之间的相互评价和学生的自我评价来推动体育学习的深入和发展。因此说，体育教师是进行体育学习评价的主导者。

（五）创造适合学生学习的体育教学环境

与其他学科的教学相比，体育教学有更加特殊的教学环境，这个环境应该是美观舒适的、有激励性的和安全的。教师必须能够组织和创设各种良好的教学情境，帮助学生掌握体育知识和技能，并将已有的体育知识和技能进行迁移形成新技能。为学生营造宽松愉悦的学习环境是体育教师的重要工作，因此说，体育教师是创造优良体育教学环境的主导者。

（六）"导航"学生的体育学习方式

学生在完成了必要的知识学习以后，还要将各种零散的知识"串联"起来，形成与认识能力相连接的"知识板块"，并能灵活地、有创造性地运用到体育生活实践中去，而这种能力的形成是以探究性和自主性的学习方式为基础的，体育教师在体育教学中的另一个重要任务就是要"导航"学生的体育学习方式，使他们能够灵活地、自主地、有创造性地进行体育学习。因此说，体育教师是学生良好学习方式的主导者。

二、发挥教师主导性的条件

教师主导性发挥的构成有三个要素。一是"目标"，二是"路线"，三是"被导的主体"。有了"目标"才知道"导向哪里"，有了"路线"才知道"沿着什么去导"，有了"明确的被导的主体"才知道"怎么去导"。

（一）教师熟知体育教学观念

所谓教师要熟知体育教学观念，是指体育教师要明确体育"为什么教"。体育教师要理解社会对体育教育的要求和期待，明白体育学科的最终目的是要让学生"懂得什么""学会些什么""体验到什么""形成些什么"。体育教师要能把社会的需要和学生的学习动机通过眼前的体育教学结合起来，只有这样才能知道"要把体育教学导向什么目标"。

（二）教师要熟知体育教材

所谓教师熟知体育教材，是指体育教师要明确体育"用什么教"和"怎么教"。体育教师必须熟悉体育教材及其背后的体育学科，要对体育的文化体系和技能体系有个概观，对体育教材中的"科学体系"有必要的了解。具体来说就要将本教材目标与总目标的关系，本教材的特点、重点、难点以及本教材与学生之间的连点搞清楚，只有这样体育教师才能知道"把体育教学导向目标的载体和道路是什么"。

（三）教师要熟知学生

体育教师面临的学生首先有着统一的特征，如同一年龄阶段的身体和心理发育特征、基本相同的体育学习经验等，体育教师要通过对这些共同特征的研究与分析，了解学生共同的学习兴趣、志向和要求，了解学生面临的学习难点；体育教师还面临着学生各自不同的特征，如相差较大的体格特点和相差很大的性格特点等，体育教师要通过对个体差异的研究与分析，了解学生在学习兴趣、志向和要求方面的差异，了解学生各自面临的不同学习难点。只有熟知自己的学生，教师才能把客观的运动技能学习与学生主观的条件很好地结合起来，只有这样教师才能知道"怎样把眼前的学生有针对性地导向目标"。

三、教师"主导性"不同于教师"主宰性"

启发型、民主型的教师"主导性"不同于灌输型和管束型的教师"主宰性"，两者在"性质和本质""教师课前的工作重点""课中教师的主要工作重点""课中教师的主要行为方式""所构成的教学氛围""所构成的师生关系"等方面都有着明显的区别。

教师主导性：教师为提高教学质量和发挥教学的民主性所做的努力及其效果，以课前的教材化工作为重心、将教材加工成学习内容、精心设计教学过程、设计课堂提问、讨论和探究学习、设计学生的自主学习方式。教师主导性课前教学设计的主要着眼点包括：传授、学习指导、练习指导、组织讨论、引导探究、回答问题等。教学形态特点包括：双向活动多、探究活动多、生生互动多、自主性学习与活动多、提问与讨论多，所构成的教学氛围热烈、活跃。

教师主宰性：教师为顺利完成教学任务并维护教师尊严所做的努力及其效果，以课中的教学管理为重心，将教学内容按部就班地完成，使课程的程序有条不紊、学生的注意力集中、学生能遵守纪律。课中教师的主要行为方式：传授、组织练习、指示与要求、监督与管理等所构成的教学氛围严肃、呆板、组织氛围强。教学形态特点：班级集体性学习多、整队和集合多、指示和要求多。

第五节　体育教材化

一、体育教材化的概念

体育教材化是依据体育教学目的和学生发展的需要，针对体育教学条件将体育的素材加工成为体育教学内容的过程。教材化的内容包括有：体育教学内容的选择、加工、编排和媒体化等工作。

体育教材化是依据体育教学的目标和学生发展需要，针对体育教学条件，将体育的素材加工成为体育教学内容的过程。

体育教材化的概念包含以下几层含义：

第一，体育教材化是将体育的素材加工成为体育教学内容的过程。

第二，体育教材化是加工过程，体育教学内容是这个加工过程的成果。

第三，这个过程是依据体育教学的目标和学生发展需要，针对体育教学条件而进行的。

第四，教材化包括教学内容的选择、加工、编排和媒介化等工作。

二、体育教材化的意义

体育运动文化和运动项目内容非常宽泛。它们都是体育的良好素材，是体育教学内容的后备军，但它们绝不等同于体育教学内容。如果把素材当成了教学内容，那么就有可能在内容方面偏离了体育教学的目标，而且体育课程也绝没有可能装进那么多的体育教学内容。

体育教学内容既来自于身体运动的文化，又容易受到它的制约和影响。体操（兵操）、游戏、竞技、武术以及舞蹈等成为体育教学内容后，绝不能单单"教体育"，如果单单是"教体育"，那就意味着体育运动本身是教学的目标，这样就会把体育教学视为简单的传技，而体育教学也就往往容易陷入注入式教育，使体育教学过程中"见物不见人"；如果是"用体育来教"，就意味着教材是学生学习课题的提示物或学生应当掌握有关教育教学内容的"范例"，是通过教材学习，获得一定知识、技能的手段或媒介物。换言之，就是用教材作为"媒介或范例"，来教给学生内含于教材中有关学生发展的"生理、心理、技能、情感、态度、文化……"等方面的内容。为了实现"用体育来教"，就必须进行体育教材化的工作。

体育教材化的具体意义主要体现在以下几个方面：

第一，体育教材化可以精选出最符合体育教学目标和学生发展需要的那一部分内容作为教学内容，以避免内容的庞杂和在选择上的无目的性。

第二，体育教材化可以通过加工，使体育的素材更能符合体育教学的需要，以消除体育素材与体育教学内容之间的差异性。

第三，体育教材化可以通过编排、配对的工作，使选出的但还杂乱的体育教学内容更加具有系统性和整体性，以更好地发挥体育教学内容的教育作用。

第四，体育教材化可以通过物质化的工作，使编辑加工后的但还抽象的体育教学内容走近教学情景和学生，使体育教学内容更能成为体育教学的生动的载体。

三、体育教材化的两个基本层次

体育教材化工作有以下两个基本层次：

一是编制体育课程标准和编写教科书（教师指导用书和体育课本）的工作，这个层次的工作一般由国家和地方教育行政部门组织专家来进行，主要包括从各种身体活动的练习中筛选出素材，进行教材的分类、加工、排列等，国外学者也将这个层次的教材研究称之为"大规模教材研究"。

二是根据课程标准和教科书把教材变成学生的"学习内容"的工作，这个层次的工作一般由学校的体育教研组或体育教师来进行，主要是根据体育课程标准和教科书的要求和规定，从所面对的学生的具体情况和教学条件的实际，把面对一般学生情况和一般教学条件的教材变成适合一个班的学生和本校场地设施条件的教材，国外学者也将这个层次的教材研究称之为"小规模教材研究"。

第二章　现代体育教学思想的革新与发展

第一节　现代体育教学改革的教育思想

体育教学思想观念的创新能在很大程度上带动体育教学的发展，促使体育教学向着科学化、先进化的方向发展。通过对近现代国内外体育教育发展的研究表明，体育教学要想取得良好的发展，没有一个先进的、符合现代教学要求的体育教学思想是根本行不通的。多年来，我国体育教学工作研究者对体育教学的目标、任务、方法、手段等问题展开了深入而具体的研究，这在很大程度上推动了我国体育教学的发展。

一、近现代体育教育思想的形成

（一）自然主义体育教育思想

欧洲文艺复兴时期，自然主义体育教育思想诞生。这一教育思想的基本原则是体育教育应以"自然教育"为中心，按自然原则利用自然手段对儿童进行合乎自然的体育教育，要根据儿童的兴趣和需要来合理选择体育教育内容。另外本理论还认为要想使儿童成为一个全面发展的人，就必须将儿童置身于大自然，让儿童在大自然中获得进一步的发展。这一教育思想在历史上延续了数百年，影响力深远。这一思想观念既有优点，又有缺点。具体表现如下所述。

1. 自然主义体育教育思想的优点

第一，它充分肯定了体育在人的成长过程中的作用及意义，并提出了一套自然主义的体育方法，能促进人类自身良好的发展。

第二，它注意到了兴趣和需要（即人的心理）在体育教育中的作用，在当时具有一定的先进性，在现代教育观念中也有着不可磨灭的作用。

2. 自然主义体育教育思想的缺点

第一，它以"本能论"为立论基础，认为人的兴趣和需要也都是源于人的本能，具有一定的片面性。

第二，把体育混同为教育，突出强调了文化教育功能而忽视了增强体质这一体育的本质功能和主要目的。这种错误的认识导致体育教学中出现"放任自流"的现象，进而导致人们对体育的教育性和科学性产生怀疑和误解，不能科学地认识体育的本质。

（二）体质教育思想

体质教育思想的基本观点是体质教育的根本目的就是增强体质、促进健康，使学生的身体形态、机能和基本活动能力得到全面的发展。体质教育与强身健体之间是密不可分的，体育教育的真正意义就在于增强人的体质、完善人的身体，这也是体育区别于德育、智育和美育的地方。这一观点充分认识到了体育教育的特殊功能——增强体质、完善身体，对发展学生体质、增进学生健康起到了非常重要的作用。但在这种教育思想下，教学目标过于狭窄，教学模式过于单一和刻板，过分强调了体育教育的生物属性和身体发展性，而忽视了体育教育的教养性和教育性，这种做法是不可取的。

（三）折中主义体育教育思想

这一教育思想的基本观点是：在体育教育过程中，一方面要坚持"技术观"，另一方面要坚持"体质观"，是自然主义教育和体质教育的综合。这一教育思想认为体育教育要试图克服上述两种体育教育模式的不足而各取所长，但它也在一定程度上导致了体育教育思想的混乱，学生既要实现技术水平的提高，又要实现体质的增强，这是一个比较难以解决的问题。因此，寻求一种科学的教育思想观成为现代教育的需求。

二、新课程改革下的体育教育思想

随着课程改革的不断进行，体育教育思想也发生了很大程度的转变，一些落后的、难以适应时代发展和教学需要的旧思想被先进的教学思想所取代，极大地促进了体育教育的发展。

（一）新课程改革下体育教育思想的转变

新课程改革下，体育教育思想发生了很大的转变，这些转变突出表现在以下几个方面。

1. 贯彻"健康第一"的指导思想

学校教育要树立"健康第一"的指导思想，切实加强体育教育工作。健康第一，不仅是学校教育的指导思想，同时也是体育教学改革的指导思想。合理的体育教学是以身体练习为主要手段，合理选择运动负荷，力求培养和提高学生的自尊、自信、意志及团队意识、合作精神、竞争能力、创新意识、人际交往等方面的能力，使其更好地适应于社会。现代先进的体育教育思想能把身体健康、心理健康与社会适应的目标与教学内容、方法及学习评价等较好地结合起来，从而形成良性互动。

2. 突出了学生学习中的主体地位

在体育教学中，学生是体育学习的主体。体育教育新课程标准强调要"以学生发展为中心，重视学生的主体地位"主要表现在：比较重视自主学习、合作学习和探究学习等学习方式的运用，促使学生主动积极地参与学习和锻炼；重视组织教法的创建，激发学生体育学习的兴趣，使学生获得积极的情感体验；尊重学生的个体差异，注意因材施教，使每一个学生都学有所得；加强对学生的学法指导，重视学生自我评价与相互评价的运用，帮助学生学会学习。只有学生的主体地位得以确立，以学生为中心进行教学，才能促进学生全面的发展。

3. 注重创建良好的教学氛围与和谐的师生关系

新的体育教学思想注重运用情境教学、快乐教学、主题教学、体育游戏、激励性评价、师生互动、合作讨论等方法和手段来营造好的教学氛围，使学生能积极地投入到体育学习之中。和谐的师生关系是学生主动学习的前提之一，也是学生获得积极的情感体验的重要因素。现代先进的体育教育思想，要求体育教师要关心学生、以身作则、发扬教学民主精神，倾听学生意见；学生尊敬教师、自觉维护课堂教学秩序，在课堂讨论中畅所欲言；师生之间、同学之间形成良好的教学气氛，从而促进教学水平的提高。

4. 关注学生的运动情感体验

在体育教学中，学生的情感体验非常重要，它是培养学生体育学习兴趣和终身体育意识的关键，同时也是学生积极主动学习的重要条件，是促进教学质量提高的重要因素。现代体育教学思想能根据学生心理活动的规律来组织教学，能满足学生的心理体验，提高学生的学习兴趣。

5. 重视课程资源的开发利用

新课程标准主要强调课程目标的统领作用，由体育教师根据学生的身心特点合理选择教学的内容与方法，这是符合体育教学实际的做法。在新的体育教育思想的指导下，有的体育教师还开发出一系列具有较强健身性与趣味性的教学内容，极大地提高了体育教学的质量。

6. 科学的体育学习评价

在体育教学评价中，多元学习评价是新体育课程改革的一个亮点，这种教学评价突出的是学生的自我评价与相互评价。在评价内容上，既注意了知识技能、运动参与和学习态度的评价，又注意了合作精神与情意表现的评价，能在很大程度上提高学生学习的积极性，促进教学水平的提高。这一教学评价虽然取得了一定的成绩，但在实际运用中也存在着一些问题和不足，主要表现在以下几个方面。

第一，学习目标存在问题。有的学习目标不够明确、具体，难以进行检查评价；有的学习目标没有体现区别对待、因材施教的原则；有的学习目标过多，不利于教学；有的学习目标的表述不够规范，制定得不合理。

第二，忽视运动技能教学。这主要表现在几个方面：（1）偏重选用技术含量较低的教材；（2）教学中缺乏对学生的指导；（3）用于运动技能学习的时间偏少；（4）缺乏对教学质量的要求。

第三，自主学习、合作学习、探究学习是现代比较先进的教学模式，但是有些教师在具体运用时，只关心外在的形式，对其实际效果重视不够，导致教学效果欠佳。

第四，在课程资源开发利用上，对各种资源的整合重视不够，对已有资源的有效运用不够充分，有的课在资源利用上还存在一定的浪费现象。

第五，在学习评价方面，教师在运用激励性评价时，存在言过其实的现象，向学生传递了不真实的信息致使学生的学习受到影响。新课程改革为体育教师的能动性提供了更大的空间，广大的体育教师应认清形势，牢固树立终身学习的意识，认真把握好新课程标准，不断探索新的教学方法、手段、模式等，不断提高自己的专业化水平，促进教学质量的提高。

（二）新课程改革下的先进体育教育思想

随着现代教育的不断发展，涌现出了众多的先进的教育思想，这些思想对我国体育教育的发展产生了深刻的影响，其中影响力较大的有"终身体育"教育思想、人本主义教育思想等。下面主要阐述一下终身体育思想对我国体育教育的影响。

1. "终身体育"教育思想的概念

终身体育是指在人的一生中都要进行身体锻炼和接受体育教育。具体来说，就是一个人从生命的开始到生命结束，都要适应环境与个人的需要，进行身体锻炼，以取得生存、生活、学习与工作的物质基础或条件。终身体育既是指人从生命开始至终结，在整个过程中都要参加体育锻炼，使体育成为日常生活中必不可少的内容，又是指以正确的体育观与方法论指导人生的不同时期、不同生活领域中参加体育活动的实践过程。终身体育本身是思想意识和行为倾向的有机结合，体育意识是终身体育的思想基础。体育意识的强烈程度直接影响人们终身体育思想的形成。终身体育强调个体生命整个过程中不同时期的体育，即体育健身贯穿于生命的全过程。经过一段时间的发展，这一思想逐渐确立了在体育教育中的地位，成为现代先进的体育教育思想。

一般来说，终身体育由相互联系、相互影响的学校体育、社区体育、家庭体育构成，共同作用于个人，并要求学校、家庭、社区均应开展体育活动，为人们提供参加体育活动的机会。终身体育贯穿于人的一生，对社会而言是全体国民的体育，二者的统一是终身体育追求的最高目标。

终身体育思想的形成是人类自身和社会发展的必然要求。在学校中开展体育教育，并向学生灌输终身体育的理念，对于大学生的成长及对社会的适应都具有重要的作用。

2. 终身体育的特征

（1）体育锻炼时间的终身性。终身体育之所以是一种先进的教育思想，就在于它突破了传统的学校体育目标而过分强调学习和掌握运动技能的观念，使学校体育教育获得了进一步发展和延续。传统的体育教学观念把人接受体育教育的时间仅仅局限在在校学习期间，体育锻炼的内容也仅仅局限于体育知识、运动技能的学习和掌握。而终身体育则要求根据个体生长发育、发展和衰退的规律和阶段特征进行科学的身体锻炼，强调体育锻炼要贯穿人的一生。

（2）体育锻炼群体的全民性。终身体育锻炼具有全民性的特点，这是指接受终身体育的所有人，在对象上有儿童、青少年、成人和老年人等；在范围上有学校体育、家庭体育、社会体育等。而终身体育为指导开展全民健身运动，其实质是群众体育普及的进一步发展，以实现广泛普及化。在现代社会，每一个人都要学会生存，而要学会生存则离不开体育。因为生存发展是时代的主流，要生存就必须会学习、运动锻炼和保健，人们要想更好地生活，就要把体育与生活紧密联系在一起，在参与体育活动中终身受益。

（3）体育锻炼目的的实效性。终身体育的最终目的是维护和改善人的生活质量，增进健康，延年益寿。终身体育是以适应个人发展和社会发展为根本着眼点的。人们为了改善自己的生活质量，根据自身条件合理选择适合自己的体育方式，做到有的放矢，具有较强的针对性和实效性。总之，终身体育锻炼要有明确的目的，要能促进自身的全面发展和终身发展。

3. "终身体育"教育思想的意义

（1）提倡终身体育的思想满足现代化社会发展的需要。终身体育的一个重要目的就是增强体质，这也是我国社会主义体育事业最本质的特点。社会劳动力的构成都是由不同年龄段的人组成，都面临着如何保持身体健康和能够适应社会分担的一份工作。提高劳动生产率，除了依靠提高科学技术水平外，关键还是需要掌握科学技术的人创造物质产品，来满足人类生存发展的需要。要适应现代社会发展的需要，要保持身体经常处于最佳状态，就需要在人生的不同阶段选择不同的锻炼身体的形式与内容。无论是何年龄段、何种职业，都面临着对它的选择，以保证自己身体更加健康，精力更加充沛，适应社会的发展变化及未来生活的需要，而这种伴随人的一生一起发展的体育，就是终身体育。社会现代化程度的不断提高，现代人把经常从事身体锻炼作为生活方式的一个重要内容与标志，是人类文明发展的必然。全民族都能做到天天坚持身体锻炼，并养成自觉锻炼的习惯，反映了一个国家的文明程度，展示了现代人的生活方式，从而促进了社会的发展和进步。

（2）迎合终身教育思想，促进学校体育改革。终身体育不是只追求某一特定的运动技能和运动的熟练程度，而是学会能自我分析自身的锻炼和运动实践的综合能力，注重培养学生对体育的爱好、兴趣，养成锻炼的习惯，注重学生掌握系统的体育基本理论知识和科学的身体锻炼方法以及检查评定方法，形成终身体育的意识、思想、能力和习惯，对学生自觉、自愿参加和组织体育活动的能力提出更高的要求。终身体育思想的提出促进了体育教学改革的进程，成为体育教学中重要的指导思想。

（3）满足体育生活化的要求。大众体育发展的动力是体育生活化，生活化的体育是社会进入小康社会的必然产物。在现代社会，人们生活的价值容量在不断地扩大，生活与体育之间的联系越来越密切，人们在每个阶段参与体育锻炼，能增强自己的体育意识，提高对体育锻炼的认识并形成自觉自愿的锻炼风气，这已经成为社会发展的必然。社会成员终身体育意识的形成，对推动群众体育的开展、提高群众体育活动的兴趣、促进文化交流都具有重要的意义和作用。终身体育注重人的个体性，并且着眼于人一生中的不同年龄阶段、不同的生活环境、不同的职业特点来选择不同的内容和方法，采用不同的形式进行身体锻炼，可以终身受益。虽然我国的大众体育获得了一定程度的发展，但受场地、器材、经费和组织等因素的影响，我国每年开展群众体育活动的次数是非常有限的，其时效性也不高。因此，大力倡导终身体育的观念，增强体质水平是实现体育生活化的社会发展的要求。

社会对体育的需求是体育发展的动力，经济的不断发展又促进了社会对体育发展提出的要求，同时，社会经济的发展也为体育事业的发展提供了经济投资的可能。终身体育就是在经济发展的条件下，不断向社会提供体育劳务这种特殊的体育消费品，人们通过体育锻炼能达到强身健体、丰富业余文化生活、提高体能和心理素质的目的，从而促使人们更好地将精力投入到经济建设中，从而促进社会经济的发展。

第二节　体育教学思想的整合和引领

纵观我国整个体育发展史，我国体育教学思想受外国教育思想的影响较大，如捷克夸美纽斯"大教学论"教育理论、英国洛克"绅士教育"、法国卢梭"自然教育"、瑞士裴斯泰洛齐"和谐发展课程"、英国斯宾塞"科学教育"、美国杜威"儿童中心思想"等，进入21世纪以来，瑞士皮亚杰"建构主义"、美国加德纳"多元智能理论"、法国米歇尔·福柯和雅克·德里达"后现代主义"等，都对我国的体育教学思想产生了重要的影响，在我国，康有为、蔡元培、梁启超、严复等学者的教育思想也占有一定的地位。由此可见，我国的体育教学思想呈现出"百花齐放、百家争鸣"的局面，因此，对我国体育教学思想的整理就显得尤为必要了。

一、体育教育思想整合对我国体育教学的影响

通过对我国体育教学发展的研究发现，中国体育教学发展史是移植、吸收、内化国外

教育理论，并不断进行中外文化交融，实现中国体育教学学科现代化、科学化的历史。通过对国外教育思想的整合与研究，不仅可以帮助我们更好地了解国外先进的体育教学思想，同时也能帮助我们更深刻地了解中国体育教学现代化演进的脉络和发展现状，从而为我国体育教学的发展奠定了坚实的基础。国外体育教育理论与思想的引入，对我国体育教学的发展产生了积极的影响和作用，但也存在着一定的局限性。因此，我们在探索与研究中国体育教学思想的发展过程中，要采取辩证的眼光看待国外教育理论与思想的引入，既不能全盘否定，又不能照搬照抄，而应取其精华去其糟粕，对其进行扬弃式的吸收，这样才能更好地促进我国体育教学的发展。

二、加强国外与我国体育教学思想之间的融合

比较与融合中外不同的体育教学思想，指出二者之间的差异性非常有必要。通过对比，我们既要吸收外国体育教学思想中优秀的部分，又要摒弃其糟粕；既要总结我国体育教学优秀的思想，也要放弃不合时代的内容，同时还要比较中外文化背景差异性，比较中外体育教学思想的共性与差异性，从共性中寻找结合点，从差异性中寻觅不同的功能，把中外体育教学思想有效地整合起来，从而促进我国体育教学的发展。

三、深入研究体育教学中存在的各种矛盾

在体育教学中存在着各种矛盾，如何采取恰当的方法处理这些矛盾是保证教学工作顺利开展的关键。在体育教学中存在的主要矛盾有传授知识（运动技术）与掌握技能之间的矛盾，学生身心发展的矛盾。

首先，在体育教学中存在着传授知识（运动技术）与掌握技能之间的矛盾。一般来说，运动技能的形成具有自己特定的规律，但是需要传授的运动技术（教材）却很多。因此，在教学实践中存在着大量的低水平重复或者是学而不会的现象，究其原因是因为在教学设计过程中没有遵循运动技能形成的规律，教材选用不合理，教学方法不恰当，考评标准不合理等，导致最终的结果是学了体育十余年，真正掌握的运动技能"百无一会"。那些运动技能掌握情况很好的学生并不是在体育课上学会的，而是在课外凭借自己的兴趣摸索与锻炼学会的。因此，正确处理掌握知识与运动技能之间的关系，需要转变旧有的思想观念，将这一理念贯彻在实际教学中。

其次，在体育教学中还存在着身心发展的矛盾。身心发展观是坚持一元论还是二元论，是一个哲学与世界观的问题。我们在体育教学理论与实践研究中，往往会有所偏颇，体质论学派长期坚持身体发展论，认为体育教学的重点应该是发展学生的体质。目前有的学者又大力提倡体育教学发展学生的心理与社会适应能力方面的功能，把心理发展推到体育教学功能的前台，这些都是不合理的。对于体育教学而言，身心发展是一元的。学生的身体与心理都需要借助运动技术传习这个手段实现和谐发展的目标。我们只有秉持这个思想与理念，体育教学理论与实践研究才不会走偏。

第三节 现代体育教学的发展分析

一、现代体育教学发展背景分析

（一）社会经济的发展

体育的改革与发展是要依托于社会的进步和经济的发展，因此，社会经济的发展对体

育及体育教学的发展具有重要的影响作用，社会和经济的不断进步是现代体育及体育教学发展的重要现实背景。具体表现在以下几个方面。

1. 经济的发展促进体育设施建设

目前，我国对教学设施的投入力度不断地加大，学校体育教学的物质环境得到了极大的完善，这对学校体育教学的发展具有重要的促进作用。

2. 社会压力的不断加大

当前社会生活节奏快，竞争激烈，人们面对的心理压力越来越大。以大学生为例，他们面临着课业负担、就业压力以及人际交往等各种问题，许多大学生有着不同程度的心理问题（如性情孤僻、压抑，情绪失常等），而参加体育运动往往能够有效缓解个体的精神压力，对于大学生来说，加强体育教学具有重要意义。

（二）教育事业的发展

体育的发展与改革是整个教育体系发展改革的重要部分，因此，教育事业的不断发展是体育发展的重要背景之一。教育事业是我国各项事业当中最重要的一项，对国家的综合国力和未来前景具有重要的影响作用。随着人们对教育事业认识的加深，国家也采取了一系列措施来加强教育事业的发展。例如，《中国教育改革和发展纲要》（中发〔1993〕3号）指出，要进一步转变教育思想，对教学内容和教学方法进行改进，克服教育过程中不同程度存在的脱离经济建设和社会发展需要的现象。再如国家颁布的《中共中央国务院关于深化教育改革全面推进素质教育的决定》（中法〔1999〕9号）又强调了健康体魄是青少年为祖国和人民服务的基本前提，是我们中华民族旺盛生命力的体现。因此，当前，体育作为素质教育改革的一个占据着非常重要地位的方面，在政府的指导、国家的支持、社会多方面关注下，体育教学工作无论是在教学观念，还是在教学形式、教学内容上都取得了新的突破，为体育教学的发展提供了十分有利的条件。

（三）体育事业的发展

当前我国体育事业的良好发展态势在全国各地都营造出良好的体育参与气氛，对带动体育的持续发展有重要的推动作用。

一方面，我国运动员在体育赛事中的辉煌成就促进了人民群众对体育事业的兴趣。另一方面，体育产业的蓬勃发展对于体育人才也有着更加强烈的需求，这些都促使着学校体育进行更为深入的改革。

二、现代体育教学发展对策分析

在全面推进的教育改革中，教育指导思想是改革的先导，作为课程体系重要组成部分的教学内容是改革的核心和切入点。教学改革只有进入了课程改革的阶段，改革才算进入了实质性的阶段。

（一）以终身体育为体育教学发展指导思想

终身体育是指将体育纳入自己的生活，并伴随人的一生。终身体育思想的树立和形成能有效促进我国体育教学的发展。

树立终身体育观念是体育教学目标改革的指导思想，也是体育教学发展的落脚点。终身体育能否实现，在很大程度上取决于这种观念能否树立和能力能否形成。当下，树立终身体育的观念要求教师正确引导学生科学认识和理解体育的价值，端正学习体育的态度，积极学会体育锻炼的技能，掌握体育锻炼效果评价的方法，形成终身体育的能力，为终身体育锻炼奠定基础。

（二）以课程目标调整为体育教学发展重点

把增强学生体质、提高学生的健康水平作为体育教学的首要目标，这是体育的本质属性所决定的。调整体育教学课程目标首先要注重学生的个性发展。体育教师应尊重学生在体育教学中的主体地位，将促进学生的个体发展作为促进当前体育教学发展的重要切入点，培养学生的竞争意识和创造能力，发展学生健康的个性。其次，重视体育知识、技能和方法的掌握。体育的知识、技能和方法是构成学生体育素养的基本要素，因此具有积极的体育动机和良好的体育素养能为今后学生从事体育锻炼打下良好基础。

（三）以丰富教学内容为体育教学发展途径

丰富体育教学内容、实现体育教学内容的不断创新是促进体育教学发展的重要途径。要求体育教师在教学中应重视以下几点：

第一，突出体育教学内容的科学性和逻辑性。在体育教学课程设计的不同阶段，体育教学内容应符合教育的内在规律和学生的身心发育特点与学生的身心发展规律相符。

第二，重视体育教学内容的多样性和趣味性。一方面，多样性的体育教学能够为学生提供较充分的选择余地，而不是每个学生都必须学习很多统一的内容。另一方面，增加体育教学内容的趣味性有助于提高学生的学习积极性和主动性，引导学生认识体育教学内容学习及体育锻炼的价值。

第三，提高体育教学内容的通用性和民族性。首先，通用性是指教学内容具有统一的规范，适用于各种类型的学生，这是现代体育教学内容的主体。其次，体育教学内容的民族性是指教学内容中应吸收那些学生喜闻乐见、兴趣浓厚、具有明显地方色彩的民族或乡土体育运动项目。

（四）建立综合性教学体系

学生是体育教学的主体，因此体育教学要围绕和促进学生的全面发展建立起综合性的体育教学体系。具体来说，综合性体育教学体系的建立必须以满足学生个体发展的需要和社会需要为前提。实际上学生的个体需要和社会需要是辩证统一的。社会需要从某种意义上来说就是所有个体发展的需要。而从体育的角度来说，应通过体育教学促进学生个体身体素质的全面发展和良好心理健康状态、个性心理特征的形成，使学生发展成一个融知识、品格、能力为一体的综合性人才。

第三章　我国大学生体能训练的主要内容

第一节　我国大学生体能训练的研究基础

一、理论基础

体能训练学是研究和揭示体能训练的一般规律和基本方法的一门综合性技术理论学科。它是一门正在形成中的新学科，具有开拓性、创造性、研究新对象、发现新规律和为人们认识体能训练提供新知识的特点。它拥有一个完整的技术理论体系，论述了体能训练的完整过程，研究了体能训练的一般规律、原则、方法。体能训练学的主要内容包括：发展身体形态、身体机能和各种运动素质的动作技术；各种运动素质与成绩之间的关系；运动素质各个系统、要素与运动成绩之间的内在联系；运动素质发展的敏感期；各运动项目运动员的体能训练；运动素质的转移等重要问题。通过以上对该门学科的认识，本书的理论基础如下。

（一）生理学专业理论基础

第一，遵循人的生长发育规律。

人的生长发育的一般规律包括：阶段性和程序性、速度的不均衡性、时间顺序性与统一协调性。

1. 生长发育的阶段性和程序性

（1）生长发育的阶段性：生长发育是一个连续过程，由不同的发育阶段组成。根据这些阶段特点，加上生活、学习环境的不同，可将人的生长发育过程划分成几个年龄期：婴儿期、幼儿期、童年期、青春期和青年期。

（2）生长发育的程序性：生长发育有一定的程序，各阶段间顺序衔接。前一阶段的发育为后一阶段奠定必要基础；任何阶段的发育出现障碍，都将对后一阶段产生不良影响。胎儿和婴幼儿期发育遵循"头尾发展律"。从生长速度看，胎儿期头颅生长最快，婴儿期躯干增长最快，2～6岁期间下肢增长幅度超过头颅和躯干。因此，儿童的身体比例不断变化，由胎儿2个月时特大的头颅（占全身4/8）、较长的躯干（3/8）、短小的下肢（1/8）发展到6岁时较为匀称的比例（头占1/8，躯干占4/8，下肢占3/8）。从动作发育看，儿童会走路前必须先经过抬头、转头、翻身、直坐、爬行、站立等发育阶段。手部动作发育的规律性更明显，新生儿只会上肢无意识乱动；4～5个月开始有取物动作，但只能全手一把抓；10个月时才会用手指拿东西；2岁左右手的动作更准确，会用勺子吃饭；手部精细动作（如写字、画图等）要到6～7岁左右才基本发育完善[①]。

---

① 赵常红，王琳，冯刚作. 体能训练 [M]. 北京：人民体育出版社，2020.12.

儿童期、青春期发育遵循"向心律"。身体各部的形态发育顺序是：下肢先于上肢，四肢早于躯干，呈现自下而上，自肢体远端向中心躯干的规律性变化。青春期，足的生长突增最早开始，也最早停止生长；足突增后小腿开始突增，然后是大腿、骨盆宽、胸宽、肩宽、躯干；最后是胸壁厚度。上肢突增的顺序依次为手、前臂和上臂。手的骨骼愈合也由远及近，顺序表现为指骨末端—中端—近端，掌骨—腕骨—桡骨、尺骨近端。

2. 生长发育速度的不均衡性

整个生长期内个体的生长速度有时快，有时慢，是不均衡的。因此，生长发育速度曲线呈波浪式。从胎儿到成人，先后出现两次生长突增高峰：第一次从胎儿 4 个月至出生后 1 年；第二次发生在青春发育早期，女孩比男孩早两年左右。身长在胎儿 4~6 月增长约 27.5 厘米，占新生儿身长的一半左右，是一生中生长最快的阶段；体重在胎儿 7~9 月增长约 2.3 公斤，占正常新生儿体重的 2/3 以上，也是一生中增长最快的阶段。出生后增长速度开始减慢，但出生后第一年身长增长约 20~25 厘米，约为出生时的 40%~50%；体重增长约 6~7 公斤，约为出生时的 2 倍。身长和体重都是出生后生长最快的一年。生后第二年，身长增长约 10 厘米，体重增长约 2~3 公斤。2 岁后至青春期前，生长速度减慢并保持相对稳定，平均每年身高增长 4~5 厘米，体重增长 1.5~2.0 公斤，直到青春期开始。青春期开始后生长速度再次加快，身高一般每年增长 5~7 厘米。处在生长速度高峰时，一年可达 10~12 厘米；男孩增幅大于女孩。体重一般每年增长约 4~5 公斤，高峰时一年可达 8~10 公斤。青春期突增后生长速度再次减慢，约在女 17~18 岁、男 19~20 岁左右身高停止增长。男孩突增期增幅较大，生长持续时间较长，故进入成年时其大多数形态指标的值高于女孩。

3. 各系统生长模式的时间顺序性与统一协调性

根据不同组织、器官的不同生长发育时间进程，可将全身各系统归纳为四类不同的生长模式。

(1) 一般型：包括全身的肌肉、骨骼、主要脏器和血流量等，生长模式和身高、体重基本相同，先后出现胎婴儿期和青春期两次生长突增，其余时间稳步增长。青春发育中后期增长幅度减慢，直到成熟。

(2) 神经系统型：脑、脊髓、视觉器官和反映头颅大小的头围、头径等，只有一个生长突增期，其快速增长阶段主要出现在胎儿期至 6 岁前。由于神经系统优先发育，出生时脑重已达成人脑重的 25%，而此时体重仅为成人的 5% 左右；6 周岁时脑重约 1200g，达成人脑重的 90%。头围测量在评价学前儿童（尤其 3 岁前）神经系统发育方面有特殊重要的意义。

(3) 淋巴系统型：胸腺、淋巴结、间质性淋巴组织等在出生后的前 10 年生长非常迅速，12 岁左右约达成人的 200%。其后，伴随免疫系统的完善，淋巴系统逐渐萎缩。体检时对儿童的淋巴系统状况进行评价，不应以成人标准来衡量。

(4) 生殖系统型：出生后第一个十年内，生殖系统外形几乎没有发展；青春期生长突增开始后生长迅猛，并通过分泌性激素，促进机体的全面发育成熟。

综上所述，机体各系统的发育既不平衡，又相互协调、相互影响和适应。这是人类在长期生存和发展中对环境的一种适应性表现。任何一个系统的发育都不是孤立的，而任何一种作用于机体的因素都可对多个系统产生影响。例如，适当的体育锻炼不仅促进肌肉和骨骼发育，也促进呼吸、心血管、神经系统功能水平的提高。

4．生长轨迹现象和生长关键期

在外环境无特殊变化的条件下，个体儿童的发育过程比较稳定，呈现一种轨迹现象（canalization）。该轨迹有动态的、复杂的调控系统，其中遗传基因起关键作用。它尽力使正在生长中的个体在群体范围中保持有限的上下波动幅度。一旦出现疾病、内分泌障碍、营养不良等不利现象，会出现明显的生长发育迟滞；一旦这些阻碍因素被克服，儿童会立即表现出向原有生长轨道靠近和发展的强烈倾向。这种在阻碍生长的因素被克服后表现出的加速生长并恢复到正常轨迹的现象，称"赶上生长"（catch-up growth）。

结合人的生长发育规律，本研究总结为：在小学阶段，以发展学生的柔韧、灵敏、速度和平衡为主，辅以发展力量和心肺耐力；在初中阶段，以发展肌肉力量和心肺耐力为主，辅以发展灵敏、速度、柔韧和平衡；在高中、大学阶段，以学习具体的动作技能为主，辅以保持各项身体素质能力，为运动项目学习提供良好的体能基础。

第二，遵循人的生理结构特点。

1．小学阶段

（1）运动系统方面：骨组织内水分和有机物较多，无机盐较少，富有弹性和韧性，但强度、硬度差，易变形；关节面软骨较厚，关节窝较浅，关节囊及关节韧带薄弱松弛，关节周围的肌肉细长，关节的伸展性、灵活性较好，活动范围较大，但牢固性与稳定性较差，在外力作用下易脱位；肌肉含水分多，蛋白质和无机盐少，肌纤维细，富有弹性，但肌肉力量弱，易疲劳。训练时注意事项：不宜进行大负荷力量和长时间保持固定姿势的练习；不应急于发展力量，可用伸展练习发展力量。负荷量和负荷强度的安排：中等负荷量和中、小负荷强度。

（2）心血管系统方面：心脏发育尚未完善，心脏重量和容积均小于成人，心肌纤维较细，收缩力量弱，心脏泵血量小，故心率较快、血压较低。训练时注意事项：能承受短时间较大负荷练习，可以逐步加大练习负荷，但负荷不能过大。

（3）呼吸系统方面：胸廓狭小，呼吸肌力量弱，表现在呼吸浅、频率快，呼吸效率差，肺活量小。训练时注意事项：注意呼吸与运动的配合。

（4）神经系统方面：大脑神经细胞的分化已基本完成，大脑额叶功能迅速发展，动作的精确性和协调性得到提高，兴奋与抑制过程发展不均衡。6~13岁，兴奋过程占优势，表现为活泼好动，注意力不集中；神经元工作能力低，易疲劳，但恢复较快。训练时注意事项：注意选择生动、有趣、多样化的练习内容和手段。

2．中学阶段

（1）运动系统方面：骨骼生长明显，肌肉蛋白质含量增加、质量提高，肌肉的体积和力量增长速度加快，但肌肉仍落后于骨骼的生长速度，肌肉力量和耐力较差。由于性激素分泌增多，性别差异开始显现。训练时注意事项：力量练习宜采用较轻负重以克服自身体重的练习为主，多进行伸展和跳跃运动；还应有计划地发展小肌肉群和伸肌的力量。负荷量和负荷强度安排：中等、中上等负荷量和中等负荷强度[1]。

（2）心血管系统方面：心脏发育速度增快，重量和容积增加。与心脏相比，血管发育

---

[1]　赵常红，王琳，冯刚作．体能训练［M］．北京：人民体育出版社，2020.12.

相当滞后。由于性腺和甲状腺等腺体激素分泌增多，出现"青春性高血压"。训练时注意事项：适当增加力量及耐力性练习的比例，以增强心肺功能。负荷量和负荷强度安排：中等、中上等负荷量和中等负荷强度。

（3）呼吸系统方面：心肺功能增强，最大摄氧量明显增加。训练时注意事项：可适当增加有氧锻炼的负荷强度和持续时间。负荷量和负荷强度安排：中等、中上等负荷量和中等负荷强度。

（4）神经系统方面：大脑皮质抑制过程逐渐加强，兴奋与抑制趋于平衡，分析综合能力明显提高，能较快建立各种条件反射。训练时注意事项：不宜进行过于复杂和精细动作的练习。负荷量和负荷强度安排：中等、中上等负荷量和中等负荷强度。

3. 高中、大学阶段

（1）运动系统方面：骨骼的生长已进入稳定或缓慢增长阶段；肌肉横向发展较快，肌纤维明显增粗，肌肉横断面加大，肌力明显增强。训练时注意事项：力量练习可以增加负荷，以动力性力量练习为主，静力性练习为辅，负荷强度不宜过大，组数不宜过多，注意及时放松。负荷量和负荷强度安排：中上等、较大负荷量和中等、中上等负荷强度。

（2）心血管系统方面：心肺器官的发育已比较完善，心脏重量、容积、每搏输出量、每分输出量等指标已接近成人水平。训练时注意事项：可以继续增加负荷强度和持续时间，但仍应注意"青春性高血压"现象，做好医务监督。负荷量和负荷强度安排：中上等、较大负荷量和中等、中上等负荷强度。

（3）呼吸系统方面：胸围增大，肺活量增加，最大摄氧量在 16～17 岁时比初中增长阶段减慢。训练时注意事项：可以继续增加负荷强度和持续时间。负荷量和负荷强度安排：中上等、较大负荷量和中等、中上等负荷强度。

（4）神经系统方面：神经系统的功能不断完善并趋于复杂。分化抑制能力进一步发展，兴奋与抑制过程更加平衡；第二信号系统已发展到一定水平，两个信号系统的关系已相当完善。训练时注意事项：可以学习一定难度和较复杂的动作。负荷量和负荷强度安排：中上等、较大负荷量和中等、中上等负荷强度。

（二）运动训练学专业理论基础

运动训练中的体能发展水平是由身体形态、身体机能及运动素质的发展状况所决定的。身体形态是指机体内外部的形状。身体机能是指机体各器官系统的功能。运动素质是指机体在活动时所表现出来的各种基本运动能力，通常包括力量、耐力、速度、柔韧和灵敏等。

构成体能的身体形态、身体机能、运动素质三个因素都有各自相对独立的作用，又有着密切联系，彼此制约，相互影响。其中，每一个因素的水平，都会影响着体能整体水平。三个构成因素之中，运动素质是体能的外在表现，所以在运动训练中多以发展各种运动素质为身体训练的基本内容。本书主要从以下几点训练学专业理论进行阐述。

第一，身体形态及其训练。

1. 身体形态及其结构

身体形态是指人体外部与内部的形态特征。反映外部形态特征的指标有：高度（身高、坐高、足弓高等）、长度（腿长、臂长、手长、头长、颈长、足长）、围度（胸围、臂围、腿围、腰围、臀围等）、宽度（肩宽、髋宽）和充实度（体重、皮质厚度等）。

反映内部形态的指标有：心脏纵横径、肌肉的形状与横断面等。

2．身体形态在运动员体能中的重要意义

身体形态在运动员体能中的重要意义在于以下几点：

首先，一定的身体形态在一定程度上反映着相应的生长发育水平、机能水平和竞技能力水平。

其次，不同项目对身体形态的要求是不同的。

最后，不同的身体形态在一定程度上影响着运动素质的发展。

3．不同项群运动员的形态特征

（1）体能主导类速度性项群。此项群在身体形态上表现出的共同特征是：体形均匀、身体健壮、肌肉丰满、膝踝关节围度较小、盆骨宽度适中、臀部肌肉向上紧缩、足弓明显、跟腱细长且清晰。

（2）体能主导类耐力性项群。此项群运动员身体形态的特点是：体重较轻、脂肪较少、身高中等、腿较长。

（3）体能主导类力量性项群。此项群的跳跃、投掷、举重等项目运动员在身体形态上的表现各有不同。跳跃项目要求身材修长、下肢占身高比重大、小腿相对较长、踝围相对较小、跟腱较长。投掷类项目运动员身材表现出大型化趋势，指间距一般可超过身高5～15厘米，肌肉发达。世界优秀男子铅球运动员的克托莱指数在610～640之间，铁饼运动员略低一些，标枪运动员更低。对运动的肩带和躯干集群的要求很高，躯干呈桶形，手长也是投掷运动员的重要特征。举重运动员的体形特征是身材较矮、四肢发达有力、肩宽、手指长等。

（4）技能主导类表现难美性项群。此项群运动员的体形特征：身材匀称、五官端正、女子颈部略长、锁骨和肩胛骨较平、四肢较长、手臂较直、小腿长于大腿、膝关节平直、踝关节略细、跟腱细长清晰、手脚大、盆骨狭窄、臀部肌肉向上紧缩、肌肉成条形。

（5）技能主导类表现准确性项群。此项群对运动员体形要求为：身体正常而匀称，中胚型居多。射击和射箭运动员在体形上没有明显的要求，但不同单项对运动员要求有所不同。如步枪运动员要求臂长一点，臂展等于或者略超过身高。手枪运动员要求臂短一些，手长指大。射箭运动员臂展比身高略长，同时要求手大指长，以利于开弓时的直线运动。

（6）技能主导类格斗对抗性项群。此项群要求运动员有较高的身高和较长的四肢，身高和体重保持恰当的比例。身高和四肢较长的击剑运动员可获得有利于接触目标的优越条件。摔跤和拳击运动员要求四肢较长、肌肉发达有力。

（7）技能主导类同场对抗性项群。此项群运动员身体形态特征可概括为：身材高大、胸廓大、手大、脚大；腿长、小腿长、手臂长；臀部小、踝围小。

（8）技能主导类隔网对抗性项群。此项群各项目运动员体形有所不同。排球运动员身材高、四肢较长而坐高相对较短、皮质层薄、体脂肪量小、去脂体重及体质密度大、臂长、上臂围松紧差大、手较宽，骨盆相对较窄、小腿长、踝围细、跟腱长、足宽而不长。乒乓球运动员体形要求身材匀称、手臂略长、体重适中、腰短、足弓深等。

4．身体形态训练的基本要求

（1）根据不同生长发育阶段的形态特征安排身体形态训练。人体在不同年龄阶段的生长发育有不同的特征，一般是先长高度，后长宽度、围度和充实度。心脏发育过程中先加大心脏容量、后增厚心壁肌肉，与其相应的竞技能力的敏感发展期亦有不同，身体形态训练应与之相适应，而不可颠倒。

（2）根据不同专项特点安排身体形态训练。由于各个专项竞技能力的主导因素不同，而这些专项竞技能力又都对特定的身体形态具有一定的依赖性，因而必须根据专项的需要及其对竞技能力的需求特点，安排相应的练习方法与手段。

（3）身体形态训练应注意遗传因素的影响。在身体形态的各项指标中，有的指标遗传度很高，如高度、长度和宽度指标；有些指标遗传度则较小，如体重、充实度。因此，在选材时，应重视高度、长度和宽度等形态指标，而与肌肉相关的体重等充实度指标，则应更多地依靠后天的训练加以改善和提高。

（4）采用多种方法手段改善身体形态。影响身体形态的因素很多，如饮食、气候等都会影响外部形态，因而外部形态的训练不要只从训练的角度进行，要注意其他手段和方法的运用，尤其要注意饮食和营养的控制。

第二，力量素质及其训练基础。

1. 力量素质的定义及分类

力量素质是指人体神经肌肉系统在工作时克服或对抗阻力的能力。肌肉工作时以收缩产生的拉力克服阻力。肌肉工作所克服的阻力包括外部阻力和内部阻力。外部阻力，如物体重量、摩擦力以及空气的阻力等；内部阻力，如肌肉的黏滞性、各肌肉间的对抗力、主要来源于运动器官（如骨骼、肌肉、关节囊、韧带、腱膜、筋膜）等组织的阻力。

以力量素质与运动专项的关系，可分为一般力量与专项力量；以力量素质与运动员体重的关系，可分为绝对力量和相对力量；以完成不同体育活动所需要的力量素质的不同特点，可分为最大力量、快速力量和力量耐力。

最大力量就是指肌肉通过最大随意收缩克服阻力时所表现出来的最高力值。

相对力量是指运动员单位体重所具有的最大力值。相对力量对体操、跳高等项目是十分重要的，因为这些项目要求运动员具有较大的克服自身体重的能力：一方面要求运动员具有较强的最大力量；另一方面还要求运动员体重不能过大，即要求运动员具有良好的相对力量。

快速力量是指肌肉快速发挥力量的能力，是力量与速度的有机结合。

爆发力是快速力量的一种表现形式，是指张力已经开始增加的肌肉以最快的速度克服阻力的能力。

力量耐力是指肌肉长时间克服阻力的能力。

2. 各种力量素质的评定及训练负荷量度的确定

（1）最大力量的评定及训练负荷量度的确定。

①最大力量的评定。运动员最大力量，既可在完成比赛动作的过程中测定，又可在完成与比赛动作接近的动作中测定；既可在静态条件下测定，又可在动态条件下测定。肌肉的动态评定和静态评定都有不足之处。用完成最大负重量的动力性练习评定运动员最大力量的不足之处在于，随着肌肉工作时关节弯曲角度的变化，肌肉工作的力量也处于不停地变化之中。因此，评定结果并不十分准确。而采用静力状态的手段评定运动员的最大力量，对周期性运动项目意义不大，肌肉在静力状态下测出的最大力量即使很高，也不意味着运动员比赛时肌肉在动力状态下也具有相当高的水平，况且用静力练习仅仅只能评定在

某一静止姿势的力量，并不能代表整个运动过程的力量。评定运动员最大力量较为理想的方法是，测定肌肉等练习时的最大力量值。这种方法的优点在于，当器械以各种不同速度运动时都可以表现出最大力量。

评定运动员最大力量时要注意：根据专项特点制定不同的评定标准，测定工作肌群的最大力量时还要重视对对抗肌群最大力量的评定。在评定伸肌最大力量时还要重视对屈肌最大力量的评定。既要重视对局部主要运动环节的最大力量的评定，又要重视对整体最大用力效果的评定，后者对运动成绩有更大的影响。

对少年及一般运动员力量评定可采用握力、背肌力、屈臂悬垂、引体向上、双杠臂屈伸及俯卧撑等指标。

②最大力量负荷量度的确定。负荷强度：负荷强度的确定，应有利于改善运动员肌肉收缩时内协调的能力，即提高神经系统的指挥能力；有利于增大运动员肌肉的体积。发展运动员最大力量的训练强度一般可控制在75％左右。在此要说明两点：

第一，力量训练必须有一个准备性的渐进过程，如对少儿训练，先是从40％左右的负荷强度开始，然后再逐渐加大负荷强度。

第二，每周应穿插一些更大强度，如90％～95％的负荷强度的训练。

负荷数量（次数与组数）：练习的重复次数与负荷的强度有很大关系，通常以50％的负荷强度做20次为宜，每减少5％的强度，重复次数可增加两次；每增加5％的强度，重复次数则要减少两次。用25％的负荷强度训练时，开始可连续重复做8次，随着运动员力量的增长，练习可达到的重复次数也必定能增加，当增加到12次后，应及时提高负荷的强度。

组间间歇时间：间歇时间的长短取决于练习的持续时间和负荷强度的大小，持续时间越长，负荷强度越大，间歇时间就应越长。此外，间歇时间的长短与参与工作的肌肉数量有关，局部肌肉参与工作，间歇时间可短些；参与工作的肌肉越多，间歇时间也应越长。

（2）快速力量的评定及训练负荷量度的确定。

①快速力量的评定。快速力量的大小，通常可采用动力曲线描记图分析评定。例如，下肢蹬地力量或上肢击打力量的动力曲线描记图。通过计算快速力量指数也可评定快速力量。

快速力量指数＝力量的极值/达到力量极值的时间

在周期性运动项目中，也可以通过各种形式的速度综合测定来评定快速力量。如周期性运动项目的出发和加速段的时间（游泳：从发令到10米的时间；田径短跑：从发令到30米的时间；自行车：从发令到50米的时间）。

②快速力量负荷量度的确定。负荷强度：发展快速力量的负荷强度的变化区间很大，从30％～100％都可。很多情况下，采用不负重的练习方法，如各种单、双脚跳、台阶跳、蛙跳、跳深等下肢练习。这些超等长的练习，由于动作速度快，其实际负荷强度是相当大的。也可以体重为依据确定负荷强度，半蹲练习为体重的50％；深蹲练习为体重的30％～40％。

负荷数量：发展快速力量负荷的次数和组数的确定，应以不降低练习的速度为原则。负荷数量与负荷强度关系密切，负荷重量大，则重复次数少；负荷重量小，则重复次数多，一般每组练习重复次数为1～5次。练习的组数应以不降低每次练习的速度及不减少重复次数为原则，组数也不宜安排过多。由于此类练习对中枢神经系统兴奋性要求很高，因此练习持续时间一般不宜过长，通常在 15～20 分之间。

间歇时间：发展快速力量练习的间歇时间，一方面要保证运动员完全恢复；另一方面又要避免运动员兴奋性明显降低，同时要考虑到运动员的恢复能力，一般安排 1～3 分为宜。休息时应采用积极性的休息手段，一方面促进恢复，另一方面保持神经系统良好的兴奋状态。

（3）爆发力的评定及训练负荷量度的确定。

①爆发力的评定。前面所介绍的评定快速力量的方法都可用来评定爆发力。但运动员在做爆发力练习时，所用的力量是不遗余力的，所用的时间是最短的，所以评定爆发力多用爆发力指数为指标。

爆发力指数＝最大的力量/用力时间

②爆发力负荷量度的确定。负荷强度：发展爆发力训练的负荷强度依需要而定。有时以 30％的强度负重练习；有时不负重，仅克服自身体重练习。

负荷数量：在安排重复次数与组数时，注意应以不降低速度为原则，同时要求中枢神经系统保持良好的兴奋状态。应注意并不是练习重复次数与组数越多越好。

重复次数与负荷强度关系密切。负荷重量大，强度高，重复次数就要少；负荷重量小，强度低，重复次数相对就多些，一般以 1～5 次为好。

组数不宜过多，以不减少每组重复次数、不降低每次练习速度为原则，不宜过多。发展爆发力训练，应用极限或接近极限的速度来完成每一次的重复练习。

间歇时间：间歇时间应以保证运动员工作能力完全恢复为原则，但也不宜过长，否则会使中枢神经系统的兴奋性明显下降，不利于下一组的训练。具体的间歇时间与工作量大小、运动员恢复能力有关，一般来说，可安排 1～3 分或 3～5 分。

间歇时可做一些放松的小强度练习，以有利于强化恢复过程，使必要的休息时间缩短。

（4）相对力量的评定及训练负荷量度的确定。

①相对力量的评定。相对力量是指运动员每千克体重所具有的最大力量。所以，其评定可在对最大力量测定的基础上进行，用运动员体重去除最大力量便可以计算出该运动员的相对力量。

②相对力量的负荷量度确定。发展相对力量多采用提高肌肉内协调能力的方法。这样做既可使运动员的最大力量得到提高，同时又能限制运动员体重的增加，从而发展运动员的相对力量。

负荷强度：发展相对力量要求动作快，所以不管负荷重量大小，实际负荷强度都是大的。只有这样才能动员更多的运动单位参与工作，也可使肌纤维工作同步化的程度得到提高，从而提高肌肉内协调的功能，使相对力量得到发展。

负荷数量：发展相对力量由于负荷强度高，总负荷量则小，因而产生的超量恢复就少，使运动员的体重得到控制。

（5）力量耐力的评定及训练负荷量度的确定。

①力量耐力的评定。对力量耐力的评定多采用多次重复完成比赛模仿动作的方法，根据运动员重复的次数进行评定。这种方法要求测试动作的运动形式和神经肌肉工作方式的

特点都与比赛动作接近。如自行车运动员在功率自行车附加阻力的脚踏上蹬踏；划船运动员在专业的力量练习器上划桨；田径运动员在活动跑台上走、跑等。也有人提出用力量耐力指数来评定运动员的力量耐力，力量耐力指数等于练习器械的阻力（公斤）乘以动作的次数[①]。

即力量耐力指数＝练习阻力×重复次数

②力量耐力负荷量度的确定。

负荷强度：发展肌肉的力量耐力，一般采用25％～40％的负荷强度。

负荷数量：发展肌肉耐力练习的重复次数最为重要，一般要求多次重复，甚至达到极限。具体次数因负荷强度不同而异。重复组数视运动员而定，一般组数不宜太多。企图用组数去弥补练习的重复次数不足，是不会收到良好训练效果的。

间歇时间：组间间歇时间可以从30秒到90秒或更多，这取决于练习的持续时间和参加工作肌肉的多少。假如练习时间较短（如20～60秒），并且完成几组练习之后，需要达到疲劳积累的目的，那就应在工作能力尚未完全恢复时，即进行下一组的训练。若用心率控制间歇时间，可在心率恢复到110～120次/分时，进行下一组练习。假如练习持续时间比较长（2～10分），间歇时间亦可加长，在机体基本恢复后进行下一组练习。

第三，速度素质及其训练基础。

1. 速度素质的定义及分类

速度素质是指人体快速运动的能力。包括人体快速完成动作的能力和对外界信号刺激快速反应的能力，以及快速位移的能力。

速度素质包括反应速度、动作速度和移动速度。反应速度是指人体对各种信号刺激（声、光、触等）快速应答的能力。动作速度是指人体或人体某一部分快速完成某一个动作的能力。动作速度是技术动作不可缺少的要素，表现为人体完成某一技术动作时的挥摆速度、击打速度、蹬伸速度和踢踹速度等。此外，还包含在连续完成单个动作时在单位时间里重复次数的多少（即动作频率）。移动速度是指人体在特定方向上位移的速度。以单位时间内机体移动的距离为评定指标。从运动学上讲，是距离（秒）与通过该距离所用的时间（t）之比。在体育运动中，常常是以人体通过固定距离所用的时间来表示，如男子100米跑10秒、100米自由泳游50秒等。

2. 速度素质的评定及负荷量度确定

（1）反应速度

①反应速度评定。人们通常测定反应时，即运动员对信号刺激做出反应所需的时间来评定运动员反应速度的好坏。运动员对不同种类信号的反应时间是不同的。因此，往往根据不同项目的不同特点测定运动员对特定信号的反应速度。如短跑、游泳等竞速项目，运动员主要接收听觉信号开始竞技，而乒乓球选手则主要接收视觉信号做出技战术反应。

对反应时的评定，可以通过实验室的精密仪器测量加以评定，也可以用简易的方法进行测量与评定。

②反应速度训练中应该注意的问题

a. 反应速度由神经反射通路的传导速度所决定，基本属于纯生理过程，不受其他因

---

① 赵常红，王琳，冯刚作. 体能训练［M］. 北京：人民体育出版社，2020.12.

素影响。纯生理过程的提高是相当困难的，很大程度上取决于遗传因素，通过训练可使运动员潜在的反应速度能力表现出来并稳定下来。

b. 要求运动员注意力集中。在训练中，运动员注意力集中与不集中大不一样，运动员注意力集中，可使神经系统处于适宜的兴奋状态，使肌肉处于紧张待发状态，此时，肌肉的反应速度比处于松弛状态时提高60%左右。当然，这种紧张待发状态必须有时间的限制，一般来说，适宜时间为1.5秒左右，最多不能超过8秒。把注意力集中在完成的动作上效果为好，可缩短潜伏时间。因此，短跑运动员在"预备"起跑时，要紧紧地压住起跑器，把思想集中于准备迅速迈出第一步。

c. 反应速度的提高在很大程度上取决于运动员对信号应答反应的动作熟练程度上。动作熟练，信号一出现，就会立刻做出相应的反应动作。在进行反应速度的训练时，还要经常改变刺激因素的强度和信号发出的时间。

（2）动作速度

①动作速度的评定。因为动作速度寓于某一个技术动作之中，如抓举的动作速度、跳跃起跳的动作速度、游泳转身的动作速度等，所以动作速度的测量是与技术参数测定联系在一起的，如测出手速度、起跳速度、角速度、加速度等。此外，通过连续多次完成同一动作，亦可求出平均的动作速度。

②动作速度训练中应该注意的问题。

a. 提高动作速度应与掌握和保持正确的技术动作紧密地结合在一起。

b. 专门性的动作速度训练与专项比赛动作要求相一致，如在短距离跑训练中所采用的专门性练习、小步跑、高抬腿跑等，游泳运动员专门转身等练习时，都应对动作速度提出严格的要求。

c. 在以反复做某一个规定动作（如两腿快速交替练习）为手段发展运动员的动作速度时，应合理地变换练习的速度。将最高速度与变换速度的练习结合起来，把相对固定（有规格的）的速度练习与变化（无规格的）的速度练习结合起来，并且要避免动作速度稳定在同一个水平上，力争让运动员超过平时的最高速度。

d. 动作速度训练中，练习的持续时间一般不宜过长。这是因为动作速度训练强度较大，要求运动员的兴奋性要高，一般不应超过20秒。

e. 练习与练习之间的间歇是由练习的强度所决定的，练习强度大，需要的间歇时间就应长些。但也不要忘记，间歇时间过长会使运动员神经兴奋性下降，不利于用"剩余兴奋"去指挥后面的练习，因此间歇练习也不宜过长，如持续时间5秒、强度达到95%以上的练习，间歇时间以30~90秒为宜。

（3）移动速度

①移动速度的评定。

测定移动速度的手段常常用短距离跑，要求如下：

a. 距离不要过长，可用30~60米的距离。

b. 最好不从起跑计时，而测定运动员全速跑通过某段距离的能力。

c. 在运动员不疲劳、神经兴奋性高的状态下测验。

d. 可测定2~3次，取最佳成绩。

以下两个指标对运动员快速移动能力有着重要影响：一是最大步频；二是快速跑中的

支撑时间。测定单脚撑地时间可采用触点跑道和波动描记器记录。优秀运动员单脚撑地时间为 0.08～0.13 秒，普通人为 0.14～0.15 秒。

　　②移动速度负荷量度确定。

　　提高移动速度有两个基本途径：一是力量训练，使运动员力量增长，进而提高速度；另一个是反复进行专项练习。无论通过哪个途径提高移动速度，训练中都必须重视确定适宜的训练负荷。

　　a. 赛跑运动员进行快速力量训练时，不同练习内容对练习的组数及每组重复次数有不同的要求。

　　b. 超等长力量练习，如用最大速度做垂直跳 30 秒、单足跳 30～50 米、立定跳远、三级跳远、三级跳箱练习（用单足跳上、跳下）；单足跳下台阶；跳深练习等。

　　c. 在训练实践中，运动员力量得到提高，并不意味着移动速度马上可以提高。也有时当力量训练负荷减少以后，移动速度才有提高，这种现象叫"延迟性转化"。

　　第四，耐力素质及其训练基础。

　　1. 耐力素质的定义及分类

　　耐力素质是指有机体坚持长时间运动的能力。许多项目的运动竞赛都要持续较长或很长的时间。运动员要在竞赛全过程保持特定的运动强度或动作质量，就必须具备良好的耐力素质，就必须具备能与在持续运动过程中不断积累和加深的疲劳做斗争的能力。

　　疲劳是一种生理现象，是有机体自我保护的反映。训练会导致机体疲劳，疲劳的产生则限制着有机体继续承受训练负荷。对于体能主导类耐力性项目来说，耐力素质的发展水平对运动员的专项竞技水平起着主导作用；对其他项目来说，良好的耐力素质则有助于运动员更好地克服在训练和比赛中出现的疲劳，承受更大的训练负荷，提高训练效果，并在比赛中取得更好的成绩。

　　按人体的生理系统分类，耐力素质可分为肌肉耐力和心血管耐力。肌肉耐力也称为力量耐力，心血管耐力又分为有氧耐力和无氧耐力。有氧耐力是指机体在氧气供应比较充足的情况下，能坚持长时间工作的能力。有氧耐力训练的目的在于提高运动员机体吸收、输送和利用氧气的能力，促进有机体的新陈代谢。

　　无氧耐力也叫速度耐力，它是指机体以无氧代谢为主要供能形式，坚持较长时间工作的能力。无氧耐力又分为磷酸原供能无氧耐力和糖酵解供能无氧耐力。

　　在无氧代谢供能的肌肉活动中，磷酸肌酸分解供能，不产生乳酸，叫磷酸原供能。机体处在这种状态下，坚持较长时间工作的能力，称为磷酸原代谢供能的无氧耐力。

　　在无氧代谢的肌肉活动中，糖的酵解供能，产生乳酸。机体处在这种状态下，坚持长时间工作的能力，称为糖酵解代谢供能的无氧耐力。

　　依耐力素质对专项的影响，耐力素质又可分为一般耐力和专项耐力。一般耐力是指对提高专项运动成绩起间接作用的基础性耐力；专项耐力是指与提高专项运动成绩有直接关系的耐力，具体地讲是指持续完成专项动作或接近比赛动作的耐力。

　　2. 耐力素质的评定及负荷量度的确定

　　（1）有氧耐力的评定及负荷量度的确定。

　　①有氧耐力的评定。评定有氧耐力的方法很多，经常采用的方法是定距离的计时位移运动，如 1 500～10 000 米跑、400～3 000 米游泳、100～200 公里自行车骑行及 5 000～

10 000 米划船等，还有定时计距离的 12 分跑等。

②有氧耐力负荷量度的确定。

以持续训练法为例。

负荷强度：采用持续训练法发展有氧耐力的训练强度相对较小，心率可控制在 145～170 次/分之间。这个训练强度对提高运动员心脏功能尤为有效，对改进肌肉的供血能力、改进肌肉的直接吸收氧的能力也有特殊意义。有氧耐力训练的适宜心率可通过公式计算，如下：

$$安静心率＋（最大心率－安静心率）×60％～70％$$

据研究，心率控制在这个水平线上，机体的吸氧量可达到最大值的 80％左右，输出量增加，促进骨骼肌、心肌中的毛细血管增生。假如超过这个界限，如 170 次/分以上，机体就要产生氧债，使训练效应发生变化。假如低于这个界限，如 140 次/分以下，输出量达不到较大值，同时吸进的氧气也少，则会影响训练的效果。

负荷数量：负荷数量取决于运动员的训练水平，训练水平高的运动员可承受大负荷量，如持续跑可坚持两个小时；训练水平低的运动员只能承受较小的负荷量。但一般来讲，发展运动员有氧耐力训练时间不能少于 20 分。

（2）糖酵解无氧代谢供能的无氧耐力的评定与训练负荷量度的确定。

①评定方法。评定糖无氧代谢供能的无氧耐力可采用持续 1 分的练习作为评定指标，如 400 米跑。

②负荷量度确定。负荷强度：提高糖酵解无氧代谢供能的无氧耐力训练的强度为 80％～90％，以使运动员机体处于糖酵解供能状态，其强度为 80％～90％。发展糖酵解无氧代谢供能的无氧耐力训练，一次练习的持续时间介于 1～2 分之间。若以跑为训练手段时，其距离应控制在 300～800 米之间，一般以 400 米为宜。若以游泳为训练手段时，其游程可控制在 100～200 米之间。

重复练习的次数与组数：每组练习的重复次数不必过多，如 3～4 次，以保持必要的训练强度。练习的重复组数应视运动员训练水平而定，一般来讲，训练水平低的新手重复组数少，如 2～3 组；对训练有素的运动员可安排 3～5 组。确定练习重复组数的基本原则是：使运动员在最后一组也基本能保持所规定的负荷强度，而不应下降得过多。

间歇时间：发展糖酵解无氧代谢供能的无氧耐力的间歇时间安排有两种做法。一种是次间歇时间以恒定不变的方式安排，如每次练习之间休息 4 分等；另一种是采取逐渐缩短时间的方式安排，如第一、二次之间间歇 6～5 分，第二、三次之间间歇 5～4 分，第三、四次之间间歇 4～3 分，这样做有利于使体内乳酸堆积，达到较高值。间歇时间的确定又受负荷距离及强度的影响，距离长、强度大，间歇时间就长；距离短、强度小，间歇时间就短。组间的间歇时间一般要长于组内间歇时间，以利于恢复。

第五，柔韧素质及其训练基础。

1. 柔韧素质的定义及分类

柔韧素质是指人体关节在不同方向上的运动能力以及肌肉、韧带等软组织的伸展能力。

柔韧素质通过关节运动的幅度，也就是按一定的运动轴产生转动的活动范围而表现出来。

柔韧素质分为一般柔韧素质和专门柔韧素质。一般柔韧素质是指机体中最主要的那些关节活动的幅度，如肩、膝等关节活动的幅度，这对任何运动项目都是必要的。

专门柔韧素质是指专项运动所需要的特殊柔韧性，专门柔韧素质是掌握专项运动技术必不可少的重要条件。

2. 柔韧素质的评定及负荷量度的确定

（1）柔韧素质的评定。测量与评定柔韧素质带有局部性的特点，其测量方法和手段均涉及身体有关部位完成动作时活动的幅度。评定柔韧素质通常采用的方法是用直尺、皮尺、量角器等工具直接测量关节活动的最大幅度。柔韧性测量的指标是角度和距离。例如，测量肩关节活动幅度时，可采用手持木棒转肩测量，测出两大拇指的间距，间距越小，肩关节活动幅度越大，柔韧性越好。

（2）柔韧素质训练负荷量度的确定。

负荷强度：柔韧素质训练在多数情况下是采用自身用力的拉伸法，自身用力的大小应依运动员自我感觉来安排。如：肌肉酸痛时可以减轻一点用力；肌肉胀痛时可以坚持一下；当肌肉感到麻时，则应停止训练。

进行柔韧性训练有时也采用负重练习，负重量不能超过被拉长肌肉力量的50%，对高级运动员的负重量可以略多一些。一般来讲，长时期中等强度拉力练习的效果优于短时期大强度练习的作用。

练习的数量：为保持关节运动的最大幅度，应根据关节的不同特点，确定适宜的练习次数。

运动员的年龄与性别不同，练习的次数也应有所区别。少年运动员（12～14岁）练习的重复次数，应为成年运动员的30%～40%，女子应比男子少10%～15%。

每组持续练习的时间为6～12秒，摆动动作可稍长一些。在做静力性练习时，当关节角度伸展到最大限度时，可停留固定30秒钟左右的时间。

应根据保证运动员在完全恢复的条件下完成下一个练习，来确定练习的间歇时间。休息时间、练习的性质与动作持续时间有密切关系。例如，多次完成提高脊柱活动的躯干弯曲动作，比完成15秒踝关节的强制伸展练习，休息时间要长得多。

间歇时应安排肌肉放松练习或进行按摩等。

第六，灵敏素质及其训练基础

1. 灵敏素质的定义及其分类

灵敏素质是指在各种突然变换的条件下，运动员能够迅速、准确、协调地改变身体运动的空间位置和运动方向，以适应变化着的外环境的能力。

衡量灵敏素质的标志是运动员在各种复杂变换的条件下能够迅速、准确、协调地做出应答动作。这就要求运动员必须具有良好的判断能力及反应速度，要求运动员随机完成的应答动作在空间、时间以及用力特征上相互吻合，组配协调。

灵敏素质可分为一般灵敏素质和专门灵敏素质两类。一般灵敏素质是指在完成各种复杂动作时所表现出来的适应变化着的外环境的能力。专门灵敏素质是指根据各专项所需要的，与专项技术有密切关系的，以及适应变化着的外环境的能力。

2. 灵敏素质的评定及负荷量度的确定

（1）灵敏素质的评定。评定灵敏素质的方法很多，如立卧撑测试、象限跳测验、滑步倒跑测验、十字变向跑及综合性障碍等。

（2）训练负荷量度的确定。发展灵敏素质主要采用变换训练法，训练强度一般较大，速度较快。练习次数不宜过多，训练时间不宜过长，因为机体疲劳，力量会下降、速度会变慢、反应会变迟钝，不利于灵敏素质的发展。每次练习之间应有足够的休息时间，以保障氧气的补充和肌肉中高能物质的再合成；但休息时间过长，又会使神经系统的兴奋性下降。一般来讲，练习时间与休息时间可为1：3。

（三）心理学专业理论基础

心理学作为一门研究情感、需要、个性、体验的学科，与具有知、情、意、行高度合一特性的体育活动，有着内在的联系。

《体育与健康课程标准》（2011）提出了"身体健康、心理健康和社会适应"的三维健康观，重视"心理健康"是学校体育的教育任务之一。因此，在进行体育学习和身体素质促进过程当中，一定要充分考虑不同学段学生的心理特征与身体素质锻炼的心理因素，了解有利于学生心理健康的锻炼方式，激发和提高学生的运动兴趣，培养与发展学生的思维与创造等体育能力，以使本研究设计的体能促进实践方案的内容能够有效地促进学生的心理健康。

第一，心理健康及其标准。

心理健康的含义是指"强调个体内部的协调及其对外界环境的适应，它是在智力正常的基础上所形成的良好的个性心理特质和稳定的情绪表现，是一种能够有效处理内外关系的良好心态。"国际心理卫生学会确立的心理健康标准是指"身体、智力、情绪反应协调，能较好地适应环境，在人际关系中彼此谦让，有幸福感，在工作和职业中能充分发挥自己的能力，过有效率的生活。"

第二，不同阶段学生的心理特征与身体素质锻炼的心理因素。

1. 小学生阶段

（1）心理特征

①认知能力。感知觉的充分发展；注意力范围有限且欠稳定；记忆力逐步提高；以形象思维为主；具有丰富的想象力。

②个性特点。情绪稳定而单一；意志品质不够坚韧；自我意识明晰但独立性差；社会认知得到发展。

③社会社交。随着儿童独立性与批判性的增长，儿童逐渐摆脱对父母、老师的依赖，更加关注与同伴的交往。因此，他们要面临这样三种关系：亲子关系、同伴关系和师生关系。

（2）锻炼时注意事项

进行柔韧和灵敏素质练习时，注意选择难度适中、简单具体、生动有趣、形式多样的练习内容和手段。

（3）影响身体素质的心理因素

速度素质与个体做出应答的反应时间、感知的准确性、注意力等心理品质有关；力量素质与个体的高度集中的注意力、良好的情绪控制能力和坚忍的意志品质有关；耐力素质与个体坚忍的意志品质、明确的心理定向、意识与注意的控制能力以及自我命令与激发等心理品质有关；柔韧素质与个体的毅力与耐心等心理品质有关；灵敏素质与个体反应客体的准确性、观察力、运动表象、运动记忆能力的好坏、应变能力、协调性、适应性等心理品质有关。

2. 中学生阶段

(1)心理特征

①认知能力。观察能力的提高；思维能力的发展；情绪控制能力的提高。

②自我意识。成人感的产生；体力见长，争强好胜；自我调控的自觉性、独立性和相对薄弱性；自我体验的敏感性、丰富性和矛盾性。

③需要与兴趣。社会性需要不断加强；独立性需要日益强烈；友谊需要发展迅速；间接兴趣不断发展；中心兴趣逐步形成。

④心理矛盾激化。独立性与依赖性的矛盾；自尊心与自卑感的矛盾；封闭性与开放性的矛盾；勇敢与怯懦的矛盾。

(2)锻炼时注意事项

进行速度、力量、平衡性练习时，注意发展学生的探究式、自助式学习能力，注重发挥学生的主体作用。

(3)影响身体素质的心理因素

速度素质与个体做出应答的反应时间、感知的准确性、注意力等心理品质有关；力量素质与个体的高度集中的注意力、良好的情绪控制能力和坚忍的意志品质有关；耐力素质与个体坚忍的意志品质、明确的心理定向、意识与注意的控制能力以及自我命令与激发等心理品质有关；柔韧素质与个体的毅力与耐心等心理品质有关；灵敏素质与个体反应客体的准确性，观察力、运动表象、运动记忆能力的好坏、应变能力、协调性、适应性等心理品质有关。

3. 高中生、大学生阶段

(1)心理特征

①自我意识。自我明显分化，以自我为中心考虑问题；十分注意自己的身体形象，女生尤其如此；更经常地指向自己的内心世界，关注自己的个性品质；客观、全面、独立地对自己的内心世界和个性品质进行批判；容易自卑，关注自己在别人心目中的地位。

②思维。认知能力得到快速发展，接近成人水平，表现在抽象逻辑思维能力已经属于理论型、形式逻辑思维能力得到稳定发展、辩证思维能力的提高也十分显著。

③情感与情绪。情感体验强烈，两极突出；情感、情绪的时间延续性更长，情感具有掩饰性、闭锁性和曲折性；情感和情绪的内容丰富而深刻。

④人生观与价值观。家庭生活、社会生活和政治生活中的地位对其人生观、价值观的形成有着重要的影响。

(2)锻炼时注意事项

进行以身体素质为基础的技能学习时，注意学生体育能力的培养，为终身体育奠定基础。

(3)影响身体素质的心理因素

速度素质与个体做出应答的反应时间、感知的准确性、注意力等心理品质有关；力量素质与个体的高度集中的注意力、良好的情绪控制能力和坚忍的意志品质有关；耐力素质与个体坚忍的意志品质、明确的心理定向、意识与注意的控制能力以及自我命令与激发等心理品质有关；柔韧素质与个体的毅力与耐心等心理品质有关；灵敏素质与个体反应客体的准确性，观察力、运动表象、运动记忆能力的好坏、应变能力、协调性、适应性等心理品质有关。

第三，培养和激发学生的运动兴趣和动机。

运动兴趣是人们积极地认识、探究或参与体育运动的一种心理倾向,是获得体育与健康知识和技能,促进身心健康的重要动力。运动兴趣和人的运动需要有着密切的联系,其发生是以一定的运动需要为基础的。运动动机是指由运动目标引发的、推动学生参与体育学习和身体锻炼活动的内部心理动因。多项研究表明,影响学生运动兴趣水平和运动动机的主要因素有:运动需要的满足、现有的运动技能水平、运动内容的新奇性和适合性、成功体验的获得和融洽的师生关系。苏霍姆林斯基说过:"世界上没有才能的人是没有的,问题在于教育者要去发现每一位学生的禀赋、兴趣、爱好和特长,为他们的表现和发展提供充分的条件和正确的引导。"因此,在体育教学实践中,不管采用什么样的教学方法,只要学生通过体育学习获得启迪、受到教益、学到真本领,就能极大地增强学生的运动兴趣和动机。由此,本书提出了以下培养和激发学生运动兴趣和动机的思路。

(1)加强学生对体能基础作用的认识,了解体能促进对人体结构和功能的影响,从而产生相应的运动需要感。

(2)选择有吸引力的练习内容(如软梯、灵敏训练圈、小栏架、瑞士球练习等),以增强体育学习内容的诱惑力。

(3)给学生一定的选择空间,在理解动作原理的基础上,培养他们自主学习和探究学习的能力。

(4)采用新颖有趣的教学内容、生动活泼的教学方法和灵活多变的课堂组织形式,创造和谐的课堂学习气氛,满足学生的"好玩心"和"好奇心",从而激发学生的运动兴趣和动机。

(5)尽量创设问题情境,使学生的运动兴趣和动机始终处于被激发的状态。

二、理念基础

理念是观念,是思想,但又不同于一般的观念和思想,它更多地表现为那种"纯粹理性概念"的观念和思想,所以更具有理性色彩,因而更加深刻。而理论是对规律性的认识,是系统化的知识。根据现代体能训练和美国秒 PARK 课程在我国的发展情况,本书认为,对它们在实践中一些观点的概括,还是用"理念"来表述比较确切。

(一)现代体能训练理念对体能理论与实践的启示

训练理念是训练主体对运动训练及其过程进行思维的概念或观念的形成物。训练理念不是训练实践或训练现实,但源于对训练实践的思考,是对训练实践的自觉反映。它具有引进新科学知识的敏感性、多学科运用的广泛结合性、对训练实践的直接指导性等特点。现代体能训练是"运动训练过程中以多学科知识为基础,运用先进科学的训练方法与手段,发展运动员的身体形态、机体机能和运动素质的训练"。它的主要内容包括:功能解剖学、体能训练理念、体能训练方法、体能恢复训练、康复体能训练、体能训练计划、体能诊断方法等,且它们之间构成了一个相互关联、互为基础的理论与方法系统。需要特别指出的是现代体能训练理念和方法在深入探讨专项技术和体能特点的基础上,调整训练理念,采用现代多元化的训练手段和方法,有针对性地进行科学训练。本书通过对参加培训获得的资料和从数据库查阅的资料进行分析,认为它的创新理念可以概括为:功能性训练理念、核心区训练理念和平衡训练理念。

(二)应采用功能性训练理念指导体能促进实践

近几年来,随着我国体能训练专家和学者对现代体能训练的理性认识,"功能性训练"这个曾经应用于康复领域的词汇,逐步向竞技体育渗透,并且已成为非常时髦的训练术语。美国国家运动医学会认为功能性训练包括那些涉及运动链中每一个关节和在不同平面的加速、减速及稳定性训练动作。美国运动委员会指出,功能性训练是训练动作的活动,包括核心区训练、平衡性训练、稳定性训练和动态运动训练。我国学者刘爱杰等认为,功能性训练是一种为提高专项运动能力,通过加强核心力量并能使神经肌肉系统更加有效率的训练方法。功能性训练的目的在于训练动作姿势,而不是单一的关节、单块的肌肉;功能性训练还被认为是一种训练"动作"的精确性和控制力的活动,它强调的不是肌肉力量的过分发展,而是强调多关节肌群的平衡、协调和稳定性。功能性动作又被定义为"是我们的身体被设计成的,每天生活当中应该做的动作"。基于这一定义,人体的各种复杂动作,包括竞技动作都被认为是人体功能性动作的组合,而且这些功能性活动包括以下几种重要的动作:涉及核心部位灵活性和稳定性的蹲、踏、弓箭步、伸、抬腿,以及另外两种要求躯干稳定和旋转的动作(俯卧撑和躯干旋转稳定动作)。功能性训练是一个宽泛的概念,它可以进一步分为功能性力量训练、功能性速度训练、功能性耐力训练等,是一个从比较全局的角度寻找个体薄弱点的范畴。它的多数训练方法的创编和训练器材的研发都是以训练部位的运动形式、主要结构、结构特点和运动时的作用肌为依据研发的。功能性体能训练的基本关注点是:核心区的训练,强调运动员身体躯干核心部位的平衡、稳定和控制;完整运动链的训练,强调全身动作的整体化和控制下的动态平衡性;多维度运动形式的训练,强调动作设计符合日常生活和竞技运动需要,在两个或三个生理解剖面上完成。

通过对功能性训练的阐述,本书认为,在学生体能促进过程中,可以借鉴和渗透功能性训练理念。首先,教师在设计练习动作时,在低年级阶段,选用的动作应尽量符合日常生活动作,选用的器材应能实现锻炼部位的运动形式,这样便于学生掌握正确的动作姿势,从而形成正确的动作模式,为高年级阶段进行多维的、复杂的动作练习奠定基础。其次,在练习过程中,特别是对低年级阶段学生,要强调动作的质量,不要过多关注动作的数量,到较高年级阶段时,可以对动作的质量和数量同时要求。最后,教师要注意对学生稳定性、平衡性的发展。在具体的练习过程中,教师还要注意学生整体运动链的练习,重视运动链中薄弱环节的锻炼,从而实现有针对性地全面促进,达到高效发展学生体能的目的。

(三)运用功能性动作训练理念帮助学生形成正确的动作模式

功能性动作训练体系是摒弃传统上狭隘的"学科"观点看待体能训练的弊端,将生物、医学领域和运动训练紧密联系起来,旨在测试、诊断、纠正和优化人体基本动作模式,并用"功能动作筛查"的理念和方法,为训练领域提供了一个训练人体动作体系的评估底线和检查系统。

动作是我们生存、交流、娱乐和成长的方式。各种动作方式是运动和稳定的身体环节协调、和谐地工作而产生的有目的的结合。动作模式识别是动作过程和动作评价的核心。我们每天都在与动作打交道,我们每个人都需要理解人体动作的基本规则或原理,原理总是优先于方法,用于指导实践。体育教师担负着育人的教学任务,从功能性动作训练的角度来说,应当完成教会学生正确动作模式的任务。要教会学生正确的动作模式,我们首先应学会如何理解功能动作。对于这一问题,本书认为可以这样来解释:当婴儿来到这个世界时,具有不接受任何限制的灵活性,而且能够自然地执行滚动、爬动、爬行、跪行和行走这样一个动作过程,在这个过程中,前一个动作模式可以作为下一个动作模式的"垫脚石",如在正常情况下这个过程应当是一个完美的动作过程。当任何一个动作模式出现功能不良时，教师就要具备筛查、评价和纠正的能力，通过最佳努力，就可以重新复制这条"黄金标准"。

应如何把这些理念应用到学生体能促进当中，本书认为，这一实践过程主要由体育教师来执行。首先，教师应当重视功能性动作训练理念在教学当中的应用，要有帮助学生形成正确动作模式的教学责任感。其次，教师应完善自己的专业知识结构，转变教学理念，顺应时代潮流，积极地学习和接受新知识、新方法和新理念，让学生接受科学的、前沿的理论指导下的体育教育，这样才能真正培养成社会需要的人才。最后，教师要把功能性动作训练理念与具体的动作练习结合起来，在理念的指导下制订相应的教学指导和组织方法，用于指导学生的实践练习，从而保证学生能够真正受到科学的教学指导，快速形成正确的动作技能。

(四)应重视学生核心区力量的发展

核心区力量训练是指针对身体核心区肌群及其深层小肌肉进行的力量、稳定、平衡等能力的训练。关于核心区稳定性的定义，到目前为止尚不存在一个被公认的定义。

陈小平认为，核心区稳定性是指在运动中控制骨盆和躯干部位肌肉的稳定姿态，为上下肢运动创造支点，并协调上下肢的发力，使力量的产生、传递和控制达到最佳化。

从以上的概念界定可以看出，它们的共同点在于都是功能性训练的一个分支。区别在于核心区力量是一种与上下肢力量并列的、以人体解剖部位为分类标准的力量能力。它是人体运动的一个重要"发力源"，是其他运动能力(如速度、协调等素质)的基础，对运动中的基本动作、身体姿势和技术动作起稳定与支持作用，稳定是核心区力量训练前期的主要目的。而核心区稳定性是人体核心区力量训练的一个结果，核心区稳定性训练主要关注的是稳定肌的训练，它是一个动态的过程。因此，在运用这两种训练方法时，一定要加以区分，否则会导致促进效果的偏移。

核心区力量存在于所有运动项目中，所有体育动作都是以中心肌群为核心的运动链。人体核心区能力的增强，可以让身体各环节形成有效的动力链，协调一致地发挥作用。其中，起"发力源"作用的主要是核心区的大肌肉群，起稳定作用的主要是神经和核心区的深层小肌肉群，起平衡作用的是神经和肌肉的共同作用效果。从生理学角度分析，青少年正处于生长发育的关键时期，这一时期的体能基础如何直接影响到将来一生的体能水平。因此，在青少年体能训练的过程当中，为了真正实现学生"全面的"身体发展，既要发展他们的核心区力量，还要发展他们的核心区稳定性，同时也不能忽视身体其他部位的平衡发展。值得提醒的是，在具体实践操作过程中，一定要清楚促进的目的，只有这样才能有针对性地选择正确的促进方法和手段。

(五)应采用平衡发展的理念指导学生体能促进方法的设计

平衡是一种非常普遍的现象，大到宇宙，小到身边的各种事物，从宏观到微观随处可见。任何一个事物的发展为能完成一个全过程，必然要维持运动中的平衡状态。从运动系统角度分析，人体是一个开放的、非平衡的系统，一个系统往往又是更大系统的组成要素，它本身也有更深层次的子系统，要实现这个系统内部各要素之间的平衡，就要对造成不平衡的因素进行干预，这样才能达到体能系统的动态平衡，才能促进个体的良性发展。

现代体能训练理念特别强调体能的平衡发展，主要包括结构与机能的平衡、基础体能与专项体能的平衡、整体与部分的平衡、整体稳定与局部稳定的平衡、各供能系统之间的平衡、肢体与核心区的平衡、上肢与下肢的平衡、屈肌与伸肌的平衡、大肌群与小肌群的平衡、人体左右的平衡等，以上这些平衡发展内容的提出，本书认为，这是修改以往教材中类似"推铅球"内容的最好理论依据。当前我国的基础教育特别重视学生素质教育的全面发展,各学科之间的平衡发展是实现全面发展的前提。体育教育作为学校教育的一部分也不例外,依次层层推进。体能促进作为体育教学任务的一部分,也应注重学生各项健康体能的全面与平衡发展。因此,在青少年体能训练方法的设计过程中,要以平衡发展理念为指导思想,关注学生身体机能的平衡发展,使学生通过体能促进,达到"肢体与核心区的平衡、上肢与下肢的平衡、屈肌与伸肌的平衡、大肌群与小肌群的平衡、人体左右的平衡等",从而使体能的各个要素在动态环境下平衡发展。

第二节　我国大学生体能训练的理论研究

运动训练原则是运动训练客观规律的反映,是运动训练实践经验的总结和概括,因此是进行运动训练必须遵循的。

随着训练实践的不断丰富和深化,经验的不断积累,训练原则也不断充实和科学化。根据我国运动训练的实践和理论以及苏联、德国等国的运动训练理论对训练原则的论述,本章将阐述自觉积极性原则、直观性原则、一般训练和专项训练相结合的原则、不间断性原则、周期性原则、合理安排运动负荷原则、区别对待原则、有效控制原则和动机激励训练原则。

这些原则不是孤立的,它们之间是紧密联系、互为作用的。这些原则也不是僵死不变的教条,需要结合专项训练的特点,理解其精神实质,在运动训练实践中灵活运用。

一、自觉积极性原则

自觉积极性原则,是指在运动训练过程中要教育运动员深刻认识训练的目的,刻苦地、创造性地进行训练,努力完成训练任务。

自觉积极性原则强调了在运动训练过程中教练员要把教育运动员深刻认识训练的目的放在重要的位置;强调了运动员的刻苦训练不是被迫的,而是在对训练目的有明确认识基础上的自觉行动;强调了训练不但要刻苦,而且要独立思考,有创造性,才能顺利地完成训练的各种任务。

（一）理论依据

在运动训练中提出自觉积极性原则,是根据"运动训练过程基本上是个人的训练过程"和"在运动训练中有机体要不断承担运动负荷,直至承担最大运动负荷的能力"这两个特点,以及"外因是变化的条件,内因是变化的根据,外因通过内因而起作用"的唯物辩证法而提出来的。在整个过程中,要想调动运动员的积极主动性,创造性地执行训练计划,克服精神和身体两方面的因素,尽快地适应不断提高的运动负荷,达到训练的要求,必须先调动其自觉性。自觉是积极的前提条件,有了自觉性,才有积极的能动性。也就是说,在教练员指导的这个外因条件下,通过运动员自觉积极的训练这个内因,才能保质保量地完成各项训练任务。任何一个有成就的运动员无不具有自觉、刻苦和创造性。

（二）基本要求

在运动训练过程中,教练员贯彻自觉积极性原则体现在很多方面,最主要的要求如下:

1.形成正确认识,具有自觉态度

通过启发教育和采取各种有效措施,逐步让运动员形成对训练的目的和任务的正确认识,具有针对训练的自觉态度。运动员,特别是青少年儿童运动员参加运动训练,有各种不同的目的,从心理学的角度来说,就是有各种不同的动机。最常见的就是从个人的兴趣和爱好出发参加训练,他们对训练的目的和任务认识不足,没有稳定的、长期为之奋斗的正确目标,一旦在训练中遇到困难,这种暂时的自觉积极性就会逐步消失。所以,教练员在训练中要把训练目的和任务的教育,贯穿在整个训练过程的始终,把运动员参加训练的各种动机引导到正确的轨道上来,使之成为内心的自觉要求。

2.了解任务及其意义和作用

根据运动员的具体情况,使他们了解需要完成的具体任务对达到长远目标的意义和所起的作用。对优秀运动员,教练员应与他们一起确定训练目标和任务(包括长期的和近期的),使之明确达到这个目标和完成这个任务,需要多长时间,花费多大努力,以树立起坚强的信念,激发自觉积极性。对青少年儿童运动员,教练员一开始就应通过各种方式,有的放矢地培育、启发他们的自觉积极性。

3.目标一定要切合实际

在训练过程中,指标要求定得过高过难或过低过易,都会在一定程度上影响运动员的自觉积极性。如运动员一旦达标和完成教练员制订的各方面要求,就应立即提出新的目标和要求,使之不断努力,从而始终保持训练的强烈愿望。

4.培养对训练的兴趣

培养运动员对训练的兴趣,是激发运动员自觉积极地、持续地参加运动训练的一个重要因素。

要引起运动员对训练作业的兴趣,很大程度上取决于教练员对训练课的内容、方法的选择是否有吸引力。如果长年累月总是单调枯燥的老一套,则难以调动运动员的自觉积极性。所以,教练员应该采取各种有效措施变换训练的方式方法,多多借鉴其他项目的训练经验来调动运动员的训练兴趣,这样才能保证训练的正常进行。

5.了解成果,并自我评价

使运动员经常了解训练成果,并培养运动员进行自我分析和评价的习惯与能力。

训练的成绩是教练员和运动员共同取得的,只有当运动员充分了解自己的训练成果时,才能进一步调动自觉积极性。通过定期或不定期的成绩考核,要使运动员看到他们经过艰苦训练所取得的成绩,增强信心,从而激励他们不断奋进。即使成绩不理想,也应从中总结经验、找出差距、加以克服。

当运动员养成对训练的成果和存在的问题进行自我分析和评价的习惯后,就能主动地、创造性地训练,独立思考,独立解决训练中存在的问题。教练员可有意让运动员个人、小组进行口头分析总结、书面总结或专题小结;也可在训练课中要求运动员对具体的练习进行分析,提出问题,找出原因及其克服的方法;还可以对训练中某一方面的问题、某一练习的技术或战术进行集体讨论,出主意、想办法,以提高分析和评价练习的能力。

总之,自觉积极性原则,关键是教练员在训练过程中要发挥主导作用,有计划、有措施,并逐步与运动员的独立创造才能结合起来,使他们的自觉程度日益提高。在教练员发挥主导作用的同时,应注意运动员的主体作用,因为运动员训练是由教练员与运动员双方因素组成的,所以在运动训练过程中一定要相互尊重、相互信任,以达到运动成绩的不断提高。

二、直观性原则

运动训练过程中的直观性原则,是指运用各种手段,通过运动员的各种感觉器官(视觉器官、听觉器官、前庭分析器、肌肉感受器等),使运动员建立对练习的表象获得感性认识,帮助运动员正确思维,掌握和提高运动知识、技术和战术。在这里,"直观"这个词已大大超过了它的字面含义——"看"或者"观察"的意思了,它有更为广泛的含义,包括看、听、触觉等。它要求通过各种感觉器官参与直观活动,也就是说综合地运用各种感觉器官,建立起对练习的表象,这些感觉的具体形象越丰富,就越能较快地掌握和提高运动技术和战术,发挥各个运动器官的作用。

贯彻直观性原则是使运动员获得知识掌握练习必不可少的感性认识阶段,这在青少年儿童的训练中尤为重要。在这个前提下,运动员才能逐步建立起对练习的清晰概念。

直观性原则的直接目的是促使运动员掌握运动的知识、技术和战术,同时也能培养运动员的观察能力和思维能力。

（一）理论根据

在运动训练过程中运动员的认识过程脱离不了人对事物认识过程的规律,直观性原则就是根据"从生动的直观到抽象的思维",从感性的认识到理性的认识而确定的。运动员在学习和掌握练习的时候,首先是用听觉和视觉接受外部信息(即用耳朵听生动形象的语言,用眼睛看图片、电视、录像、电影、示范等);其次是用触觉、运动觉、平衡觉通过教练员的各种助力或阻力和本体感觉传递内部信息,获得动作表象,建立正确的概念;再通过反复练习,直到学会动作。所以说,具体形象的直观教学,是运动员形成抽象思维,掌握正确动作和清晰概念的不可缺少的一个阶段。

（二）基本要求

1.根据具体条件广泛采用多种直观手段

一个运动员综合利用感觉器官的能力越强,就越能较快地感受和掌握动作。但各种感觉器官所起的作用在训练的不同阶段是不同的,如技术训练,在开始学习动作阶段,听觉和视觉的作用就较大;而在巩固提高(练习)阶段,则触觉、运动觉、平衡觉的作用较大。因此,在初学阶段,要充分利用各种听、视觉的直观手段;在实际练习阶段,就要更多地运用肌肉本体感觉等直观手段;当运动员已经基本掌握动作,进入改进、巩固和提高阶段时,可较多地运用各种及时传递信息的手段,如动作的幅度、速度、方向等不符合要求时,可利用各种手段传递信息,以引起运动员的注意,使之改正。

无论在哪一阶段,都要尽可能地采用多种手段,以提高运动员各种感受器官的机能水平和综合分析能力,提高运动员对练习的兴趣,尽快地掌握动作。

2.要明确各种直观手段的目的和要求

在教练员做示范或运动员看挂图时,都应明确看什么? 怎么看? 解决什么问题? 不能为了直观而直观。对高水平的运动员,在运用直观手段时,要注意发展运动员抽象思维的能力。一些没有经验的教练员在训练实践中往往喜欢多做示范,但由于缺乏明确的目的要求,故费时不少,且效果不大。

3.运用直观手段要考虑运动员的特点和水平

在运用生动形象的语言作为直观手段时,要特别注意运动员的运动经验和接受能力。语言表达中必须包括有关的运动概念和术语,否则就不可能正确表达动作的形象或要点,而运动员的运动经验与其所掌握的有关概念的多少有关。概念掌握得越丰富,就可越多地通过语言唤起对动作的表象,以利于建立起新动作的正确概念。所以,对不同年龄、不同性别和不同水平的运动员,采用语言这种直观手段的比重及语言的深度各不相同。如对年龄小、运动经验不多、水平低的运动员应注意运用直接的感官手段(如示范、幻灯片、挂图、电视录像、电影等),而语言中出现的概念和术语应是他们所懂得和所理解的。

4.通过直观感觉启发运动员的积极思维

各种直观手段的采用,一般只能建立起对动作的表象,而要形成对动作的正确概念,达到理性的认识,掌握动作,就必须通过积极的思维。因为"感觉到了的东西我们不能立刻理解它,只有理解了的东西才能深刻地感觉它",而理解的过程也就是思维的过程。所以,在运用各种直观手段时,教练员要善于启发运动员的积极思维,了解运动员在直观过程中的思维活动,通过分析、比较、提问等形式,加深对动作的理解,从而经过反复练习,掌握动作,提高质量。

此外,感觉过程中的积极思维,还有助于发展运动员的智力,提高他们分析问题和解决问题的能力。

5.要十分注意运用直观手段的时机和方法

如运用挂图这个直观手段纠正运动员的错误动作,应在运动员知道自己的错误后再采用,使之直接观察正确的做法,进行正误对比,改正的效果就比较好。有条件的可利用录像,将运动员自己的动作录下来,然后再放出来进行观察和分析,效果更好。

三、一般训练和专项训练相结合的原则

一般训练是指根据未来专项运动的需要,在运动训练中以多种多样身体练习的方法和手段,提高运动员各器官系统的机能,全面发展运动素质,改进体形,掌握一些非专项的运动技术和理论知识。

专项训练是指在运动训练中以专项运动本身的动作,以及与专项运动技术结构相似的练习进行训练,提高运动员专项运动所需要的身体功能与素质,掌握专项运动的技术、战术和理论知识及专项运动所需要的心理品质,以保证专项运动成绩不断提高。

一般训练的主要目的是根据专项运动需要,为运动员专项运动的素质、技术、战术最大限度地提高,创造优异成绩,打好各方面的基础;只有进行专项训练,才能保证专项运动所需要的身体机能和专项运动素质的发展,从而掌握专项运动的技术和战术[①]。如果离开了专项训练只搞一般训练,就不可能提高运动技术水平,创造优异成绩。

但专项训练对身体局部负荷较大,久而久之易使运动员的身体局部肢体和相应的中枢神经系统疲劳,易产生枯燥和厌倦练习的情绪,同时还会造成损伤。为了避免此现象的发生,就要通过一般训练进行调节。

总之,一般训练和专项训练是对立的统一,在运动训练中必须使两者有机地结合起来。否则会导致运动训练效果的减弱,甚至失败。

(一)理论依据

1.有机体是一个统一的整体

人体的各器官系统是相互紧密联系的。通过训练有机体各器官系统机能所产生的适应性变化,也总是相互联系的。运动员创造优异运动成绩依赖于身体机能的全面改善和提高,但任何一种专项运动训练对运动员各器官系统机能的影响都有一定的局限性;而进行一般训练,采取多种多样的训练内容和手段,就可以补充专项训练的不足。

---

① 赵焕彬,魏宏文主编.体能训练理论与方法[M].北京:高等教育出版社,2020.01.

2.根据运动技能转移的规律

运动技能是在中枢神经系统的统一支配下,建立的一种暂时性的神经联系。这种暂时性神经联系,建立得越多,就越巩固(即运动员掌握的技术、技能和知识越多,越巩固)。在建立新的暂时性神经联系时,学习掌握新的动作也就较快、较容易。

3.根据运动素质转移的规律

各运动素质的发展是相互影响、互为促进的。在发展力量素质的同时,对速度素质的发展也有影响。一般耐力发展缓慢,专项耐力的发展也不会快。

（二）基本要求

1.目的明确

选择一般训练的手段和方法,必须有明确的目的。要防止多而不精、走过场的现象。

2.适应专项需要

一般训练要适应专项的需要,反映专项化的特点,并且要有重点。如果发展速度力量素质,就应选用动作快、负荷量小或中等、重复次数较少的练习。要发展一般耐力,就应选用动作简单、重复次数多、时间长的练习。如球类、体操、跳水等项目,就应多选择发展灵活性、协调性、柔韧性等方面的内容。

3.合理安排两者比重

根据实际情况,合理安排两者的比重。

不论是多年训练、全年训练、一次训练课,不论是优秀运动员或一般水平的运动员,都要根据项目的特点,根据不同的训练阶段和训练任务而合理安排。不能搞"一刀切",各占50%。在一次训练课,可单独安排,也可穿插安排,还可采用循环练习。

4.要防止几种错误的观点

（1）认为一般身体训练可有可无。

（2）认为一般身体训练枯燥无味,不愿采用。

（3）为了保持运动员的体力,减少或不采用一般身体训练。

四、不间断性原则

不间断性原则是指从初期训练到出现优异运动成绩,以及保持和提高,直至运动寿命终结,都应不间断地进行训练。

这里所指的不间断地进行训练,是在训练的全过程中,训练内容的选择安排、运动负荷的安排,以及方法手段的采用,都应根据其内在联系,循序渐进地逐步提高,并不间断地进行。

（一）理论依据

（1）运动员有机体在解剖形态、生理、生化等方面产生一系列适应性的变化及其积累,必须通过系统地、不间断地训练才能获得。否则,运动训练对运动员有机体所产生的适应性良好变化,不但不能积累,而且会逐渐消退。

（2）各运动项目的知识、技术、战术都有其本身内在的联系和系统性,要根据这一内在联系性不断地进行强化,才能巩固和提高。

（3）运动员在初学技术和战术时,尚未形成动力定型,如中断训练和练习,就会使已学的技战术消退或消失(即大脑皮质暂时性神经联系中断)。

（二）基本要求

（1）坚持多年、全年系统训练,保证运动员有机体所产生的一系列适应性良好变化能够获得长期的积累。要使训练的时期与时期之间、阶段与阶段之间、课与课之间紧密衔接,成为一个系统的训练整体。如罗马尼亚的体操名将科马内奇和我国跳水运动员陈肖霞,从开始训练到拿世界冠军,进行了8年的系统训练。

(2)在选择和安排内容时,要做到由浅入深,由易到难,由简到繁,由已知到未知,体现知识、技术、战术的系统性。

(3)各级业余训练和专业训练的环节之间要做到层层衔接。中小学代表队、业余体校、重点体校、专业队,每一个训练的组织形式之间,以及训练大纲的制订、训练的实施和比赛的安排等,都应有机地联系起来,以保持训练的不间断性。

(4)在训练过程中要注意防止伤害事故的发生。运动员的伤病会影响本人训练的连续性,事故的发生会影响集体的训练效果。

五、周期性原则

周期性原则是指整个训练过程以循环往复周期性地进行。每一个循环往复(即周期)并不是简单的重复,后一个周期是在前一个周期的基础上进行的,从而不断地提高训练水平,创造优异成绩。每一个训练周期的任务、内容、负荷、手段和方法,都是不一样的,而最主要的差别是任务、内容和负荷。

以周期的形式安排训练的原因如下:

(1)人体不是机器,在训练中不可能始终按最大能力进行活动,而是一段机能水平高、一段机能水平低。机能水平低的一段时间是为更高机能水平的活动服务的,这样一高一低地交替就形成了一个周期。

(2)运动竞赛有年度性和季节性,运动员必须在一定时间内参加比赛,在此之前的准备和在此之后的休息也是有周期的。

(3)运动员在良好的竞技状态下进行比赛,才能创造出优异成绩。而竞技状态也是变化的,有一个形成、保持和暂时下降的过程,整个过程也是一个周期。

(一)理论依据

周期性原则主要依据的是竞技状态的客观规律。竞技状态是指运动员达到优异运动成绩所处的最适宜的准备状态。

1.良好竞技状态的三个特征

(1)运动员有机体各器官系统的机能能力大大提高,能最大限度地适应大强度和极限强度的训练和比赛,恢复过程较快,并且在训练和比赛中,运动员有机体机能出现节省化。

(2)素质和专项运动技术有很大的提高,而且两者紧密地结合起来,身体素质通过专项技术最大限度地发挥出来。中枢神经系统调节各个器官的能力达到了最高水平。这时动作表现为更加准确、熟练和协调。

(3)运动员情绪高涨,精力旺盛,自我感觉良好,渴望参加比赛。在训练和比赛中斗志昂扬、不畏艰险,具有充分的信心,敢于拼搏。运动员特殊的运动感受能力提高,如游泳、跳水运动员的水感,球类运动员的球感都很好。

总之,运动员的比赛成绩是衡量竞技状态的重要标志。

2.竞技状态发展的过程

竞技状态通过训练才能发展,有三个阶段。

(1)获得阶段。

①有机体机能能力不断提高；

②运动素质得到全面发展；

③专项运动技术、战术的形成；

④心理因素初步稳定。

此阶段各个条件相互之间的联系不够紧密，没有构成统一的整体，还不能在比赛中以优异的成绩表现出来。像修房子的备料阶段一样，料备齐了，不等于就修好了房子。

（2）竞技状态的形成阶段。在第一个阶段的基础上，使以上各个因素有机地结合起来了，构成了统一的整体，具备了专项化的特点，竞技状态基本上形成了。

（3）相对稳定阶段。竞技状态的所有特征都在本阶段表现了出来，并且进一步巩固、提高。但它是相对稳定的状态，不是在此阶段的任何时刻都能够创造出优异成绩，还有可能在短时间内出现暂时下降。经过合理调整，竞技状态不仅能恢复到原有水平，而且还有可能超过原有水平。

（4）暂时消失的阶段。上述各阶段不像原来那样联系紧密，呈一种正常的、暂时性的下降。因为人体有自我保护的生物本能（即保护性抑制状态），它不可能使竞技状态一直处于巅峰状态，而是一高一低地出现，以此保持机体的健康。人体机能的发展和事物的发展一样，总是螺旋式地上升，在旧的基础上有新的发展和提高。从竞技状态发展的三个阶段可以看出，竞技状态的形成必须经过一定时间科学而严格的训练，已形成的竞技状态相对稳定在一个时期后就出现暂时消失。因此，这就需要对训练进行一段时间的调整，并经过一段时间的再训练，才能在原有的基础上形成更高的竞技状态。

相对稳定和暂时消失形成了一个周期性的循环。根据这个规律将训练分成周期，并在一个大周期中又按竞技状态的三个发展阶段划分成三个时期。即：

准备期：保证竞技状态的获得；

竞赛期：保持和发展竞技状态；

过渡期（休整期）：对竞技状态的暂时消退进行调整。

所以，在一定意义上可以说，运动训练过程就是控制竞技状态发展的过程。

3.影响竞技状态的因素

（1）重大比赛的日程。国内外重大比赛都有预定的日程，要保证在重大比赛中创造优异成绩，训练周期就要根据预定的竞赛日程划分，使运动员在预定的竞赛日程里形成和保持良好的竞技状态，以创造优异成绩。但由于具体情况有差别，要做到每一次都达到最佳竞技状态是很不容易的，必须通过不断实践，积累资料，总结经验，进行科学研究，才能逐步掌握其中的规律。

（2）季节气候。人体各器官系统机能能力变化在一定程度上受季节气候条件的影响，加之训练对象的水平及项目的特点不同，周期的划分要受其限制。但有时也不一定，其原因如下：

①运动员的最佳成绩可能在任何一个时期出现，并不是固定在某一个季节和时期。

②生活在不同地区、不同国家的运动员所处的自然环境不尽相同，但都要集中在同一地点同时比赛，不可能都表现出好成绩。

③随着现代体育设施的发展，季节气候的影响不太大，如冰上运动在夏天也可进行训练和比赛，游泳在冬天也可进行训练和比赛。

(二)周期的分类

(1)多年周期:一般是根据大型比赛的日程而安排的,如奥运会、亚运会、全国运动会是每4年举行一次,故多年周期一般是4～8年。

(2)大周期:以全年或半年为时间界限(也可一年半),是常用的一种周期。

(3)中周期:是一个训练阶段。一般以1个月或3个月为时间界限。

(4)小周期:以一个星期为时间界限(国外有10天为一个时间界限的小周期)。

全年或半年训练的大周期由准备期、竞赛期和过渡期三个相互紧密衔接的时期所组成,构成了一个封闭性的周期。

(三)基本要求

(1)要根据对象和专项的特点,以及参加比赛的要求,全面科学地确定全年训练中周期的安排。如田径中的中长跑和田赛项目,以及游泳、滑冰等项目,由于竞技状态的获得相对需较长的训练时间,故大多采用单周期。而球类项目,全年比赛较多且比赛的期限又较长,因此安排双周期较多。

(2)每一个周期结束后都要认真总结经验,以便在上一个周期的基础上,根据多年训练的目标和运动员身体、技术、战术、心理等方面存在的问题,提出新的改进办法和措施。

(3)各个周期中各时期都应有明确的任务,并根据训练任务确定以下内容:①训练内容;②各项内容的比赛;③训练的负荷;④选择训练手段和方法。

(4)应该以重大比赛日程安排训练周期,尤其是青少年儿童的业余训练更不能围绕小型比赛转,影响多年系统的训练。有些比赛也可参加,但不一定都要出成绩,比赛要为训练服务。

(5)青少年儿童的业余训练要按学制来划分,其准备期要长一些,竞赛期要短一些,休息期要结合放假。

六、合理安排运动员负荷原则

运动负荷是指运动员有机体在训练中所承受的生理负荷(又称运动刺激);包括负荷量(训练中可供统计的总量)和负荷强度(运动员做练习时的紧张程度和对机体影响的大小程度)两个方面。

负荷量与负荷强度关系密切,相辅相成。影响负荷量的主要因素是练习的次数、时间、距离、负重总量等;影响负荷强度的主要因素是练习密度,完成每个练习在训练过程中所占的百分比。它反映了练习的紧张程度和对有机体机能影响的大小,而且影响负荷量的各种因素也能影响负荷强度,影响负荷强度的各种因素同时也能影响负荷量,所以负荷量和负荷强度是相互联系不可分割的矛盾着的两个方面,是对立的统一。一定的负荷量就具有一定的负荷强度,而负荷强度对有机体的影响起着更为重要的作用。

有机体能承担较大的强度,就能承担较小强度的较大量;同样,有机体能承担较大的强度,就能承担较小量的较大强度。随着量的增加,强度也可增加,而强度增加了,又对量的增加提出了相应的要求。总之,两者是相辅相成,互相促进,不断提高,共同构成运动负荷逐步增加的趋势。

(一)理论依据

1.根据有机体"超量恢复"的规律

超量恢复是指运动员在训练中有机体被消耗的物质,在运动后不仅能恢复到原来水平,而且在一段时间内甚至出现超过原来水平的现象(超量恢复保持一段时间后又回到原来水平)。在运动结束之后,人体的各种机能活动已处于一个很高的水平,必须经过一段时间之后才能逐渐恢复到运动前状态。这一段机能变化叫恢复过程。

但是,各种机能并不是在运动结束之后才开始恢复的。实际上是机体在运动时,随着能量物质分解后的再合成就开始了恢复。因此,各组织细胞中的消耗(分解)超过了恢复(再合成),能量物质不能完全消除。只有在运动后,强度的消耗停止,此时合成过程超过了分解过程,人体才能彻底得到恢复。

没有消耗,也就没有恢复。消耗和恢复过程有三个阶段。

(1)运动时的消耗阶段

这一阶段,消耗过程占优势,恢复过程也在进行,由于运动时间长,强度大于恢复,使能量物质减少,各器官系统工作能力下降。

(2)运动后的恢复阶段

运动停止后,消耗过程减弱,恢复过程明显占优势。此时,能量物质和各器官系统的工作能力逐渐恢复到原来水平。

(3)超量恢复阶段

在恢复到原来水平的基础上,在一段时间内出现超过原来水平的情况,此时进行下一次练习效果最好。

总之,在一定范围内,训练负荷量超大,消耗过程超剧烈,超量恢复就越明显。如训练负荷大,会使恢复过程延长。如果长期这样训练,使疲劳积累,即会产生过度疲劳。需要指出的是,初次参加运动的训练者,负荷量只能达到本人最大负荷的70%,负荷强度采用所能承受的极限强度的30%为宜。在对青少年的训练中,由于他们身体发育尚未完善,因此负荷不宜太大,要防止过度训练和运动损伤。

不同的能量物质出现恢复的时间有早有晚。如磷酸肌酸在跑100米后,超量恢复在2～5分。在进行短时间的大强度训练后,肌糖原约在15分后出现超量恢复。跑一次马拉松后,脂肪成分在3天后才能恢复,蛋白质的超量恢复时间更晚。游泳运动员在大负荷训练后,1～3天内身体机能明显下降,3～5天恢复到原来水平,5～8天后才出现超量恢复。

总之,有机体在承担一定负荷后,就产生疲劳超量恢复的过程。要达到超量恢复的目的,就要使有机体在承担一定的负荷后,安排一定时间的休息,使负荷与休息合理地交替进行。

2.根据机体机能"节省化"的规律

机体机能"节省化"的规律,是指在一定的负荷之下,使身体变化逐步适应、紧张程度减弱、能量消耗下降、反应减弱的现象。

3.根据机体适应的非同时性规律

有机体承担负荷后,就会产生反应,这种反应有一段时间的逐步适应过程,即形态的适应、生化的适应、机能的适应。但这三方面不可能同时适应,总是有先有后,只有这三方面都适应了,才能再加大负荷。

(二)基本要求

1.训练负荷的安排要因人因项因时而异

训练负荷的大小都是相对的,"最大限度""极限负荷"没有一个固定的负荷量和负荷强度,它要根据具体情况,从实际出发,合理安排。要知道,训练负荷是手段而不是目的,不能盲目追求大负荷,更不能有越大越好的错误观点。

基层队的运动员,由于生活环境等条件不同,更要从实际出发。有研究表明,没有训练的运动员如以最大运动能力为 100%,在训练时最多只能表现出最大运动能力的 70%。假定训练目标要达到最大运动能力的 90%,开始训练应采用最大运动能力 30%的强度负荷,如低于 30%则不能引起超量恢复,因此是无效训练。若负荷过高,由于精神因素等方面作用达到 100%,这样可能会产生严重的后果,甚至危及生命。

训练 4～6 周后,如仍用 30%的强度为负荷,会由于机体对这个负荷已经适应了,故产生了机能节省化现象,就不能引起机能能力的进一步提高。为此,必须增加负荷,新的负荷一般比原来负荷增加 10%以上,为最大运动能力的 40%～50%。经过几周训练再进行测试,以确定下一次的负荷。这样经过几年训练,就有可能达到最大运动能力的 90%。

2.训练负荷要逐步加大,掌握好训练节奏

运动负荷的增加要由小到大,循序渐进地逐步提高,形成一个加大—运动—适应—再适应的过程。在具体安排时,要掌握好训练的节奏,大、中、小相结合,并有适当休息。科研成果表明,在一次大负荷训练后,一般要经过 48 小时才能恢复到正常水平。故在一次大负荷训练后,必须安排中小负荷训练或者休息。

几种增加负荷的形式如下:

(1)直线上升式。这种形式是训练负荷一周比一周加大,呈一种直线上升的形状,但上升幅度不大,通常用于准备期以加量为主的第一阶段,适应于训练水平较低的运动员。

(2)台阶式。这种形式是根据运动员的训练水平及项目的需要,有计划地逐步加大负荷量,加到一定程度后,保持一段时间以待巩固和适应,然后再加大,再保持适应,这样逐步上升。此方法较为稳妥,负荷既能顺利增加,又不易出现过度疲劳,这适应于训练水平较高者。通常用于准备期以增加强度为主,同时开始减量的第二阶段。

(3)波浪形式。训练负荷基本上是一升一降,呈波浪的形式。这种形式是当增加负荷量时,负荷强度适当降低;当增加负荷强度时,负荷量适当降低或保持在一定水平上。这种形式也可以将负荷强度提高到极限,并且能较协调地解决负荷量与负荷强度同时增大的矛盾,是教练员采用较多而且效果较好的形式。此形式很有节奏,符合机体适应性变化的规律。

(4)阶段调整加量法(实际是台阶式的另一种形式)。这种形式是根据运动员的训练水平,有计划地将训练负荷加大到一定程度后,又稍有下降,借以恢复和调整。此后,根据计划和需要,再开始下一周期的上升,这种形式的增加负荷不易引起过度疲劳,很适合青少年儿童和训练水平较低的运动员。

(5)跳跃式。这种形式负荷的起伏较大,体现了有节奏提高的要求。

在训练实践中,也有对初学者训练半年后就采用跳跃式的方法安排负荷。即采用一个较大的负荷进行冲击,较强地破坏机体的动态平衡,然后降低负荷,再逐渐增加,并达到跳跃式的另一个新水平。

跳跃式的方法有几种,以 200 米为例。

原负荷是:200 米×10;强度 28 秒;间歇 4 分。

①增加负荷量,强度和间歇不变。

由原负荷——200 米×13;强度 28 秒;间歇 4 分。

②提高强度,量和间歇不变。

由原负荷——200 米×10;强度 27 秒;间歇 4 分。

③量和强度同时提高,间歇不变。

由原负荷——200 米×12;强度 27 秒;间歇 4 分。

④量和强度不变,缩短间歇。

由原负荷——200 米×10;强度 28 秒;间歇 3 分。

总之,要掌握好训练节奏,就要做到以下几点:

①负荷量有大有小。

②负荷强度有高有低。

③专项训练和一般训练的比重有多有少。

④机体承受负荷的部位有上有下。

⑤训练时间有长有短。

3.要合理安排负荷量和负荷强度

在训练中一般是先上负荷量,在量积累的基础上,逐渐增加负荷强度。在增加强度时,负荷量又适当降低。当运动员机体产生节省化现象后,再加负荷量,负荷强度又适当降低,这样逐步升级,不断提高训练水平。如果负荷量和负荷强度一直同时增加,不但整个运动负荷加不上去,而且容易产生过度训练。总之,在一个训练周期中,负荷量和负荷强度的安排要呈现出波浪形的起伏状态。

4.训练负荷的安排要考虑项目特点

(1)从项目特点考虑

短跑的训练强度较大、时间短、量小,而中长跑则相反;体操的时间长、量大;球类中的个人项目与集体项目等技术性较强的则量相应较大,时间较长。待技术掌握后,再加大强度。

(2)从季节时间考虑

①离比赛时间越远,越偏重于加大负荷量;离比赛时间越近,越要提高负荷强度。

②冬训负荷强度相对较低,负荷量较大;而夏训负荷强度较大,负荷量相对减少。

(3)从素质训练上考虑

①进行速度或爆发力练习时,着重要求负荷强度,负荷量则相对减少。

②进行耐力或力量训练时,负荷量相应加大,负荷强度则明显降低。

(4)从训练的各个时期上考虑

①在准备期的训练中,以具有一定强度的量为主,着重要求平均强度。

②在竞赛期的训练中,以具有一定量的强度为主,突出强度。

另外,掌握负荷强度,还要处理好平均强度和最高强度的关系。既要注意一次或几次训练课中某项练习的平均强度,又要注意其中一次或几次用最大或接近最大用力完成的最高强度。较高的平均强度是提高最高强度的有力保证,一般在冬训中往往偏重于提高训练的平均强度,而在夏训中往往要集中力量提高最高强度。提高负荷强度时要注意以下几点:

①在技术训练中,用比赛的形式进行训练。

②在速度训练中,缩短跑的时间。主要是增加大强度训练的比例或采用测验要减少跑的组数和数量,增加跑的强度或减少跑的时间。

③在弹跳力训练中,要使完成的数量固定,不断提高强度的要求。如固定跳远的距离,逐渐减少助跑距离,或固定助跑距离而增加远度。

④在力量训练中,要不断增加重量,而不是强调增加次数。

5.科学地安排负荷与休息

要使每次课的安排都能在运动员机体的机能能力得到恢复和提高的基础上进行。训练课之间的间歇不能过长,也不能过短。如时间过短疲劳就会逐渐积累,直至产生过度疲劳;时间过长会使运动员机体产生运动性变化,掌握技术、战术产生的良好的反应就会消失。

训练课之间的间歇时间过长,第二次课是在运动员机体产生"超量恢复"消失以后,其结果是机能能力仍保持在原有的水平上。

训练课之间的间歇过短,后一次课是在运动员机体未完全恢复时进行的,其结果是机能能力呈现下降趋势。

训练课之间的间歇时间合适，后一次课正好是运动员机体产生"超量恢复"时进行，其结果是机能能力提高了。

训练实践证明，有的训练课往往是在上次训练课运动员机体没完全恢复的情况下进行的。如高水平优秀运动员的训练，每天都有训练课，有的每天 2 次，而运动员的机能能力和运动成绩也提高了。这种情况并不能否定上述原理，而只是几次训练课的疲劳积累后的间歇时间，仍能使运动员产生"超量恢复"，并不是始终要在运动员疲劳未消除的情况下进行训练。

小周期的训练方法，即连续训练 3 天，中间休息 1 天，而这 1 天的休息形式是娱乐性、游戏性的，但此方法一般适合于高水平的运动员。

怎样才能掌握好训练课之间的间歇，使之在"超量恢复"时进行下一次训练，必须根据具体情况，不断总结经验和进行科学研究加以解决（在间歇训练法中将介绍部分项目的间歇时间）。

6. 要对运动员进行运动生理和有关训练负荷知识的教育

对运动员需进行运动生理和训练负荷知识的教育。如通过测定脉搏、血压、呼吸、血红蛋白、红细胞、胶原蛋白等内容的教育，使运动员懂得自我控制和调整训练负荷的方法，与教练员紧密配合，有助于科学合理地安排训练负荷。

训练过程中，最简单、最常用的内容是测定脉搏和血压。让运动员在训练中了解自己的脉搏（即基础脉搏）和血压，运动后再进行测定，以了解和掌握对训练的反应情况。随时与教练员取得联系，以便及时调整安排训练工作。这里介绍几种实用的方法。

(1)运动后恢复期脉搏的测定。

①小负荷：课后 5～10 分基本恢复。

②中负荷：课后 5～10 分的脉搏比运动时快 2～5 次/10 秒。

③大负荷：课后 5～10 分的脉搏比运动时快 6～9 次/10 秒。

(2)反映耐力强度的脉搏公式。

①耐力训练最适宜的强度心率＝(本人最高心率＋安静时心率)/2－安静时心率(次/分)

②采用使心率升高到本人最高心率 85％～90％的强度进行练习作为起点。

如一位 20 岁的女运动员，其最高心率是 200 次/分，那么负荷强度就可控制在 170～180 次/分。但直接测定人的最高心率是很困难的。根据被试者的年龄，用下列公式可计算出男女运动员的最高心率。

最高心率(次/分)＝220－年龄

(3)介绍计算强度的三个公式。

教练员制订训练计划时，计算强度的时间、检查分析训练课的质量，可采用苏联体育专家麦尔跑的强度百分比计算方法。

①计算时间强度的公式：

$$t=\frac{T}{I}\times100\%$$

t：表示要求的时间；

T：运动员的最高成绩；

I：所要求的强度数；

②计算距离强度的公式。

$$I = L \times \frac{1}{n}$$

I：表示训练所要求的距离（即成绩）。

L：表示最高成绩。

③计算重量强度的公式。

$$g = G \times \frac{1}{n}$$

g：表示训练成绩。

G：表示最高成绩。

七、区别对待原则

区别对待原则，是指在运动训练过程中，要根据训练对象的特征、运动专项和训练条件，科学地确定训练目标、内容、方法、手段和运动负荷等。

（一）区别对待要考虑的三个方面

在运动训练中，之所以要区别对待，是由于运动训练基本上是一个个人的训练过程，运动员各方面的情况均有差别，而且在发展过程中总是不平衡的。根据概念可从三个方面考虑。

1. 在训练对象方面

（1）生物学特征：应考虑不同的形态、性别、发育、年龄等状况。

（2）心理学特征：应考虑不同的气质、性格、动机等。

（3）训练学特征：应考虑训练年限的多少、训练水平的高低、技术特点、负荷特点和恢复的快慢。

（4）社会学特征：应考虑家庭情况、生活习惯、社会背景和文化水平等。

这四个方面的情况不同，应区别对待。

2. 在运动专项方面

（1）年龄因素

有的项目可以在相对较年轻的时候取得较好的成绩，如跳水、游泳、体操等项目；有些项目通常需要相对年龄较大的时候取得较好的成绩，如田径（特别是投掷）、球类、射击等项目。

（2）考虑专项成绩的发展规律

有的项目，运动员难以保持较长的运动寿命，如短跑、跳远等；有的项目，运动员比较容易保持较长的运动寿命，如铁饼、铅球、竞走和球类项目。要根据这个规律考虑各项目的主导因素进行训练。如田径项目需要爆发力和耐力，球类项目则需要快速的应变能力等。

3. 在训练条件方面

要考虑所处的训练周期和阶段，此外，还要考虑到场地、器材、教练、气候、同伴或对手信息等具体条件。

总之，以上各因素不同，就应考虑区别对待。

（二）基本要求

1. 要深入调查研究

教练员要深入调查研究，充分了解每个运动员的思想、生活、学习、健康状况及日常表现、爱好兴趣、个性特征、训练水平等方面的情况。

从运动员的选拔到培养，教练员要了解和分析研究他们生长发育过程中的特殊情况。如有的早熟，出成绩早而快，但不见得将来就一定能达到高水平；有的晚熟，出成绩晚而慢，但不见得将来达不到高的水平。女运动员月经期间对训练反应也不尽相同,所以要对她们密切关注,了解月经周期时间,在比赛中避开例假对运动成绩的影响。

2.训练计划需切合实际

制订训练计划,应充分反映全队的特点和个人的特点,既有对全队的要求又有对个人的不同要求,还可制订个人专门的计划。这样,训练计划中规定的任务所要达到的指标、内容、方法和措施就能更加切合运动员的实际。

3.要区别对待

区别对待应落实到训练的各个环节中去,做到一般要求和个别对待相结合。要注意男女的区别对待,因为女子心脏较小,心率较快,每搏输出的血量较少;肺活量和通气量较小;血红蛋白较少,携带氧的能力小;皮下储存脂肪的能力强,肌肉收缩力差。

区别对待要重视重点队员,但不能因此而偏袒他们,不能忽视非重点队员和一些在身体、技术、战术等方面较后进的队员,以免影响整个集体的团结。

八、有效控制原则

有效控制原则,是指以系统科学的理论与方法为依据、以最优化训练控制为目标、以立体化训练控制为基础、以信息化训练控制为条件、以模型化训练控制为基本方法,对运动训练全过程实施全方位的优化控制,以实现运动训练的科学化。

贯彻有效训练控制原则的训练学要点如下:

(一)确立最优化的训练控制目标,实施最佳化训练控制

要做到最优化的训练控制目标,并实施最佳化的训练控制,应注意以下几点:

(1)在全面获取信息的基础上,根据自身的情况确立最适宜的训练目标。

(2)以定量化的科学训练为主,做到科学训练与经验训练相结合,定量训练控制与定性训练控制相结合。

(3)广泛采用现代科技的成果,在可能的条件下,尽可能提高训练方法、手段的现代化和科学化水平。

(4)重视各训练过程的反馈调控,及时调整训练中存在的偏差,以保证训练目标的最终实现。

(5)注意训练方法、手段和内容的最优选择。

(6)注意以省时、定时、低耗、高效为标准,根据实际条件,对教练员的训练工作做出科学、客观的评价。

(7)注意提高教练员和运动员实施科学化训练所需要的知识和智能,学习和掌握一些科学化训练的手段,为实施科学化、最佳化训练提供良好的条件。

(二)综合训练过程的各种因素,全方位地实施立体训练控制

要做到全方位地实施立体训练控制,应注意以下几点:

(1)在训练内容、方法和手段的选择和运动负荷与恢复等安排中一定要考虑它们之间的内在联系,全面地进行安排。

(2)将影响训练科学化的各种因素综合在一起进行整体的科学调控,而不要只注意运动场上的训练调控。

(3)实施立体化训练时,应注意按一定的程序,即:树立整体化的训练控制观念—分析影响训练的各种因素及其内在的纵向、横向联系—设计纵向系统化训练方案—设计横向综合训练方案—组织实施全方位立体训练—反馈调控。

（4）要从多年到每次训练课都使各种训练安排相互连贯地衔接起来，保持不间断地训练，以产生一系列稳定、良好的训练适应性的长期积累。

（5）在各训练过程中，必须以最合理的程序进行系统的安排。

（6）在训练管理体制上，注意使从学校课余运动队训练一直到优秀运动队训练形成一条龙的训练、竞赛体制。

（7）要注意加强恢复措施和医务监督，防止因过多地出现伤病而影响训练的系统性。

（三）高度重视训练信息的采集，建立科学的综合监测系统，实施信息化训练控制

要做到实施信息化训练控制，应注意以下几点：

（1）注意了解和掌握信息化训练控制的基本规律，将信息化控制贯穿于训练全过程，充分发挥信息的积极作用，搞好训练。

（2）要注意随时监测训练过程中的各种信息，扩大信息源，积累资料，以便更好地应用反馈原理对训练全过程实施"步步反馈调控"和"闭环式训练调控"。

（3）要处理好知识信息和经验信息的关系。扩大自身的信息储备，提高自身信息检索的能力，尤其要注意提高教练员和运动员的知识和智能结构。

（4）充分利用各种信息手段，提高信息传输的效果，尤其要注意提高信息的接受率和教练员使用现在信息手段的能力。

（5）训练中应注意吸取多学科人才的科学咨询，实现多学科人才的"智力协作"。

（6）在重大比赛前要重视情报信息的获取。

（7）注意提高教练员的科学研究能力，不断进行技战术和训练方法的创新。

（四）制订科学的训练计划，建立科学的训练控制模型，实施模型化训练控制

要做到实施模型化训练控制，应注意以下几点：

（1）重视为运动员建立各种科学的、定量化的、具有严格逻辑顺序性的训练控制模型，努力提高控制模型的质量。

（2）注意实施个体化训练，为每名运动员建立符合其个体特点的训练控制模型。

（3）注意克服训练中的盲目性、无计划性和随意性，严格地按照一定的训练模型进行训练。

（4）在全力保持训练计划相对稳定性的基础上，应根据训练情况的变化，灵活地调整训练计划中相应的控制模型。

九、动机激励训练原则

动机激励训练原则，是指在运动训练中通过各种方法和途径，激励运动员主动从事艰苦训练的动机和行为。也就是努力启发运动员的积极性、主动性，培养他们的独立思考能力、创造能力和自我调控的能力，促使他们以最大的动力高质量、高效率地完成训练任务。

贯彻动机激励训练原则的训练学要点如下：

（一）加强训练的目的性教育和正确价值观教育

通过各种教育学、心理学的手段，进行训练的目的性教育，逐步树立起自觉从事训练的态度和动机，没有目的和目的不明确地从事训练和比赛，是不可能产生自觉行为的。由于运动员年龄、知识、能力、人生观及所处的生活环境等方面的差异，他们参与训练的价值观和认识程度是不同的。要使运动员明白获得优秀运动成绩对国家、民族、家庭、个人的重要性，引导运动员从不同角度、不同层次认识参加运动训练获得优秀运动成绩的价值，并与目的性教育结合起来，贯穿于训练的全过程。

（二）满足运动员的合理要求

要关心运动员的生活，安排好他们的衣食住行，尊重他们，保证他们的安全，引导形成

"自我实现"的更高层次目标,以使其产生积极从事训练和比赛的动机。

（三）激发运动员参与训练和比赛的兴趣

运用各种符合不同年龄运动员个性心理特征的手段,激发运动员参加运动训练和竞赛的兴趣。青少年儿童运动员初期训练时应该以游戏和玩耍的形式进行全训练。过早地从事单一的专项训练会使青少年儿童运动员产生对训练的厌倦情绪。

（四）充分发挥运动员在训练工作中的主体作用

使运动员了解训练的目的、任务、要求与安排,并使运动员在一定程度上参与训练计划的制订和运动训练的组织,只有这样,才能使运动员的训练变被动为主动。同时,要注意有意识地培养运动员独立思考的能力,提高运动员在各种复杂的环境、社会条件下,较好地控制自己的思想、行为和动作技术的能力。如,可采取在教练员直接和间接调控下的自主式训练和自由式训练,让运动员更多地参加自我训练调控,鼓励运动员的主动性、创造性的训练和比赛行为。

（五）注意教练员自身的榜样作用

教练员要特别注意自己的行为,要善于说服教育,并以自己的知识、能力和表率作用,以及通过有效的训练提高运动成绩,来争取运动员的信任和形成权威,并以此激发运动员的积极性。

（六）提高运动员的自我反馈能力

定期或不定期地进行成绩检查和考核,培养运动员进行自我分析与评价的习惯和能力。如让运动员互相观看、分析、评价同伴的技术动作,赛前组织运动员对战术的角色进行讨论,出主意、想办法。要求运动员记训练笔记和进行阶段训练小结,通过考核、评比,引入竞争机制,从而提高运动员参加训练的自觉性和积极性。

（七）注意掌握从严训练的尺度和方式

教练员要克服那种用简单、粗暴的态度和做法代替"从严训练"的倾向。所谓"从严",是指训练中严格执行训练任务,在技术动作规格上一丝不苟,在思想教育上不放松,在生活上严格管理,在比赛中严格执行战术指令等。

（八）根据不同运动员的特点决定从严训练的方式

不同的对象要有不同的要求。如女运动员有氧能力强,可采取一些"罚练"的手段,但男运动员却不宜过多采用。青少年儿童时期着重于基本技能上的从难、从严要求,对体能和实战能力的要求相对可低些,而到成年时,则转向对体能和全面竞技能力的从难、从严训练,并要十分重视从实战出发进行训练。

（九）注意正确地运用动力

精神、物质和信息三种动力要互相补充,扬长补短,取得最佳的效果。在具体运用中,首先要根据具体情况有所侧重;其次,要正确地认识和处理好个体动力和集体动力的关系,让个体动力在大方向基本一致的情况下得到充分发展,以求得比较大的集体动力的总量;再次,利用动力时要掌握好适宜的"刺激量",过大没有必要,过小起不到作用,必须掌握好这个刺激量的"度",并根据不同贡献大小,拉开档次,有所区别。

（十）要注意克服那种"以赛代练""以赛养练"的做法

从实战出发绝非单纯地大量参加比赛,比赛要讲节奏,要适量。"从实战出发"主要指从平时围绕比赛的需要进行训练,要全力发展比赛中最需要的竞技能力,要提高运动员对比赛中各种变化条件的训练适应性,要针对比赛中暴露出来的各种问题进行有针对性的训练,也包括参加一定数量的热身赛。

第三节　我国大学生体能训练的实践研究

一、体能训练的基本原理

通过体能训练,人体的机能和形态可以根据运动需要得到有效的提高和改善,这已是人所共知的事实。然而,训练何以提高机能?身体形态改善的机制何在?这些才是人们能够把握体能训练内在规律的关键问题。所谓训练的基本原理也就是指在训练过程中带有普遍意义的基本规律。一般情况下,有机体的生命活动处在一个相对稳定的状态,但当外部环境发生变化时,必然会影响到机体的稳定状态。此时,机体对稳定状态被打乱的应激反应是生物调节和适应。体能训练过程就是依据这一原理,通过有意识地施加科学的运动负荷刺激,使有机体对负荷产生生答后,出现一系列生理适应。在一定范围内,训练中施加的负荷越大,对机体的刺激越深,引起的消耗过程越激烈,机体所产生的相应变化也就越明显,人体机能和形态的适应性变化也就越快。因此,从这一生物学发展规律来看,体能训练的机制关键在于负荷、恢复以及适应性,对这三个方面的全面认识也就构成体能训练的基本原理。

(一)体能训练的适应原理

1. 体能训练与适应

人体具有稳定性和适应性两大生物特征。所谓稳定性(稳态)是指对气温、湿度等外部环境的变化,以及体温、体液等内部环境能够保持在一定范围内波动的生理机能。例如,人体在高温环境中是通过发汗散热来维持正常的体温,遇寒冷时是通过皮肤血管的收缩来防止体热散失。在运动训练中,由于代谢功能的增强,导致体内代谢产物增多,为维持体内部环境的稳定,须排除代谢产物来保持内部环境理化性质的平衡,运动后又将体内的变化复原等。机体内这种自我调节的过程都可看成是稳态的功能作用。除稳定性外,对于长时间经受外部环境变化和运动刺激,人体的形态和功能同样具有适应变化的能力。如生长在高寒地区的人耐寒,热带地区的人耐暑等,这些特殊的机能应变都被称为适应性。适应性和稳定性都是人体为维持生命而必不可少的应激反应。人体的适应性可分为暂时性适应和长久性适应两大类。当外界环境发生变化时,人体内的相对平衡会被暂时打破,这时机体可通过一系列生理性调节,又会重新保持相对稳定,这种适应就是暂时性适应。如果暂时性适应长时间(几周、几月或多年)、周期性地反复进行,就会导致人体的形态和机能发生变化,这种变化即为长久性适应。高水平的体能是长期艰苦训练的结果,是机体对专项运动逐步建立运动适应的过程。这一过程是改造和建设训练者身体系统的过程,是使运动员各器官系统的形态和功能适应它所从事的训练项目的过程。训练者机体的这种适应能力越高,它的体能水平也越高。整个体能训练过程实质上就是追求人体训练适应的过程。所谓训练适应是反映训练者机体在长期训练和外界环境(指自然环境与训练、比赛环境等,如高原训练)刺激的作用下所产生的生物学方面的功能性"动态平衡"(能量补充与消耗的动态平衡)。体能训练的任务就是通过合理的训练负荷等手段,打破原有的生物适应与平衡,使机体在新的水平上产生新的生物适应与平衡。达到较高的适应水平所需要的时间取决于适应平衡建立的难度,难度越大,神经、肌肉和机能的适应所需要的时间也就越长。所以从这里看,无论是运动员还是一般普通人群的训练,都会以自身身体适应能力为基础。

2. 训练适应的发展阶段

训练适应主要是人体对运动刺激的一种生理适应过程。从运动生理学的角度看,训练适应的形成一般要经历以下几个阶段:

第一阶段：对运动员或一般人群的个体机体施加刺激阶段。这种刺激包括练习中、比赛中和生活中（饮食、作息制度、时差等）所受的各种刺激，机体每时每刻都在接受来自各方面的各种刺激。

第二阶段：对刺激产生直接的应答性反应阶段。机体在外部刺激的作用下，其机体内外感受器产生兴奋，将兴奋传输到各内脏机能器官和运动器官，使之尽快进入工作状态，对外来刺激做出运动必需的应答性反应。

第三阶段：对刺激产生局部或整体的适应阶段（暂时性适应）。机体器官和系统在接受刺激后，机能状况由开始的急剧上升逐渐趋于平衡。此时，机体的某项应答指标虽不再上升，但也能承受住外部刺激，则表示机体已对刺激产生了训练适应。

第四阶段：结构与机能改造阶段（长久适应形成阶段）。在全面增加和系统重复各种外部训练刺激的基础上，使各相应的机能系统和组织器官产生明显的结构和机能改造。在这个阶段中可以看到运动器官和有关的机能系统的结构出现相应的完善和协调。

第五阶段：训练适应的衰竭阶段。当训练安排不合理时，如承受过度训练负荷或过大的比赛负荷，则长期训练适应的某些机能会出现衰竭的情况。通常，只要采用"维持性运动负荷"就可以保持已达到的训练适应水平。完全停止训练或急剧地长时间降低训练负荷都会引起训练适应的消退，各种已获得的运动机能能力和运动性适应结构就会慢慢消失。产生训练适应所用的时间越短，其消退的速度越快。例如，在两个月紧张的力量训练后完全停止练习，经过两周后，力量素质就会明显下降，经过 2~3 个月后就会降低到原来水平。因此，在体能训练过程中，一方面要避免适应的消退和在适应过程的重复出现，另一方面也要避免盲目地、长时间地、高强度地刺激来追求训练适应。

（二）训练负荷原理

训练负荷是身体训练最重要的控制与影响因素。体能训练的全过程就是通过对受训者施加运动负荷，引起机体的形态结构与机能产生生物适应而实现的。训练活动中如果机体没有承受一定的负荷刺激，便不可能产生新的适应现象。因此，了解和掌握负荷与刺激的基本原理是进行科学体能训练的关键。

运动负荷可分为负荷量和负荷强度两个方面。负荷强度是反映负荷对有机体的刺激深度，一般是由密度、难度、质量以及重量等因素构成的，这些因素分别适用于不同的运动专项和不同的练习。周期性运动项目的负荷强度多以练习中所完成的时间、高度、远度以及重量等来衡量；而非周期性运动项目中，动作难度和完成质量则是反映负荷强度的两个重要因素。

负荷强度可根据完成练习的努力程度、机能的紧张度和练习密度等客观标准区分为不同的强度区域，一般有小、轻、中、大、最大五级负荷强度。负荷强度的掌握是因人而异的，应根据不同训练对象来合理安排。实际运用中往往以本人最快速度、最大远度或高度以及最高负荷量的百分比值作为衡量强度大小的指标。

负荷强度与量是构成运动负荷的两大要素，两者之间相互依存，不可分割。任何量都包含着强度的因素，而任何强度又都是通过量才可反映出来。刺激量大而刺激强度不够，或者是刺激强度大而刺激量太小都同样不能使机体承受刺激或产生应激，一定刺激强度的负荷只有达到相应的刺激量时，机体才会产生新的适应现象。整个训练过程，实际就是通过调节、变动负荷量和负荷强度的各组成因素来合理安排运动负荷。

（三）物质与能量的消耗与恢复原理

在体能训练中，机体承受负荷需要消耗大量的能量，能量消耗以后必须得到迅速补充。没有消耗，机体得不到相应的刺激，也无从产生适应；没有很好的恢复，机体却无法再次承受更大的负荷。因此，训练与恢复是训练全过程中不可分割的两个过程。随着体育水平的不断提高,训练的量与强度日益加大,人们对恢复的重视已到了前所未有的高度。

1.运动中主要能源物质的消耗与供能

肌肉活动的直接能量来源是三磷酸腺苷,即 ATP。ATP 分解后的再合成依赖于磷酸肌酸(CP)分解。肌肉中 CP 的再合成则要靠三大能源物质的分解。人体短时间的极量运动主要由 ATP 和 CP 分解供能。一般情况下,持续时间在 10 秒以上到 3 分以内的运动以糖酵解供能为主;持续时间在 3 分以上的运动,其能量主要来自于有氧氧化系统。

就人体糖、脂肪和蛋白质三大能源物质来讲,糖的利用率最快。一般运动开始时首先分解肌糖原,如 100 米跑在运动开始约 3~5 秒,肌肉便开始通过糖酵解方式参与供能;持续 5~10 分后,血糖开始参与供能;随着运动时间继续延长,由于骨骼肌、大脑等组织大量氧化分解利用血糖,致使血糖水平降低时,肝糖原分解补充血糖。脂肪的分解对氧的供应有严格的要求,因而,在长时间运动中,当肌糖原大量消耗或接近耗竭且氧供应充足时才大量动用,通常在运动达 30 分左右时,其输出功率最大。蛋白质作为能源供能通常发生在持续 30 分以上的耐力项目。

2.运动中与运动后主要能源物质的恢复

机体的恢复过程可分为三个阶段,即运动中恢复阶段、运动后恢复到运动前水平阶段和运动后超量恢复阶段。运动时恢复是运动中随着能源物质的分解就开始再合成的过程。由于运动时的消耗大于同步恢复,能源物质的再合成往往跟不上实际的需要,所以人体机能还是呈下降趋势。运动停止后的消耗过程减弱,恢复大于消耗,因此能源物质和人体机能可逐步恢复到原有水平。运动后的恢复过程中,人体内被运动时消耗的能源物质在一段时间内,不仅能恢复到原有水平,而且还能超过原有水平,即进入超量恢复阶段。超量恢复的形成与运动负荷密切相关,在适当的运动负荷刺激下,有机体的消耗过程越激烈,超量恢复过程也越明显,如不及时给予新的负荷,超量恢复在保持一段时间后又会回到原有水平。超量恢复的客观存在为训练过程中如何提高机能、增进素质以及合理安排运动负荷提供了极为重要的生物学依据,这一规律和生物的应激性、适应性原理同等重要,是支撑体能训练的重要理论依据。即磷酸原的恢复、糖原的恢复与补充、脂肪和蛋白质的恢复。

(四)体能训练的其他原理

(1)体能训练的生理适应观。不同形式和方法的训练产生的生理适应性不同,训练研究者把机体对刺激的适应分为两种:全身性的适应和局部性的适应。通常,运动训练学把全身适应和局部适应定义为一般适应和特殊适应,而这些又被分为力量、耐力、速度的一般适应和特殊适应。体能训练的生理适应观包括:耐力训练的生理适应性,如长距离训练、间歇训练、重复训练、爆发训练;力量训练的生理适应性,如骨骼肌适应性、神经适应性;生物时间的应激性及其适应性,如适应模式、适应差异性、训练作用不适应。

(2)全面发展观。运动能量的综合补给,距离与机体的供能综合协调,姿势与机体的供能综合协调,技术与机体的生理能力的综合协调。

(3)阶段评价观。专项能力的评价,生理机能的评价。

(4)高技术辅助观。

其他学者认为,体能训练的基本问题是负荷与恢复,其原理如下。

(1)逐级适应原理。无数经验已经无可置疑地证明,训练负荷的过程不是笔直上升而是有升有降起伏变化的,其变化特点大致是这样的:初承负荷一不甚适应一继续负荷一逐渐适应一增大负荷一又不适应一循环推进,永无止境。对每一个人来说,负荷的极限是很快即可看到的,但对于整个人类来说,只要进化不停步,人所承受的负荷量值就不会被发现终点,而在不断增大运动负荷与不断产生新质适应的过程中,体能训练水平就得到了提高。这是目前我们所能认识到的体能类项群训练水平提高的规律,对这一规律的表述,就是逐级适应原理。该原理包含着这样的认识：只要经过一个或速或缓的适应过程，人的训练负荷就可以无限增大，或者说，只要实现机能适应，那么训练负荷量值就有继续增大的可能。据此，我们可以有把握地提出规范体能训练的第一原则：极限负荷原则，即体能训练中增大负荷，再增大负荷直至最大负荷的基本要求。所谓极限负荷，当然是因人因时而异的，每一个运动员当然都有其不断变化着的负荷极限，我们讲"增大—再增大"即已认可极限负荷过程中的可变性。体能训练的成功奥秘，只在于准确把握运动员个体不同时期的负荷临界点，缺之毫厘和过之毫厘，其结果都可能是差之千里。而把握负荷临界点，"极限意识"是特别重要的。把握负荷临界点，决断勇气也是重要的。智慧来自勇气，不敢尝试极限负荷的训练，也就永远不会善于实施极限负荷的训练。为什么以往没有提出"极限负荷原则"？应该说不是缺乏经验和认识能力，而是缺乏勇气！极限负荷的基础是训练适应，训练适应是人体对运动负荷的平稳承受。这是一种活动或现象，它有一个过程，即由不平稳到较平稳，表明通过训练而使人体具备承受相应负荷的能力变化。训练适应的生理机制是应激。应激是指机体随时对刺激做出调整性反应。这些调整性反应最主要的是代偿性反应。代偿性反应的反复作用，导致机体对负荷刺激感应的升高，即机体对曾能引起强烈反应的刺激不再产生强烈反应时这就进入了适应状态。显然，如果没有逐级适应的基础，也就没有极限负荷的可能。

（2）恢复有序原理。在正常情况下，负荷后的恢复是自然的和必然的现象；在训练状况下，恢复过程则需要人为安排。恢复机制，并非在训练结束后才开始启动，训练负荷过程中，恢复是与损耗紧密交织进行的，只不过在不同阶段其优势状态各有不同，这是生理学常识。恢复与损耗都是一种状态，同时又都有一个过程，恢复过程呈现四个阶段，即"部分恢复""完全恢复""超量恢复"和"累积恢复"。所谓超量恢复，是在训练结束后的某一时段内能量补偿逾越原有水平的现象。所谓累积恢复，是指超量恢复效应维持一个时段之后并不完全退回到原初状态而会保留在一定的超水平上的现象。这是我们对体能训练恢复现象的规律性的认识，将这一规律性认识加以提炼，就是恢复有序原理。该原理明确了恢复过程的阶段特点，提示了在不同恢复阶段所应和所能施加负荷的基本量值标准，而训练负荷的量值安排又直接关系着训练水平的提高幅度。据此，我们提出规范体能训练的第二原则：据养定练原则，即体能训练中应依恢复结果而确立负荷指标的基本要求。提出这一原则，不是为了一般性地强调负荷与恢复互为前提和基础，而是意在突出强调"养"字当先。在极限负荷原则的前提下，一旦训练系统开始启动，就总是要依据"养"的结果来确立"练"的量值，而不是相反的以"练"的情况作为"养"的动因。在设计"养"的方案时，总是为了下一步的"练"，故而理当"养"字领先。这是正常的训练。而在非正常情况下，例如训练渐进线被迫中断了，又该怎么办？那当然要具体情况具体分析，但必须有信念在胸，就是不能轻易放弃已有成果。据养定练原则可赋予重养型运动员与重练型运动员大致相当的合法地位或存在价值。当训练渐进线被迫中断时，就应进入集中调养阶段，情况未必糟糕透顶；当远离负荷临界点时，则须将体能训练直线上扬，争分夺秒力求主动。在恢复过程的四个阶段中，完全恢复和超量恢复是人们最为关注的。人们创设出许多有效手段，意在尽快促成完全恢复。一般说来，恢复的手段有三类：第一类是力学手段，主要指放松活动。这些手段简便易学且无须高额投入，因而不会有人长期独享自用。第二类是化学手段，包括营养及药物。这里的科技含量较高，因而会不断地出现峰谷。第三类是哲学手段，包括信仰灌输、精神激励、心智调控。在这精神变物质的方面，人与人之间将永远存在着若即若离的时空。

二、速度练习的实践方案

(一)简单反应速度的训练

简单反应就是用早已熟悉的动作去回答早已熟悉的、但突然出现的信号,例如,起跑时对鸣枪的反应。

1.简单反应速度的训练原理

(1)简单反应速度存在着转移的现象,即人对一些情况反应较快,那他对另一些情况也会有较快的反应,各种各样的动作速度练习都可逐步提高简单反应速度。不过,这种转移是不可逆转的,即反应速度的练习并不影响动作速度。

(2)简单反应速度的提高在很大程度上取决于运动员对信号做出回答性反应动作的熟练程度。这是因为动作熟练后,一旦信号出现,中枢神经无须再花费较多时间去沟通与运动器官之间的反射联系。

(3)简单动作反应与心理训练因素有关,与运动员集中注意力的能力、辨别信号的能力、准确辨别细微时间间隙的感觉能力有关。训练中对运动员的这些能力都应进行训练,一方面从直接的身体训练中采用有效的手段,另一方面可把身体训练与心理训练结合起来。一般来说,视觉—动作反应的时间,非运动员平均为0.25秒(0.2～0.35秒之间);而运动员较短,为0.15～0.2秒,部分运动员可达到0.10～0.12秒。,听觉—动作反应时间较短,非运动员平均为0.17～0.27秒,多年训练的运动员为0.10～0.15秒,国际上优秀短跑运动员可达到0.05～0.07秒。,如果说,运动员未进行过简单动作反应速度的专门训练,那么对他们进行一般性的速度练习,如采用各种各样的游戏和球类活动,就可以发展简单动作反应速度,而且可达到良好的效果。

2.在运动实践中,决定简单反应速度表现好坏的因素

在运动实践中,简单反应速度表现的好坏取决于下列因素:

中枢神经系统的兴奋程度、集中注意力的能力、肌组织的准备状态、学习和掌握技术的能力、对特定反应和一般反应的区别能力、遗传因素(如肌肉组织中自肌纤维的比例)等。如果要把专项的简单动作反应速度提高到一定程度,就必须针对上述因素采用相应的、专门的方法和手段。

3.常用的培养简单动作反应速度的方法

(1)完整练习法。完整练习法,即让运动员用早已掌握的、完整的、各种简单的动作或复杂的动作(或组合),尽可能快地对突然出现的信号或突然改变的环境反复做出反应。如反复完成蹲踞式起跑,根据教练员发出的信号改变动作方向,对对方的各种动作做出预定的反应动作等。这种训练对刚参加专项训练的人来说效果是明显的。再往后,如仍用这种方法来巩固和提高反应速度就较困难。

(2)分解法。由于简单动作反应是通过具体的、有目的的运动动作及其组合来实现的,因此可发挥分解法充分利用动作速度向简单动作反应速度转移的效果。分解法就是分解回答性动作,使之处于较容易完成的条件下,通过动作的分解来提高局部动作的完成速度,从而提高反应速度。例如,田径运动员采用蹲踞式低姿起跑的反应时间较长的原因主要是运动员的手臂支撑着较大的重量,要较快地离开支撑点是困难的。因此,可用分解法将其分为两步进行,先单独练习对起跑信号的反应速度(如用高姿起跑或手扶其他物体),而后不用起跑信号单独练习第一个动作的速度。这样做最终可取得良好的效果。

(3)变换法。让运动员在变化的情况下去完成练习,即根据动作的强度和具有时间变化

的信号刺激,明显改变练习的形式和环境来提高简单动作反应速度。应用变换法还可在接近比赛的条件下,结合采用专门的心理训练来做发展简单动作反应速度的练习。这样可使运动员逐渐适应多变的环境,消除妨碍实现简单动作反应的多余紧张,避免兴奋的不必要扩散。

(4)运动感觉法。运动感觉法是心理训练与身体训练相结合的一种方法。练习分三个阶段:第一阶段,运动员用最快的速度对信号做出反应,如做 5 米的起跑,每次练习后从教练员那儿获得该次反应练习的实际时间;第二阶段,运动员自我判断反应时间,并立刻与教练员的实测时间进行判别比较;第三阶段,当这些刺激比较能在大多数情况下吻合时,运动员就能准确确定反应时间的变化,按所要求的速度去完成练习,逐步自由地掌握反应速度,使反应速度得到提高。这种方法的基础是基于这样的一个原理:辨别时间差的能力越强,越精细,如达到 0.1 秒,那么运动员就可把这种准确差的感觉转移到反应速度上来。

提高简单反应速度的方法还有许多,如培养运动员把注意力放在将要进行的动作上,比运动员把注意点集中在信号上的反应速度要快一些。又如,由于反应动作的完成与动作开始前肌肉的紧张程度有关,肌肉紧张反应速度就快,因此更要做好完成动作的准备。如让运动员起跑前把脚贴紧起跑器,使小腿肌肉预先紧张起来,做好完成动作的准备。

(二)复杂反应速度的提高

1.复杂反应的含义

复杂动作反应是指对瞬间的变化做出相应动作的回答。在那些突然变换动作情况的项目中,如球类项目、一对一的对抗项目,对复杂动作反应速度有极高的要求。复杂动作反应在运动中大部分属于选择反应。选择反应包含有两种反应:一种是对移动目标的反应,对移动目标的反应过程,主要是指对"运动客体"的变化做出反应;另一种是选择动作的反应,这主要是指根据对手动作变化做出相应动作的反应。严格来说,复杂动作反应的训练应属于专项训练的范畴,属于运动技术和战术训练的组成部分。特别是在球类运动和一对一的对抗项目里,由于复杂动作反应具有这种特点,因此,复杂动作反应就有很强的"专项"性。因此,复杂动作反应的提高,最主要、最有效的方法就是要在训练中模拟整个比赛的情况,以及有系统地参加比赛。由于对方所产生的变化只有在比赛中才能充分地显露出来,而自己所选择的反应动作是否有效也只有在比赛中才能得到检验,所以比赛法是提高复杂动作反应的主要方法。

2.培养复杂反应常用的和其他专门性的手段、方法

(1)对移动目标产生反应并做出选择,一般要经历四个阶段。一是如对球类运动中的"运动客体"——球的反应,首先要看见球;二是判断球的速度和方向;三是选择自己动作的方案;四是实现这个方案。这四个阶段组成了反射的潜伏期。这四个阶段整个过程时间一般为 0.25~1 秒。实践证明,前两个阶段的时间大约要耗费整个反应时间的一半以上。而这个时间的主要部分又都用在第一阶段,用于第二个阶段的时间不多,约为 0.05 秒。因而,在培养运动员对运动客体的反应速度时,特别要注意缩短反应开始的这两个阶段的时间,可采用两个主要方法。

①培养在视野中预先"观察到"和"盯住"客体以及预计客体可能移动方向的本领,即要加强"预料"能力的培养。这种本领要在技术和战术动作的提高过程中以及通过专项训练练习来培养。

②在练习中有意识地引入、增加外部刺激因素。如可以在专项训练练习时增加球的数

量,采用多球的游戏法,缩小练习的场地,安排一对二的训练练习等。还可采用带有程序设计装置的练习器和其他专门设备,如乒乓球、排球的多球训练。选择反应来自于实用心理学,它取决于"必择其一"的背景所含的数量。如果在一对一项目中,运动员已判断出对手只能用一种方式进攻,那么选择反击方式的不准确性将非常小。如预测对手发生一定的困难,相应时间增加,选择回击的不准确性也就会增大。考虑到这些,在培养选择反应速度时,首先要努力教会运动员巧妙地利用对手可能做出动作的"潜伏信息"。这种潜伏信息可从观察对手的姿态、面部表情、准备动作、总体的风度等得来。实践证明,一旦能准确意识到对手可能采用的进攻方式,就可能准确地选择相应的回答动作来缩短反应时间。

(2)为了提高选择反应时间,可以在专项训练练习中使需要选择的情况更复杂化。例如,让训练的同伴提供更多的需要做出反应的动作,并尽可能地使运动员掌握可供选择的、回答性动作的数量。要达到这一点,必须在提高复杂动作反应速度的同时,提高运动技术,增加掌握技术动作的总量,培养良好的协调能力,增加战术方案。另外,可以设计专门的练习装置和器材,如拳击、击剑的电子靶。

（三）动作速度的训练

动作速度训练的主要方法有重复法、比赛法和游戏法。

1.规定最高速度指标和变化练习程序的重复法

运用这种方法时要使运动员能在练习时最大限度地表现出动作速度,并能在专门化的条件下,通过练习程序的变换促使各种速度之间产生最大可能的转移,减少技术动作定型对速度提高的影响。练习程序的变换可采用下述一些措施。

(1)降低速度练习的外部条件,利用辅助的、能使动作产生加速度的力量。在负重练习中,减少重量的多少能在普通的条件下促使动作速度不断提高,因为在同一练习中,如动作结构相同,速度转移是良好的。在克服自身体重的练习中,可采用助力来减轻运动员的体重。如在体操等项目中可由教练员、同伴使用保护带进行直接的体力上的帮助。在周期性项目的练习中,可采用专门的设备给予运动员向上的牵引力(如高架的牵引输送装置)。可限制自然环境的阻力,如自行车项目可由摩托车带着挡板领骑、顺风跑、顺水游泳、在海水池中游泳等。还可以利用帮助运动员把自身动作惯性转移到速度上去的外部条件,如下坡跑、下坡骑自行车等。也可在移动中引入可控制大小的外部力量,如牵引跑就可给运动员身体重量提供附加加速度。

(2)利用动作加速后的后效作用以及器械重量变化后的后效作用。实践和实验证明,在完成上一次动作的影响下或在上一次类似重量的负重动作影响下,可以使动作速度暂时得到提高。例如,在跳高前先负重跳,在推标准重量的铅球前先用加重的铅球推等。这是由于在第一次动作完成后,神经中枢剩余的兴奋在随后的动作过程中依然保持着运动指令,从而可以大大缩短动作进行的时间,提高加速度和工作的力量。但这种后效作用的产生取决于负重重量的大小和随后减轻的情况,练习重量的数量和采用标准的、加重的、减轻的重量练习交换的次序。又如,用增加重量的铅球练习后,再用标准重量的铅球推的次数两者合理的比例大致为1:3～1:2。而在用标准重量铅球练习后,再推减轻重量的铅球的次数,两者为1:1。在同一次课内,把加重、标准、减轻重量的速度练习组合在一起时,正确的安排顺序为加重—标准—减轻。在短跑训练中,应该是上坡跑—水平跑道跑—下坡跑。这种由重到轻的安排趋向是由后效作用所决定的。

(3)采用领跑和声响、灯光信号发出速度感觉指令。领跑的方法主要是努力建立达到必要动作速度的实物方向标,同时可以努力减少动作速度的障碍(空气的迎面阻力)。利用声响、灯光信号发出速度感觉指令可以提供必要的动作节奏或控制动作速度的变化。

(4)利用"疾跑"效果,把加速阶段引入主要动作练习。大多数速度练习都包含有从静止到最大速度的"疾跑"阶段,如在短跑练习开始时的加速度,田径跳跃项目、技巧和体操支撑跳跃中的助跑,投掷中的预备动作等。"疾跑"是在练习的主要阶段提高速度的最重要前提。因此,在一定情况下要采用合理的辅助加速动作,并把它引入练习的最后阶段。例如,推铅球最后出手前附加转体;在体操支撑跳跃中,采用起跳后触悬挂物体来增加蹬地的动作加速度。

(5)缩小练习完成的空间、时间界限。运动活动中速度表现的平均水平主要是受专项活动持续时间的影响,因此在培养动作速度的过程中,可以限制练习的总时间及练习完成的空间条件,使动作能以最大速度完成,从而提高训练效果。例如,在周期性项目练习中,可以缩短练习距离,只安排近似于比赛距离的练习。在球类和一对一的对抗项目中,限制活动的时间、场地,从而使运动员能加速移动。

2.比赛法

比赛法是进行速度训练经常使用的方法。苏联速度类项目的高级运动员一年的正式比赛达 100～200 次以上。由于速度练习时间短,经常使用比赛法是可能的。由于经常比赛训练,就使运动员有机体表现出最大速度的可能性增加。

3.游戏法

游戏法与比赛法的作用一样,可以激发运动员高涨的情绪。同时,由于在游戏过程中能引起各种动作变化,还可以防止因经常安排表现最大速度的练习而引起"速度障碍"的形成。

(四)在一堂训练课中和一周中速度训练的安排

要取得速度素质训练的良好效果,训练课中速度练习的位置及训练课在一周中的位置是很重要的。通常,在一堂训练课中,速度练习的量相对于其他练习来讲不是很大,即使是从事速度性项目的运动员也是这样,其原因主要如下:

(1)速度练习具有极限的强度,并伴有很大的心理紧张。

(2)由于练习后身体产生疲劳,不光练习总强度降低,而且动作的结构和动力学特征,特别是组成专项动作的某部位的动作速度会下降,动作技术特征受破坏必然要影响训练效果。所以,高强度的速度练习在训练课中总量总是较少的。

速度训练练习在课中的安排应考虑安排的时机能保证速度训练练习取得良好的效果。要保证速度练习取得良好效果,必须具备两个必要的条件。

(1)中枢神经系统有相当高度的兴奋性,只有中枢神经系统有了高度的兴奋状态,才能使兴奋与抑制有良好的转换过程。

(2)有机体磷酸肌酸能源物质有充足的供应。

从这两点考虑,速度练习一般都应当安排在课基本部分的前半部分。课中练习之间间歇时间的控制也应从上述两个基本条件考虑,既要使练习后神经系统的兴奋性不至于产生本质上的降低,又要使能量物质基本得到恢复。一般来说,次间间歇可安排 2～3 分,组间间歇安排 7～10 分,每组练习 4 次左右。距离短(工作时间短)、强度要求高的练习放在前面;距离较长、强度次之的练习放在后面。速度训练练习的持续时间最长不宜超过 22 秒。一周中,训练速度的课宜安排在休息后的第一天,以及有氧性质负荷课的后一天。不宜安排在速度耐力课后面。具体安排及原因可参看小周期构成的有关问题。

三、力量练习的实践方案

(一)力量训练时安排不同重量负荷应注意的问题

1.不同重量负荷先后次序安排所起的训练效果

从总体来看,要发展最大力量,负重的安排应遵循由重到轻的顺序。如训练课中既有次极限重量的练习,也有非极限重量而重复到极限次数的练习时,首先应完成次极限重量的练习。

2.要保证在较好状态下完成本次练习的主要重量

例如,该次练习主要是发展肌肉的内协调能力,那么就应该安排能促使这一能力发展的重量作为主要负荷,而且须在有机体较好状态下来完成它。

3.要把起总体作用的练习与起相对局部作用的专门性练习相结合

要把对大肌肉群的练习,即在总体作用中起主要作用的练习放在所有练习的前面,如加强腹肌和腰部肌肉的练习。这样可使大肌肉群在不太疲劳的情况下得到锻炼,效果较好。

同时,由于采用少量的起总体作用的练习后,中枢神经系统产生兴奋,再做专门性的练习将使兴奋能更有选择地集中,有助于提高局部练习的效果。

4.从事各种不同重量练习之后要有合理的间歇时间,以保证下一次练习的进行

当采用极限用力的50%以上负荷重量练习时,重复练习之间的休息间歇通常为2～3.5分以上,极限用力需10～15分。在进行同等重量的多次练习时,可把多次练习分组进行,延长组间休息时间。在安排不同重量的练习时,可把较小重量穿插在大重量后进行,这样既利于恢复,又可保持神经系统的兴奋性。

5.在开始完成大重量的练习前,应当适当地安排几次略轻的重量做适应性练习

这样做,使有机体对大重量的练习有相应的适应过程,既可使神经系统处于良好的兴奋状态,又可防止伤害事故的发生。不过适应性练习只能使其起准备活动的作用,不宜引起有机体的疲劳。

6.采用两次重复法和重量波浪式交替法进行最大负荷练习

在采用最大负重的练习时,尽管多次练习之间的休息时间较长,但疲劳的产生相对来说还是较快的。这时为了增加负荷量,可采用两次重复法和重量波浪式交替法。两次重复法即把在训练课中所要完成的练习放在课的基本部分开始阶段和基本部分的结束阶段。这样可使第一次练习时的效果有良好的保证,并通过两次练习之间安排的其他性质内容的练习得到调整、恢复,又不使其产生疲劳,使第二次练习亦可获得一定的效果。

重量波浪式交替法即在完成若干次主要重量的练习后,当开始出现疲劳时,便减轻10～15公斤,做1～2组,然后又采用主要的重量。减轻重量的练习可作为一种积极性休息,同时又可改进动作技术。

(二)发展最大力量的负荷组成要求

1.肌肉工作的方式

肌肉工作的方式主要以克制性和退让性相结合的动力性工作方式为主,要严格规定这两者的时间比例。做克制性动作的时间约为做退让性动作时间的1/2。例如,举杠铃用1秒,放下杠铃就要用2秒。也就是说,完整完成一次举杠铃练习为3秒,重复10次练习就需30秒。

等动练习也是有效的手段,不过它们的量不应该超出发展最大力量的工作总量的20%～30%。在力量训练过程中,也可以采用静力性练习,但它们的数量不应该超出力量训练总量的10%。

2.阻力的大小

在发展最大力量时应当用相当大的负重量,即需要用该练习中所能达到的极限重量的70%～90%的重量。但同时应当考虑到,虽然这个重量可以促使肌肉内协调提高、肌肉体积增大,但对改善肌间协调的效果不大。所能达到的极限重量的40%～60%范围内的重量,以及接近于比赛用的重量可以用来改善肌间协调。因此,在不增加肌肉体积而发展最大力量时,负重大小的范围应较广泛,这样可以综合利用各部分重量来提高速度力量素质。

在发展最大力量时用最大负重量是不合理的,其原因如下:

(1)用在一次练习中只能重复1～2次的重量,练习的效果要比在一次练习中可重

复 8～12 次的效果小。

（2）最大负重常常导致伤害。

3. 完成练习的速度

如果依靠改善肌肉内协调和肌间协调来提高力量,那么中等的动作速度为最好。此时每个动作可为 1.5～2.5 秒。如用增加肌肉体积来提高最大力量水平,则动作速度应低些,每个动作可为 4～6 秒。同时,动作的克制性部分的时间应比退让性部分的时间少一半。

动作速度很高,效果却很小,其原因如下:

（1）最大力量或次最大力量只在动作的很少一部分时间内出现(在开始或结束),而在动作的其他阶段内,肌肉由于上一阶段所产生的惯性并没有获得应有的负荷。

（2）在高速度中要表现出最大力量,此时要让神经过程表现出最佳的协调性是比较困难的事。

（3）高速度的动作与高的伤害发生率联系在一起。

4. 完成一组练习的时间

力量练习中一组练习的重复次数是由所完成练习的附加重量起的作用决定的。如果练习的目的是要改善肌肉内协调,则其重复次数通常为 2～6 次。如果重量较小(为最大负重量的 30%～60%),并且是为了改善肌间协调,则重复次数可以达 15～20 次。

在采用专项训练练习时,通常练习在形式和动作的协调性结构上均接近于比赛练习,那么它们的持续时间在 5～30 秒以内(上坡跑、拴住船艇划船、拖带制动装置游泳等)。

采用静力方式练习时,高级运动员一次练习的时间为 5～12 秒,青少年运动员为 5～8 秒。

依靠肌肉体积的增大来提高力量时,最好是采用 30～60 秒重复 8～12 次的练习。也就是说,每个动作大约可用 4～6 秒。这样长的工作时间可以完成许多足够大的负重练习(最大重量的 80%～90%)。这样,一方面可以刺激最大力量的增长,而且又可以使相当多的肌纤维参与工作。其原因是,在完成任何一个力量练习时,做第一次时参与工作的肌纤维数量最少,而在最后一次时先参与工作的肌纤维能力自然下降,原先未参与工作的那些肌纤维将会补偿它们。

5. 组间间歇的时间和性质

在不增大肌肉体积而发展最大力量时,组间间歇的时间必须保证下一次练习在工作能力已得到恢复的条件下进行。因而,间歇时间要根据练习的时间长短和采用的负重大小来决定。

工作时间越长或者负重量越大,那么间歇时间就越长。此外,参与工作的肌肉多少也影响间歇时间。起局部作用的练习之间的间歇时间自然要比在较大部位起作用的练习之间的间歇时间短,起总体作用的练习之间的间歇更长。由此可知,间歇时间的波动范围是很大的,从 20～30 秒到 2～3 分。

可根据心跳频率合理地确定间歇时间,因为心跳频率的恢复与工作能力的恢复大致是同时的。因此,心跳频率恢复到工作前的水平就是新练习的开始信号。组间间歇内应当做小强度的工作,放松练习、自我按摩。

依靠增大肌肉体积来发展最大力量的方法,其间歇相对不长。起局部作用的练习之间为 15～30 秒,起较大部位作用的练习之间为 20～45 秒,起总体作用的练习之间为 40～60 秒。

6. 在一次课中的重复数量

发展最大力量能力的练习的量变动范围很广。量的变动根据练习的性质和发展最大力量的方法而定。如果练习动员了大量的肌肉参与工作,则这种练习的数量不大,每一次课为 10～15 组。做这类有大量肌肉参与工作的练习,如不是让肌肉体积增大来发展最大力量的话,可做到 40～50 分;而依靠肌肉体积增大来发展力量的话,则安排在 30 分以内。如果是以上的局部性练习,它们的数量可达 20 组。

(三)发展提高速度力量应该注意的问题

(1)要尽最大可能提高肌肉的最大力量。

(2)要在已经获得的力量的基础上,在快速完成动作的过程中,培养表现这种力量的能力。但这种能力的培养,首先要掌握完整的技术动作,并反复练习到较熟练的地步,并以轻负荷开始逐步过渡到重负荷。在不同重量的负荷练习时都应有速度要求,并且练习中途不能停顿,动作幅度应尽可能达到最大,使之产生最大用力感和最大速度感。在不同结构动作的组合练习中,要强调衔接的协调、自然。

(3)速度力量练习与单纯发展力量的练习相结合。从理论上讲,不带任何负荷动作是发展动作速度的有效办法。但是,运动实践中速度力量一般表现在具有一定负荷的练习中,不用负荷或负荷很小进行快速动作练习对神经肌肉系统的作用极其短暂,其训练效果适应不了运动实践中速度力量的要求。在单纯发展力量的练习中,由于负荷较重,动作速度又会产生暂时下降,而这种暂时下降又只有在负荷停止或大量减轻负荷 2～6 周后才会恢复。因此,在动作速度暂时下降时期,应采用一些非极限负荷或无负荷的速度练习,使速度和力量练习结合起来。

(4)速度力量训练的负荷量要适宜。由于速度力量训练的最终目的是要培养运动员快速完成动作的能力,而速度力量性项目的负荷并不太重(例如,男子铅球 7.26 公斤,女子铅球 4 公斤),因此,以负重训练发展速度力量时,要采用适宜的负荷重量,照顾发展力量和速度的需要,适应专项要求。

(5)学习动作时,对动作的速度要求应严格区别对待。对完不成动作速度要求的运动员,要逐步把他们的注意力从动作的空间特征转移到动作的时间特征上来。对难以掌握的、复杂的、速度要求高的动作,要严格按照循序渐进的原则进行。因为动作的空间特征是时间特征的基础,只有完成正确的动作,才能要求提高动作的速度。

(四)爆发力的练习

爆发力由两个有机组成部分确定,即速度与力量。

1.肌肉的工作方式

发展爆发力的肌肉主要工作方式是动力性的,尤其是克制性的动力工作方式。

2.阻力的大小

阻力指标的范围相当广。促使单块肌肉和肌肉群能力发展的一般性、辅助性训练练习的负重量可采用运动员所能达到的最大重量的 70%～90%。在动作结构和肌肉工作方式接近于比赛动作的练习中,负重量可用最大重量的 30%～50%。专项练习(比赛的动作、短段落、跳跃的比赛动作等)的阻力大小可用与比赛相等或者与之没有极大差异的阻力。如果运动员要发展力量部分,负重量可取上述指标的上限;而要促使速度部分提高,则取上述指标的下限。

3.完成练习的速度

发展爆发力的练习应当用极限或近极限(运动员可能达到的速度的 90% 以上)的速度。如果主要是提高力量部分,那么通常用近极限的速度;如果是发展速度部分,则用极限速度。

4.完成单个练习的时间

这个时间的标准就是应当保证运动员在完成练习时工作能力和速度不产生下降。因此,各种一般训练练习的重复次数为 1～2 次至 5～6 次。其变化是由负重大小、运动员的训练水平和技术水平,特别是由练习的结构决定的。用专项力量训练手段组成的练习,其时间为比赛动作为一次,负重加速或不负重加速从 5 秒到 10 秒。

5.组间间歇的时间和性质

休息间歇的长短应当保证运动员的工作能力能得到充分恢复,非乳酸氧债消除。练习的间歇时间可从 1 分到 3 分。这要根据参与工作的肌肉数量、运动员恢复过程的特点、训练水平和技术水平来决定。

间歇中可安排低强度活动。这样可使恢复过程得到强化,保证下次练习处于最佳状态,并由此可缩短每次练习和每组练习之间休息间歇的时间(那样做可把时间缩短 $10\%\sim15\%$)。

6.一堂课中练习的次数

通常在一堂课中练习的量不大。量要根据练习的性质、练习是对爆发力的哪一部分起作用来定。一堂课中发展爆发力的练习通常不超过 15 分~20 分。

对从事周期项目的高级运动员来说,实际上并不安排单一发展爆发力的课。爆发性练习只是作为各种综合课的组成部分来安排的,并且一般是在运动员的工作能力处于良好状态时进行。

(五)力量耐力训练

总的来说,在选择专项训练练习时应当考虑选择那些能建立适合于比赛活动特点的必要条件的练习。为此,必须采用从外部形式到内部结构都与比赛练习相近似的练习。

1.肌肉工作的方式

肌肉工作的主要方式是克制性与退让性工作相结合的动力性工作方式。在相当大的范围内,还可以利用静力性的练习。它们可以在动作个别较慢的阶段中对提高运动员的能力起作用。

2.阻力的大小

阻力的变化范围可以很大,尽管在完成个别练习时用力大小可达到极限用力的 $70\%\sim80\%$,但用负重练习时,大部分练习的负重范围主要还是采用最大负重的 $40\%\sim60\%$。

在做专项训练练习时,所选阻力大小可用等于比赛性练习的阻力或用超过此阻力 $10\%\sim30\%$ 的阻力。静力练习的用力大小可采用在每个具体练习中所能达到的力量的 $70\%\sim100\%$。

3.完成练习的速度

完成各种专项训练练习的速度主要是要使练习能保持比赛性练习的基本时间特征,因此速度通常接近于比赛性练习的速度。

在完成一般性和辅助性的负重练习时,动作的主要速度同样也应是比赛性练习的速度。不过也可以做较大的变动,可从中等速度到接近于比赛性练习的速度。

4.完成一组练习的时间

动力性练习通常要做多次,直到产生很大疲劳为止。做负重力量练习时,重复次数可从 20~30 次直至 150 次。这个指标的变动根据是运动员的训练水平、技术水平、专项以及所采用的练习的特点。静力性工作的一次练习时间可在 10 秒~12 秒或 20 秒~30 秒之间,这要根据运动员的训练水平和负重大小而定。

运用各种专项训练练习时,它们的练习时间在相当大的程度上是由所从事的专项的距离长度决定的。大多数练习的时间可从 30 秒~2 分,个别情况可达到 5 分~10 分。

5.组间间歇的时间和性质

间歇时间可安排在 30 秒~90 秒之间,根据练习的时间和参与工作的肌肉多少而定。如果练习的时间相当短(20 秒~60 秒),而又必须使疲劳积累,那么下一次练习可在工作能力没有完全恢复时就进行。间歇时间可根据心跳频率的恢复情况确定。当心跳频率恢复至 120~140 次/分就可开始下一次的练习。如果练习时间较长(2 分~10 分),并且希望每次练习都产生良好效果,那么间歇时间就应使工作能力充分恢复到工作前的水平,或接近于工作前水平。

6.一次课中重复的次数

如果提高力量耐力只是课中的一个内容,那么重复次数通常不超过 10～12 次。如整堂课的内容全是提高力量耐力,那么重复次数就可很多,达 40～50 次。例如,德国优秀游泳运动员常常这样来提高力量耐力:20 次练习为一组,做两组,每次练习时间为 1 分,间歇 15 秒。这样,包括准备活动在内,这部分内容就接近 1h 了。

四、耐力练习的实践方案

(一)一般耐力训练

一般耐力训练的任务是要在一般身体训练的过程中有计划地对影响耐力的各个因素进行训练,扩大有机体进行一般工作的机能能力,建立提高专项负荷的条件,并利用素质转移的效果为发展专项耐力打下基础。

一般耐力训练要与提高心血管、呼吸系统机能紧密联系。适宜强度而又能长时间连续工作的能力通常就是"有氧耐力的表现"。它与氧的吸入、输送、利用等有关。对一般耐力来说,有氧耐力培养的任务有两个:一是建立提高运动负荷的前提条件;二是产生耐力向专项练习转移的效果。人体的有氧能力是无氧能力的基础,高度无氧能力应建立在高度发展的有氧过程的基础上。因为高度的有氧能力不仅有助于更有效地进行氧化过程,最快地消除无氧过程中积累的乳酸,而且还能最有效地提高肌肉中糖原的贮藏量。而肌糖原贮藏量又与无氧能力直接有关。因此,即使是以练速度耐力为主的中距离跑运动员,虽然这项运动所负的氧债绝对值最大,也应该在发展有氧能力的基础上再过渡到无氧训练。当然,在具体安排中需要采用合适的比例。

对专项成绩在很大程度上取决于运动员的有氧耐力的项目来说,有氧耐力的训练已属于专项耐力的训练,更需要大力发展。相反,无氧耐力在此时亦作为它们一般耐力的一个相对重要的内容。无氧耐力的提高促使有氧耐力的提高。另外,对有氧耐力起主要作用的项目来说,它们在比赛过程中并非仅有单一的供能体系在工作,依然会有相当成分的无氧过程,所以对无氧耐力虽然不做主要训练,但从提高运动负荷强度来说也应进行必要的训练。在进行一般耐力训练时,应当充分考虑到专项中各种影响耐力因素的比例、运动员的实际训练水平、不同阶段内负荷的内容和量等。

(二)耐力训练的主要手段及基本要求

1.耐力训练的主要手段[①]

(1)各种形式的长时间跑,如持续跑、变速跑、变换训练环境的越野跑、法特莱克跑、间歇跑。

(2)除跑以外的长时间活动及其他周期性运动,如游泳、滑冰、自行车、划船等。

(3)长时间重复做某一非周期性运动,如篮球训练中经常做的各种不规则滑动、跑的练习,排球训练中经常做的滚动救球练习等。

(4)多种长时间游戏及循环练习等。

2.耐力训练的基本要求

(1)耐力训练应循序渐进。耐力训练应以一定的训练时间、距离和数量为起点,逐步加长时间和距离,再提高到接近"极限负荷"。

---

① 赵焕彬,魏宏文主编.体能训练理论与方法[M].北京:高等教育出版社,2020.01.

（2）耐力训练应注意呼吸。呼吸能力对耐力训练十分重要，呼吸的作用在于摄取发展耐力的必要氧气。机体摄取氧气是通过提高呼吸频率和加深呼吸深度实现的。在训练中，应培养运动员加深呼吸深度供氧的能力，并注意培养运动员用鼻呼吸的能力。同时，还应加强呼吸节奏与动作节奏协调一致的训练。呼吸节奏紊乱必定会导致节奏的破坏，使能量物质的消耗增加，不利于耐力水平的提高。

（3）无氧耐力训练应以有氧耐力为基础。无氧耐力的发展是建立在有氧耐力提高的基础上。这是因为通过有氧耐力训练，运动员心腔增大，每搏输出量提高，从而为无氧耐力的发展打下坚实的基础。如一开始便是无氧耐力训练，那么心肌壁就会增厚，这样虽然心脏收缩能力强而有力，但每搏输出量难以提高，从而影响到全身血液的供给，对今后发展不利。所以，在发展无氧耐力之前或同时，应进行有氧耐力训练。在具体训练过程中，则应根据各方面的情况对两者的比例进行科学合理的安排。

（4）要加强意志品质培养。耐力训练不仅是身体方面的训练，也是意志品质的培养过程。因此，在耐力训练中除了应注意提高运动员的练习兴趣外，还应注意培养艰苦耐劳、坚韧不拔的意志品质。

（5）对运动技术应严格要求，并适当控制体重。发展耐力素质应对技术提出严格要求，并对运动员体重进行适当控制。脂肪过多会增大肌肉内阻力，摄氧量的相对值也会随体重的增加而下降。体重过重，消耗的能量也必然增加，这都会影响耐力素质的发展。

（6）应兼顾女子生理特点。女子体脂为体重的 $20\%\sim25\%$，男子为体重的 $10\%\sim14\%$。脂肪不仅具有填充和固定内脏器官的作用，而且可以储备能量并在必要时供运动消耗。女子的皮下肌肉和一些内脏器官中的脂肪含量较多，并且具有动用体内储存脂肪作为能源的能力，因而进行长距离游泳和长跑等耐力项目的能力很强。由于女子机体能有效地利用储存的脂肪作为运动的能源，故有利于从事较长距离的耐力训练。应当注意的是，女子运动员在月经期间不宜从事大强度、长时间的耐力训练，应避免剧烈运动及其他外部刺激。当然，适量的运动还是必要的。

五、柔韧练习的实践方案

（一）发展柔韧素质的训练手段

发展柔韧素质的训练手段与方法很多，我国的武术、杂技、戏曲等在培养演员过程中就有许多行之有效的传统训练手段与方法，如搁腿、耗腿、弯腰、一字步等。发展柔韧素质的各种手段与方法分为两大类：主动性练习与被动性练习。这两类方法又都包含有动力性练习和静力性练习。主动性练习即通过与某关节有关联的肌肉的收缩，增大关节的灵活性。被动性练习即是指主要依靠有机体某部位自身的重力或肌力作用促使关节灵活性增强。发展柔韧性的练习主要运用加大动作幅度，拉长肌肉、韧带的原理。

主动的动力性柔韧练习可根据其完成动作的特点分为单一的和多次的（如两次重复和多次重复的体前屈）练习形式、摆动的和固定的（如固定支撑点的拉肩）练习形式、负重的和不负重的练习形式等。

主动的静力性柔韧练习就是利用自身的重力或肌肉力量，在关节或动作处于最大幅度的情况下，保持静止姿势，尽量拉长肌肉或韧带的练习形式，如把杆拉腿、体前屈后静止保持不动等。

被动的动力性柔韧练习是指依靠教练员、同伴的帮助，逐渐地加大有机体某一部位的幅度。

被动的静力性练习即由外力来保持固定的姿势，如依靠同伴的力量保持体前屈的最大幅度。被动性柔韧练习对于发展主动的柔韧性来说，其效果比主动性柔韧练习差一些，尤其是被动的静力柔韧练习更是这样。但它却可以达到更大的被动的柔韧性指标。而被动柔韧性的指标通常超过主动柔韧性指标。这一差别越大,潜在的可伸展性就越大,这将使主动动作幅度扩大的可能性也越大。在训练过程中,两者的内容安排应兼而有之,对于那些柔韧素质要求极高的运动项目,如体操等项目,被动柔韧性练习是不可缺少的。

（二）柔韧素质的基本要求[①]

1.一般来说,没有必要使柔韧性的发展水平达到最大限度

在运动中,虽然专项往往对柔韧性有较高的要求,但没有必要使柔韧水平达到最大限度,只要能保证顺利地完成必要的动作就可以了。当然,要保证顺利地完成必要的动作必须有一定的"柔韧性储备",即所发展的柔韧性水平应该稍微超过完成动作时的最大限度。但是,超过关节的解剖结构限度的正常灵活性,也就是过分地发展柔韧会导致关节和韧带的变形,影响关节结构的牢固性。在某些部位,柔韧性的过分发展甚至会影响到运动员的体态。

2.柔韧性的发展要兼顾有相互联系的部位

在有些动作中,柔韧性的表现不仅仅是在一个关节或一个身体部位,而是牵涉几个相互有联系的部位。例如,体操中的"桥"就是由肩、脊柱等部位的关节所决定的,因此就应该对这几个部位进行发展。如果其中某一部位稍差,可以通过其他部位的有效发展得到补偿。这样做也可以使运动员身体各部位得到协调发展。

3.柔韧性练习要经常,并要持之以恒

柔韧性发展较快,但是停止训练后,肌肉、肌腱、韧带已获得的伸展能力消退也快,因此柔韧性的训练要经常。如果训练的任务仅是为了保持已达到的柔韧性水平,那么每天的练习可以少安排一些。有些练习可在课后进行,也可安排在训练课的准备活动、基本部分的结束阶段,还可以做其他练习间的间歇,特别是力量练习和速度练习之间的间歇时进行。这样既可以调节其他练习对身体产生的影响,同时又由于身体各部位已活动充分而获得良好的柔韧性训练效果。

4.随着柔韧性水平的提高,练习应逐步加大幅度,但不能急于求成

由于肌肉、韧带等的伸长不是一朝一夕就能达到的,所以应逐步提高要求。直接拉长肌肉时可能会出现疼痛现象,对此要进行具体分析,只能以原有水平作为衡量标准,不能盲目,不能急于求成。在同伴帮助下进行被动性练习时更应谨慎,以避免肌肉韧带拉伤。

5.在柔韧性练习前应充分做好准备活动

肌肉伸展与肌肉的强度有关,通过准备活动提高肌肉的强度、降低肌肉内部的黏滞性有利于柔韧性的发展。

6.柔韧性练习可结合发展其他素质的练习和协调性练习

运动器官的生长发育会影响各种素质之间的关系,因此柔韧性练习要与发展其他素质的练习、协调性练习结合在一起,使之相互促进,朝有利的方向发展。

7.柔韧性要从小培养

我国武术界、杂技界在这方面有丰富的经验,从小发展的柔韧性,由于是在有机体自然生长发展的过程中实现的,因此能得到巩固和保持,不易消退。

8.其他因素对柔韧性的影响

要注意外界温度对柔韧性的影响,以及一天中安排的时机和疲劳对柔韧性的影响,以取得柔韧性练习的最佳效果。

（三）柔韧素质常见的方法

柔韧素质训练的具体方法较多,但归纳起来不外乎两个方面:一是专项运动所必需的柔

---

① 赵焕彬,魏宏文主编.体能训练理论与方法[M].北京:高等教育出版社,2020.01.

韧素质练习;二是一般性柔韧素质练习。专项柔韧素质训练的具体方法在此不做具体讨论。由于一般性柔韧素质训练的具体方法适用范围广,并且是各专项柔韧素质发展的基础,为此,从人体各关节部位出发,以动力性和静力性柔韧素质发展方法为指导,提出几种一般性柔韧素质训练的具体方法。

1.颈部柔韧性练习

(1)静力性练习。可采用使头部尽可能地屈、伸、侧倒至最大限度,并维持一段时间的静止练习。

(2)动力性练习。使头部在尽可能大的活动范围内做绕环运动,或练习者双手托下颌,做使头向左、向右方向运动的练习。

2.肩关节柔韧性练习

(1)静力性练习。可采用压肩(正、反、侧三个面)、控肩、搬肩练习。

(2)动力性练习。可采用握棍转肩,或借助橡皮条做拉肩、转肩及风火轮练习(通常称轮臂)。

3.肘关节柔韧性练习

(1)静力性练习。可采用屈肘、反关节压肘至最大活动范围的一系列练习,并使之维持一段时间。

(2)动力性练习。最常用的方法是做肘绕环运动,即固定肩关节的活动,并使上臂保持在一个水平面上,然后以肘关节为轴做绕环练习。

4.腕关节柔韧性练习

(1)静力性练习。可采用屈腕、伸腕至最大活动范围并维持一般时间的控腕练习。

(2)动力性练习。可采用腕绕环运动、抖腕运动等手段。

5.腰部柔韧性练习

(1)静力性练习。主要方法有下腰、控腰两种。

(2)动力性练习。可采用腰绕环、甩腰等练习方法。

6.髋关节柔韧性练习

(1)静力性练习。可采用耗腿、控腿、纵劈叉、横劈叉、抱腿前屈等练习。

(2)动力性练习。可采用搬腿、踢腿(正、侧面以及外摆、里合四个方面)、盘腿压膝等练习。

7.膝关节柔韧性练习

(1)静力性练习。主要有压膝、屈膝两种练习。

(2)动力性练习。可采用膝绕环、快速的蹲立练习等。

8.踝关节柔韧性练习

常用的方法是坐踝、绷脚面、勾脚尖练习以及提踵练习等。

应当指出,发展柔韧素质必须坚持静力性练习同动力性练习相结合的原则,如果纯粹地采用静力性练习手段,其训练效果必定不佳。

第四章 现代学习观下的体育教学模式的革新与发展

第一节 体育教学模式的基本理论

一、体育教学模式的界定[①]

有关体育教学模式的界定,是从 20 世纪 80 年代才开始进行专门的探讨的。目前,体育教学模式的概念并未统一,其规范化程度还有待于进一步提高。在体育教学模式的研究中,许多学者对体育教学模式的定义都提出了自己的认识和观点,下面就列出几种比较具有代表性的。

(1)李杰凯认为,体育教学模式是"蕴含特定的教学思想,针对特定的教学目标在特定教学环境下实现其特定功能的有效教学活动与框架,是以简洁形式表达的体育教学思想理论和教学组织策略,是联系体育理论与体育教学实践的纽带"。

(2)杨楠认为,体育教学模式是"体现某种教学思想或规律的体育活动的策略和方式,它包括相对稳定的教学群体和教材、相对独特的相应的教学方法体系"。

(3)毛振明认为,体育教学模式是"按照一定的体育教学理想设计,具有相应结构和功能的体育教学理论或教学活动模型"。

(4)樊临虎认为,"体育教学模式是指在一定的教学思想或理论指导下,设计和组织体育教学而在实践中建立起来的各种类型体育教学活动的范型,它以简化的形式稳定地表现出来"。

综上所述,体育教学模式能够有一个初步统一或认可度较高的概念,即"体育教学思想特定,用以完成体育教学单元目标而实施的稳定性较好的教学程序就是所谓的体育教学模式"。

二、体育教学模式的特点

(一)整体性

体育教学模式对体育教学的处理是从整体上进行的,具体来说,它不仅要明确规定教学活动中的教学主体(体育教师与学生)、教学客体(教学目标、教学内容等)等主要因素的地位与作用,而且还要对教学物质条件、组织形式、时空条件、师生互动关系或生生合作关系等影响体育教学活动并在教学活动中起重要作用的其他因素进行相应的说明。由此可以看出,这几乎把体育教学论体系中的基本内容都涵盖了,因此,人们也将体育教学模式称为"体育微型教学论"。体育教学模式的整体性特征要求人们在对体育教学模式做出正确地认识及运用时,一定要将体育教师的教学风格、学生的年龄特点、体育基础特点、课程内容特点等体育教学模式的主要要素整体全面地确定下来并熟练把握。除此之外,教学场地条件、环境条

---

① 岳慧灵. 体育课程运动处方教学模式[M]. 长春:吉林人民出版社,2020.06.

件、教学班级人数、气候特点等一些次要要素也要列入考虑的范围内,同时还要清楚地认识到它们之间的相互关系,对各环节的相互配合、相互衔接也要引起足够的重视,从而使教学模式成为系统的教学程序。这种多部分、多要素、多环节的有机组合将体育教学整体性充分体现了出来,同时也对体育教学模式并非是多环节、多要素的简单堆积进行了说明,因此可以说体育教学模式是具有一定科学性的[①]。

(二)优效性

一定的理论基础是建立体育教学模式的基础条件,但同时,体育教学模式的构建与完善离不开体育教学实践的不断修正与补充。因此,促进体育教学质量的提高,逐步改进体育教学过程,不断更新与完善体育教学的各个环节,避免教学资源的浪费与缺失,是完善体育教学模式的主要着眼点。从这一角度上来说,体育教学模式充分体现出了其显著的优效性特点。

(三)针对性

无论何种体育教学模式,其建立都是针对体育教学实践过程中的某个具体问题或问题的某一方面而进行的,针对体育教学内容、体育教学对象、体育教学环境等不同要素所形成的体育教学模式是有很大区别的。从这一点来看,体育教学模式有其特定的教学目标和使用范围,是不能包罗万象的。比如,情境教学模式是针对小学生理解能力较差、体育基础不够,而以体育故事形式把各种简单的体育活动动作组合起来进行教学的,因此,这种教学形式对于中学高年级的学生是不适合的;又如,快乐体育教学模式是与传统体育教学中的强制性教学相对立的,学生在强制性体育教学中是体验不到快乐的,所以设计了快乐体育教学模式,因此,这种教学模式对于学练一些简单的体育活动动作是较为适合的,而对于体育复杂动作的教学则是不适合的。由此可以看出,普遍有效的全能模式或者最优的模式是不存在的。然而教学模式与目标往往是一对多或多对一的关系,而绝非是一对一的关系。

(四)可操作性

这里的可操作性主要包括两个方面的内容。一方面,体育教学模式易被教师模仿。究其原因,主要是由于教学模式不仅是教学理论的操作化,同时还是教学实践的概括化。体育教学活动在时间上的开展以及每一教学步骤的具体做法都需要教学模式提供相应的逻辑结构与思维,也就是所说的操作程序。这样,教师在教学中应该先做什么,再做什么,最后做什么,就非常条理化,操作性较强。

另一方面,体育教学模式的操作程序是处于基本稳定状态,究其原因,主要是因为体育教学活动的特殊性、复杂性以及影响体育教学的主要因素不能受到精确控制。

虽然体育教学模式具有较强的针对性,但在不同条件与环境下开展体育教学,其产生的体育教学模式也表现出一定的差异性,也会因不同的教学指导思想和理论而表现出一定的差异性。但是一旦确立了体育教学模式,就可以代表一定的教学思想和理念,也就表明某一特定的条件下的具体操作的稳定性和可模仿性,具有相同的理念和外在条件,便很容易地被体育教师所模仿,这就是体育教学迷失的稳定性特点。需要注意的是,随着时代的变迁,指导思想与外在条件等发生质的变化,这就要求适当调整和变更体育教学模式,由此可以看

---

① 盖文亮,史永刚,孔德银. 大学生体育训练的创新理论与实践研究[M]. 北京:中国农业科学技术出版社,2020.05.

出,体育教学模式的稳定性并不是绝对的,而是相对的。

(五)简洁概括性

体育教学模式并非是"复写"体育教学活动,而是在能将自己个性充分显示出来的基础上,将教学目标、教学方法、组织形式等开展某一教学活动的不重要因素省去,从理论高度简明系统地将模式自身反映出来,由此可以看出,它是对某一理论的浓缩,对实践的精简,表现出一定的简洁性与概括性。一定的体育教学模式能够将特定的体育教学思想充分反映出来,而且也在一定程度上简化教学模式的各环节,通过教学程序的方式将其展现出来,因此,充分体现出了体育教学模式显著的简洁概括性特征。

三、体育教学模式的结构

体育教学模式的结构主要包括教学思想、教学目标、操作程序、实现条件以及评价方式等,具体内容如下。

(一)教学思想

伴随着体育课程的发展,体育教学指导思想必然也随之改变,因此各国体育学者对体育教学理论的研究也发生了深刻的转变,体育教学模式的研究正是在这种背景下兴起的。作为体育教学模式的灵魂教学思想是建立体育教学模式所应具备的基本理论与思想基础。也就是说要想建立体育教学模式,就需要有一定的理论知识对其进行指导,在不同理论指导下所建立起来的体育教学模式是有所差异的。

(二)教学目标

在体育教学过程中,建立体育教学模式的目的就是更好地实现体育教学目标。如果没有体育教学目标,也就没有体育教学模式存在的必要和价值。"体育教学模式所能够达到的教学效果是体育教师对某项教学活动在学生身上将产生的效果所做出的预先估计。"体育教学目标是具体化了的体育教学主题的表现,体育教学模式要以教学目标为核心,教学目标能够制约体育教学模式的其他结构要素。

(三)操作程序

教学活动中的教学环节或步骤就是所谓的操作程序。在体育教学活动中,操作程序主要指的是在时间上展开的逻辑步骤以及各逻辑步骤的具体做法等。无论哪种体育教学模式,其操作程序都是独特的,是与其他教学模式不同的。操作程序并不是一成不变的,但它一定是基本的和相对稳定的。

(四)实现条件

程序的补充说明,并能够使体育教师选择合理的、正确的教学方法和策略。人力条件、物力条件和动力条件三个方面是体育教学模式中实现条件的主要内容。

具体就是体育教师与学生、体育教学内容与时空以及学校的基础设施等。

(五)评价方式

不同的体育教学模式所要完成的体育教学目标不相同,而且所采用的教学程序和条件也存在差异。因此,不同的体育教学模式也具有不同的评价标准和评价方式。每一种教学模式的评价标准和评价方法都是特定的,如果使用统一的标准进行评价,就会使评价不具备科学性,评价结果失去说服力。例如,与标准化评价相比,群体合作教学模式的评价标准是采用计算个人和小组合计总分的评价方式。

四、体育教学模式的功能

(一)简化功能

体育教学活动有着较为显著的特殊性和复杂性的特征,因此,要想取得较为理想的处理这种特殊性和复杂性的效果,除了需要人们的思辨和文字的处理方式外,还需要其他一些简单明了的方式。图示就是这样一种方式,也能够将各系统之间的次序及其作用和相互关系较为清晰地表达出来,这样往往就能够使人们对事物有一个整体的印象。体育教学结构能够反映出各环节各要素的关系。除此之外,也能够将其组织结构和流程框架反映出来,这种结构的主要特点在于注重原则、原理,而且也较为重视行为技能的学习。因此,从客观的角度上来说,体育教学模式有着非常重要的作用和意义,与现代体育教学任务是相符的,具体来说,主要表现在三个方面:第一,对体育知识的学习和体育技术、体育技能的学习与掌握非常重视;第二,对学生的学习目标和教师的设计方案非常重视;第三,在充分反映教学理念的同时,对具体的操作策略也非常重视,由此可以看出,体育教学模式具有较强的可操作性,其结构和机制也较为完整。另外,体育教学模式比抽象的理论更具体、简化,不仅与教学实际更为接近,而且它能够为体育教师提供基本操作框架,使教师明确具体的数学程序,因此较容易被教师理解、选用、操作与认可,受到教师的欢迎。

(二)预测功能

体育教学模式是以体育教学活动中的内在规律与逻辑关系为基础的,因此,它有利于准确地对体育教学进程和结果做出判断,即使不能准确判断,也能对体育教学进程和结果进行合理估计,甚至可以对教学结果假说进行建立。通常以某种教学模式内在与本质的规律及其现象为主要依据,来对该模式进行预测。例如,快乐体育教学模式,这种教学模式既要注重学生在学习过程中的学习体验,也要使学生对运动技能加以掌握,从而为学生的终身教育打下良好的基础。这种模式的预测功能主要体现为两个方面,如果在教学过程中没有达到预期的教学目标,说明实际与预测存在一定的差距,需要进行合理、正确的调整;另一方面,如果在教学过程中达到了预期的教学目标,说明与事先的预测是相吻合的,证明理论与实践是相统一的。

(三)解释与启发功能

体育教学模式的功能和作用主要表现在通过简洁明了的方法来解释相当复杂的现象。比较常见的一种体育教学模式是发展体能教学模式,这一教学模式的建立给人以整体的框架,其中文字的解释让我们能够理解教学模式,具体来说,发展体能教学模式中所蕴含的理论知识主要在以下三个方面得到体现。

首先,阶段性的体能目标实施与反馈控制理论。其次,体育教学系统地、长期地发展体能的指导思想。最后,非智力、非体力因素参与体育活动并促进技能教学的发展理论,具体来说,体能的发展是比较枯燥的,因此,如何激发发展体能约为一项关键性因素,需要注意的是,这一关键因素是非智力、非体力的。

除此之外,对于整个教学活动来说,具体的某种教学模式的核心环节具有非常重要的作用和意义,其主要在教学目标的制定与教学过程实施的形成性评价中得到一定的体现。具体来说,主要包括以下几个方面:

第一,预先进行体能测验,实施诊断性评价。

第二,以学生的身体条件与身体素质的侧重点为主要依据来对教学单元进行合理的安排。

第三,有针对性地对单元中诸体能目标进行练习,并力争达到目标。

第四,对学习效果进行总结,实施总结性评价。

第五,以评价的结果为主要依据来使矫正措施得以实施。

(四)调节与反馈功能

马克思主义唯物观认为实践是检验真理的唯一标准,因而体育教学模式是否科学也要通过实践的体育教学活动对其进行检验才能得知。体育教学模式是依据具体的教学指导思想、教学条件和教学环境来进行安排的。例如,在实际的运用过程中,如果某一种体育教学模式没有达到预先制定的教学目标,就需要具体分析教学模式操作过程中的各个环节与因素,并找出其中的利弊关系,深入地分析其原因并提出相关对策,以使体育教学活动更加科学、合理。

第二节　体育教学中典型的教学模式

由于体育教师各具特点,再加上学生的实际情况也有所不同,因此在体育教学过程中所采用的体育教学模式也是千差万别,各有侧重。下面主要分析几种常见体育教学模式的建立背景、指导思想以及存在的优缺点。

一、主动性体育教学模式

(一)建立背景

在现代教育中,学生是整个教学活动的主体,所以主动性体育教学模式能更好地引导学生通过思考、体验来进行交流和合作,从而进一步发展自身的社会技能、社会情感以及创造能力。在体育教学中,要想取得较为理想的教学效果,必须要有良好的课堂环境和氛围作为保证。因此,主动性体育教学模式在这样的环境和需求下应运而生。

(二)指导思想

主动性体育教学模式的指导思想主要包括以下几个方面:

(1)培养学生的参与能力。只有使学生参与到教学活动中来,才能有机会使学生的主动性得到进一步发展。

(2)培养学生的教学能力。引导学生站在教师的角度上去思考问题,有利于提升学生的教学能力和主动性。

(3)培养学生的合作精神。要使学生认识到团队合作的重要性,培养学生的团结合作精神,同时还可创造出理解、尊重、宽容、信任、合作、民主的课堂氛围。

(4)培养学生的创新意识。要想发展就必须进行创新,教师应根据教学实际和学生的具体情况有针对性地培养学生的创新意识和创造能力。

(三)主要优缺点

1.优点

(1)体育教学中运用主体性体育教学模式能够实事求是地、有针对性地发展学生的主体意识。

(2)有利于提高和发展学生的学习主动性和自我学习能力。

2.缺点

主动性体育教学模式要求学生有一定的自觉性基础,并且要求学生具有自我设计教学计划、教学方法、教学手段、组织措施的能力,更要求学生的自学能力要强,否则,运用主动性体育教学模式就不会取得理想的效果。

二、小群体体育教学模式

(一)建立背景

这种小群体的学习形式来源于日本的"小集团学习"理论。小群体体育教学模式是指在体育教学中,将学生进行分组,并在教师的指导下,同组学生之间、小集团与小集团之间通过互动、互助、互争,增强学生学习的主动性,从而提高教学效率的一种教学模式。小集团学习法起初是在其他学科中产生的,到了20世纪50年代开始应用于体育教学中。这种模式在体育教学的运用中,除了取得较为理想的效果外,还进一步促进了体育教学的发展和完善。

(二)指导思想

小群体体育教学模式的主要指导思想是在遵循体育学习机体发展和发挥教育作用的规律的基础上,通过体育教学中的集体因素和学生间交流的社会性作用,促进学生交往,提高学生的社会性。此外,在运用这种模式的过程中,还要注意培养学生自主学习的能力,并要适应学生的个体差异表现。因此,小群体教学模式的指导思想具体体现在以下几个方面:

(1)有针对性地培养学生的良好品质。

(2)强调集中注意力,并要求学生相互帮助、团结,以有效地提高组内的竞争力。

(3)通过指导学生相互帮助、合理竞争,从而提高学生的身心健康和社会适应能力。

(4)要在条件均等的情况下,使组与组之间的学生合理竞技,从而激发学生学习的兴趣,提高学习的效果。

(三)主要优缺点

1.优点

(1)小群体教学侧重于培养学生的团结性,有利于充分调动学生学习的积极性和竞争性,也有利于培养和提高学生的社会适应能力。

(2)通过小群体教学,既可以提高组内团队间的合作能力,又可以提高团队与其他团队之间的竞争能力,增强学生的竞争意识。

2.缺点

由于这种教学模式更注重于培养学生的社会适应能力,这就可能会导致在教学中将大量的时间消耗在这一方面,从而使得学生对教学内容的学习时间相对减少。

三、选择式体育教学模式

(一)建立背景

在"健康第一"思想和新课程标准的影响下,为了更好地体现以学生为主体的教学观念,现代体育教学模式中出现了选项课。选项课的出现可以使学生在体育学习过程中依据自己的喜好和需要选择适当的项目学习。由于这种教学模式具有较高的可行性和良好的教学效果,近年来在多所学校中已普遍使用,并受到体育教育工作者的高度重视。

(二)指导思想

选择式体育教学模式可以使学生自主选择的优势得到充分体现,自主选择所要学习的内容、学习进度、学习参考资料、学习伙伴、学习难度等,这样才能使学生的兴趣得到提高,同时也可以充分调动学生学习的积极性和主动性,从而更好地培养学生的学习能力。

(三)主要优缺点

1.优点

(1)学生自主选择学习内容,这不仅是学生主体地位的充分体现,而且也有利于提高学生的学习兴趣。

(2)通过学生根据自身的兴趣和需求来选择学习内容,能够更好地培养学生的自觉性、学习热情、学习态度、情感体验、克服困难的意志力等,也能提高学生的责任感。

2.缺点

(1)根据目前相关教学实践来看,选择式体育教学模式虽然对有运动兴趣的学生有积极作用,但对于那些暂时还没有特别兴趣的学生在选择上会出现盲目性,也就是说,这种教学模式在目前还不适用于全体学生。

(2)由于受到技术难度、趣味性、运动量以及考核评价等方面的影响学习内容可能会导致学生功利性地选择运动项目,从而使得选择内容不均等,不利于教学活动的顺利进行。

四、发现式体育教学模式

(一)建立背景

发现式体育教学模式是指通过体育教师的指导,学生能够独立地研究和发现事实和问题,从而可以更加深刻地掌握相关原理和知识的一种教学模式。这种教学模式主要强调学生的直觉思维、内在的学习动机以及教学过程三个方面。

(二)指导思想

发现式体育教学模式是教师通过适当地对学生进行引导,让他们运用主观思维进行积极的思考,独立地发现问题、解决问题的教学方式。因此,这种体育教学模式的指导思想就是在体育教学中通过遵循学生的认知规律来考虑教学过程,体现以学生为主体、以学生为中心的思想。指导思想具体包括以下几个方面:

(1)着重增强学生学习的积极性和趣味性。

(2)调动学生思维的主动性,开发学生的智力。

(3)在以学生为主体的前提下,对学生进行指导。

(4)在揭晓答案之前,要让学生自己去探索问题的答案。

(5)设置问题情境,并使学生较为自然地进入教学情境之中,激发学生的学习热情与积极性。

(6)可以提高学生学习运动技能的效率,使学生更加深刻地领悟技能和知识,记忆更加牢靠。

(三)主要优缺点

1.优点

(1)发现式体育教学模式能调动学生学习的热情和积极性,提高学生的学习效率。

(2)发现式体育教学模式有利于开发学生智力,提高学生智力水平,发现式体育教学模式非常重视学生的智力发展,通过在学习过程中设置情境,激发学生学习的好奇心进而提高其智力水平。

2.缺点

(1)发现式体育教学模式会在问题的提出、讨论、解决等环节占用大部分的教学时间,从而使得运动技能练习与巩固的时间相对减少,因此会对学生学习和掌握运动技能的效果产生影响。

(2)发现式体育教学模式还会受到不稳定因素的影响,所以从教学模式的评价来看,无法在短时间内对其他教学模式进行比较。

五、领会式体育教学模式

(一)建立背景

领会式体育教学模式是在20世纪80年代由英国学者提出的。在当时,这种教学模式主要运用于改造体育教学的教学过程结构,在应用过程中试图通过从整体开始学习或领会新教程,并且对以往只追求技能,忽略学生对整个运动项目的认知和对运动特点把握的缺陷进行改进和完善,以达到提高体育教学质量的目的。

(二)指导思想

领会式体育教学模式的指导思想主要包括以下几个方面:

(1)这种教学模式强调先尝试,后学习。

(2)要在尝试的过程中了解学习运动技术的重要性,进而提高学生学习的主动性。

(3)强调先进行完整教学,然后再分解教学,在掌握各部分分解动作的基础上再完整尝试,从而比较学习前后的效果。

(4)竞赛是开展体育教学活动最主要的组织形式,这有利于提高学生学习的积极性和实用性。

(三)主要优缺点

1.优点

领会式体育教学模式通过先让学生初步进行体验,体会出学习正确动作的必要性,然后根据学生的实际情况,教师选择合理的教学方法,来促使学生产生强烈的学习动作的动机和需要,进而调动学生学习的积极性,提高学习效率。

2.缺点

在尝试性比赛中,学生因对这项运动缺乏深刻的了解,很可能会使比赛无法顺利进行。在一些尝试性的比赛中,要想避免这种情况的发生,可以通过降低难度和要求,使学生慢慢进入活动的角色,从而使比赛从而使比赛顺利进行比赛的顺利进行。

第三节　体育教学模式的改革与发展

一、体育教学模式的改革

目前常见的体育教学模式是有限的,但随着体育教学改革的不断推进和创新,还会有更多的教学模式不断出现,并且在体育教学中得到应用,而关于未来体育教学模式的改革,其改革侧重点与趋势主要表现在以下几个方面:

(一)重视学生的主体性

传统的教学模式对教师的主导作用的重视程度比较好,其将教学过程片面地归结于教师的教,而将学生的学忽视掉了,这就使得学生在过程中处于被动地位,对学生主观能动性和能力的培养产生了一定的阻碍作用。

随着以学为中心的教学理论的发展,传统意义上的师生关系有了较大程度的变化,他们的地位和作用也有了一定的改变。"教师中心论"逐渐被"教师主导学生主体论"取代。在这种新的教学观的影响下,体育教学也要进行一定的改变。具体来说,主要改革趋势为:由教师中心教学向教师主导学生主体的教学模式的转变。教师主导学生主体的教学模式,对于学生创新能力、自学能力、探索能力的培养较为有利,在一定程度上调动起学生学习的能动性和积极性,除此之外,还需要强调的是,这与现代人才的培养理念是相符的,因此,可以将其作为体育教学模式的一个重要改革方向。

（二）注重学生能力的培养

现代社会科学技术发展迅猛,知识增长迅速,终身教育的普及以及竞争压力的不断加大,这些都对人们的能力提出了更高的要求,单一的知识积累已经不能使当今社会的需求得到满足。因此在体育教学过程中,必须在教学模式上进行一定的改进,因为只有这样才能够更好地培养学生的运动能力、一般能力、创造能力、自学能力和社交能力。

另外,在普及九年义务教育初期,就已经开始强调要使学生全面发展德智体美劳,而且在越来越多的实践活动中,人们已经充分认识到了能力的重要性。在这样的条件下,从强调知识的传授逐渐转向重视能力的培养就成为体育教学模式改革的一个重要方向,这样能够使学生在参与实践活动的同时,对自己有更加全面的认识,从而不断挖掘和培养自身的各项能力。

（三）保留演绎型教学模式

教学模式形成的方法主要有由概括实践经验而成的归纳法和靠逻辑生成的演绎法两种。从一种思想或理论假设出发设计成的一种教学模式,就是所谓的演绎教学模式,其中,20世纪50年代以后产生的教学模式大都属于这一类型。演绎教学模式是从理论假设开始的,形成于演绎,其对科学理论基础非常重视。演绎教学模式的这一特点不仅为人们自觉地利用科学理论指导提供了一定的可能,而且还为主动设计和建构一定的教学模式来达到预期的目的奠定了一定的基础。由此可以看出,演绎型的体育教学模式的发展是教学模式发展的一个重要趋势,是与教学理论的发展和研究方向相符的,因此改革中要注意保留演绎型的体育教学模式。

二、体育教学模式的发展

（一）理论研究的精细化

研究体育教学理论,其目的既是为了更好地指导体育教学实践,也能起到对体育教学实践进行总结的作用。如果没有理论研究,又或者缺乏体育实践,那么整个体育教学就会失去意义。因此,必须将体育教学的理论研究与实践研究相结合,来加强理论研究的力度与成效。

（1）与其他理论相同的是,体育教学模式的研究必将从对一般教学模式的研究走向学科教学模式的研究,再到课堂教学模式的研究。

（2）对体育课堂教学模式的研究又趋向于精细化,包括学期教学模式、单元教学模式、课时教学模式。精细化是体育教学模式研究的必然趋势。

（二）教学目标的情意化

教学实践研究表明,智力因素和非智力因素对学生的学习活动起着非常重要的作用。现代体育教学模式的不断发展也逐渐对传统教学活动中过于强调智力因素,而忽视非智力因素的作用等状况进行了改善,并取得了良好的效果。现代体育教学模式的目标在使学生增长知识,培养学生能力的同时,更加注重人格教育、品德教育、情感教育与知识教育结合在一起。随着人们对人本主义心理学越来越重视,学生的情感陶冶也开始备受关注,并将情感活动视为心理活动的基础,对学生独立性、情感性和独创性进行了更加全面的培养。例如,情境式体育教学模式和快乐式教学模式通过问题情境的创设,提高教学过程的新奇与趣味性,使学生的学习兴趣得到有效的激发,从而产生一种强烈的学习动机,这种动机下学习和掌握体育知识能带有很强的情意色彩。

(三)教学形式的综合化

体育教学形式的综合化是指体育教学模式向着课内和课外一体化的发展。由于受到时间的限制,课内的时间不能充分培养和发展学生运动技能与锻炼身体的习惯。这就需要在教学中,安排充足的课外时间进行练习和巩固,而课内的主要任务就是学习新知识,并针对错误的动作进一步改进。只有这样才能更加熟练地掌握运动技能,实现个体运动技能的自动化。但从目前情况来看,我国针对课外体育活动的重视程度相比于体育课本身要弱很多,有的甚至处于放任自流的状态,这对体育教学效果有着非常严重的影响。

从体育教学模式发展的角度来看,由于目前对课外体育活动的不够重视,使得有关这一方面的研究也受到了很大的影响。"课内外一体化"教学模式虽然设计了课内与课外相结合的教学,但在实际的运用过程中还不够成熟,也没有形成明确的操作模式。因此,目前并没有将其列入现有的体育教学模式体系中。只有当这种模式的理论与实践发展成熟后,而自然能够成为一种重要的体育教学模式。

(四)教学实践的现代化

随着现代教育和科技的快速发展,体育教育在教学手段方面也得到了很大程度的突破,各种教学实践活动呈现出较为明显的现代化特点,并逐渐实现了对传统体育教学方法的改革和创新。在现代体育教学活动中,先进技术产品和手段的运用也在很大程度上提高了体育教师的授课效率,同时也进一步增强了学生学习的兴趣,调动了他们主动学习的积极性。目前,现代体育教学模式已经开始与现代教学技术手段相融合。由此可以看出,在体育教学模式中引入和运用先进的技术手段是其发展的重要趋势。

(五)评价标准的多元化

体育教学模式的不同,其评价的方式也会有所差异。随着现代教育改革的不断深入,体育教学模式也发生了较为明显的变化。单一的评价方式是很难对某一体育教学模式的科学性做出全面、客观的反映的。这就要求在评价时要采用全面的评价方式,所选择的评价指标也必须多元化。

传统的体育教学模式过于重视结果评价,而忽视了对学生学习和实践过程中的评价,这就使得学生的学习兴趣、爱好、情感反应等方面都很难得到全面的体现和反馈。而现代的体育教学模式逐渐摆脱了单一的终结评价方式,开始重视学生的学习过程评价、单元评价以及学生的自我评价等。就目前来说,我国体育教学模式呈现出多样化格局,目前以"三基"(基础知识、基本技术、基本技能)为主的传统体育教学模式在体育教学实践中仍占据较大的比例。这与传统体育教学模式的影响是分不开的,和人们对体育课程陈旧的认识是密切相关的。当时人们对体育课程的理解就是增强体质和提高身体素质。所以一切体育教学活动无不围绕着运动技术的传授、"三基"的掌握进行的。随着时代的发展,教育理念的更新,体育课程功能的多元化,各种体育教学模式的实验也应运而生。从一些学者总结的目前比较成熟的几种体育教学模式来看(传授动作技能、提升身体素质、发展体育能力、发展学生个性等体育教学模式),正说明了人们对体育课程的重新认识。可以说体育教学模式改革与发展体现了体育课程观的发展,体现了人们对体育课程发展的追求。

第四节　新型体育教学模式的构建和运用

一、新型体育教学模式的构建

(一)构建原则

1. 坚持教学目标、内容、形式、结构与功能的统一原则

从本质上讲,新型体育教学模式的建构是处理好体育教学活动中形式与内容、结构与功能的关键问题。所以,体育教师应该对各类体育教学课堂结构和形式的功能与作用进行全面分析,并以教学目标和条件为根据对教学模式做出比较合理的选择。

2. 坚持统一性与多样性的统一原则

(1)体育教学模式构建的统一性是指在构建和创造体育教学模式时,要继承新中国成立以来我国体育教学思想和成功经验。

(2)新型体育教学模式构建的多样性是指在开发和构建体育教学模式时应尽量实现多样化,避免单一化与程序化的不足。

3. 坚持借鉴与创新的统一原则

体育教学模式要坚持创新与借鉴的统一性。这里所说的借鉴具体是指借鉴两方面的内容,一方面要借鉴国外的先进教学模式理论;另一方面是要借鉴国内的先进教学模式理论与成功教学经验。随着全球化趋势的加强,学校体育教学也必然受到教育全球化的影响,不对国外先进教学模式理论加以借鉴或借鉴之后缺乏创新都是故步自封的落后表现。因此要有机结合创新与借鉴,这样才能运用成功的经验,吸取失败的教训,不走或少走弯路。具体来说,统一借鉴与创新,就是要以正确的体育教学思想为指导,革新原有的落后的体育教学模式,借鉴前人和他人的成功经验和理论,结合教学中的客观实际,提高体育教学的效率。

(二)构建步骤

概括地讲,新型体育教学模式的构建步骤主要如下:

(1)明确指导思想。选择用什么教学思想作为构建模式的依据,使教学模式更突出主题思想,并具有理论基础。

(2)确定构建模式的目的。在明确指导思想的基础上,确立建构体育教学模式所达到的目的。

(3)寻找典型经验。在完成第一步的基础上,通过调查研究,寻找恰当的典型经验或原型作为教学案例,案例要符合模式构建思想与目的。

(4)抓住基本特征。运用模式方法分析教学案例,对教学案例的基本特征与教学的基本过程进行概括。

(5)确定关键词语。确定表述这一体育教学模式的关键词。

(6)简要定性表述。对这一体育教学模式进行简要的定性表述。

(7)对照模式实施。对照这一体育教学模式具体实践教学,进行实践检验。

(8)总结评价反馈。通过体育教学实践验证,对实践检验的结果进行归纳总结,通过初步实践调整修正模式,并反复实践以不断完善。

二、新型体育教学模式运用的参考依据

新型体育教学模式的选择与运用主要把握以下几个参考依据:

(一)参考体育教材性质

体育教学以教材为基本工具,体育教师教学、学生学习都要借助教材这一基本教学工具。体育教材也是体育教师与学生共同完成体育教学目标的内容载体。通常把体育教材分为概括性教材与分析性教材两大类,这主要是以体育教材内容的性质为依据划分的,具体分析如下:

(1)概括性教材:这一类教材中没有较难学习的运动技术需要学生掌握,对概括性教材进行讲解的主要目的是使学生对体育项目有简单的了解、培养学生体育学习的兴趣、促进学生的身心健康。学生在学习该类教材时主要是注重体验乐趣,获取快乐,所以要选择运用快乐式教学模式、情境式教学模式以及成功教学模式进行教学。

(2)分析性教材:这类教材中的运动技术具有一定的难度,对这类教材进行讲解的主要目的是提高学生的自主学习能力与创新能力,促进学生体育知识与技能的增长,学生在学习该类教材时注重培养学习兴趣与创造力,所以要选择运用主动性体育教学模式、发现式教学模式以及领会式体育教学模式等进行教学。

(二)参考体育教学目标

体育教学模式构建与运用的关键是教学目标,体育教学模式需要体育教学思想与目标为其提供活力、指明方向。体育教学思想与目标也是区分教学模式的一个标准。体育教学目标在新课程改革之后有所变化,主要涵盖了四个方面:①提高学生运动参与能力与积极性的目标。②促进学生身心健康的目标。③促进学生正确掌握运动技能的目标。④提高学生社会适应能力的目标。上述体育教学目标要求在体育教学中采用情境体育教学模式、探究体育教学模式以及成功式教学模式等进行教学。

(三)参考体育教学对象

体育教学活动离不开学生这一教学主体,体育教学活动中,学生也是其中非常重要的一个组成部分,所以要针对不同学生的具体情况与特点来对教学模式进行运用。学生的学习阶段按年龄大致可以分为小学、中学、大学三个时期。不同学习时期,学生的身体与心理情况是有明显不同的,所以体育教学模式的运用要考虑到不同学习阶段的学生的具体情况,具体如下:

(1)学生在小学时期,其身心特点具有游戏性,因此适合这一时期的体育教学模式有快乐式教学模式与游戏体育教学模式。

(2)学生在中学时期,对不同种类的体育运动项目比较热衷,而且其也具备了相应的思维与逻辑分析能力,因此适合这一时期的体育教学模式有小群体体育教学模式及探究式体育教学模式。

(3)学生在大学时期,主要是接受专项体育运动教学训练,因此适合这一时期的体育教学模式有技能性体育教学模式,同时也要发挥体能性体育教学模式的辅助作用。

(四)参考体育教学条件

其相应的教学条件也会有差异。不同地区或学校的体育教学条件具有明显的复杂性与差异性。以城市和农村地区为例,两个地区的经济水平差距很大,因此体育教学场所、设施与器材也有差距。针对这一情况,体育教师要实事求是,从实际出发,选用恰当的体育教学模式来完成教学目标与任务。农村学校的教学水平与条件有限,因此不宜采用要求外部教学条件良好的小群体教学模式。

三、两种新型体育教学模式的构建与运用

(一)启发式体育教学模式的构建与运用

"启发式体育教学模式指的是在体育教学活动中,教师以体育教学目标、教学规律以及

学生的认知水平和年龄特点为主要依据,通过采取各种教学手段来引导学生独立思考、积极主动地获取知识、解决教学中出现的问题的过程。"教学中出现的问题、提高体育教学的质量以及促进学生体育学习积极性的发展是体育教学模式的实质。

1.启发式体育教学模式的构建

(1)对问题情境进行创设。体育教师在对问题情境进行创设时,要具体以体育教材的重点和学生的客观实际为依据。在创设问题情境的过程中,体育教师不仅仅要解决学生在学习中出现的问题,更要采取一定的方法与措施来引起学生的好奇心,使其主动提出疑惑,并积极思考解决疑惑,这样有利于学生学习热情的充分调动,有利于提高学生逻辑思考与客观分析及解决问题的能力。

(2)采用直观教学手段。体育教师在对学生进行启发的过程中,要尽量采用直观的教学方法手段,减少抽象概念的使用。直观手段具体是指多媒体、录像、图片等直观教具的使用,直观教学方法有利于学生学习兴趣的激发与提高,有利于学生以最为简单的方式清晰地掌握学习内容。

(3)采用多样化的练习手段。体育教师在引导学生进行练习的过程中,要以体育教学任务、目的和要求为主要依据,并要擅于采取一些有助于启发教学的练习方式作为辅助学习的手段。除此之外,体育教师还可以以教材内容为依据对多样化的练习手段加以运用,以此来促进学生学习兴趣的提高,同时也能够提高学生的学习效果。

2.启发式教学模式在体育教学中运用的注意事项

(1)对教材重点与难点有所明确。体育教材重点是学生要掌握的关键内容,教材难点是学生不容易掌握的教材内容。教师运用启发式教学模式进行教学时要以教材重点为中心,通过口头叙述、动作示范等各种教学方式来引起学生对教材重点内容的思考。体育教师也可以针对重点动作做一些生动、逼真的模仿,这样学生也能比较容易地掌握教学内容。除此之外,教师也要把学生的身心特点、认知能力和学习基础重视起来,遵循因材施教的教学原则,使每个学生的学习效率都能得到保障。

(2)对多元评价体系进行科学构建。评价学生的学习过程或结果主要是为了总结学生的学习效果,对学生学习体育起到一种督促与激励的效果。合理的评价有利于提高学生学习的积极性和主动性。评价的实施步骤具体为:评价标准的确定—评价情境的创设—评价手段的选用—评价结果的利用。评价讲究合理,不要求过于死板地对标准答案有严格的限制,根据具体情况保留一定的评价空间。教师在对学生的学习技能做出评价的同时,也要引导学生进行自我评价或学生之间的互相评价。

(二)合作式体育教学模式的构建与运用

体育教学活动中,合作教学模式的运用有利于学生合作意识与能力的提高,有利于学生交往、实践及协调能力的增强,也有利于学生个性发展和终身体育意识的形成。

1.合作体育教学模式的构建

(1)构建程序。

首先,要以体育教学大纲规定的教学时间与教学内容为主要依据,对上课时间进行合理的分配与安排。通常,在体育教学活动中,体育理论知识教学占总教学时间的25%;学生体育能力培养占总教学时间的30%;体育技战术教学占总教学时间的40%。

其次,体育课堂教学之前教师要做好课堂教学计划,即教案。制订教学计划时教师要加强与学生的合作,与学生一起探讨教学方法的选用。

(2)具体实施。

①明确教学目标。体育教学过程的第一环节就是要明确并呈现教学目标,这一环节中,体育教师的口头讲解与动作示范要有机结合学生的观察体验与思考,加强师生之间的沟通

与交流。

②对学生进行集体讲授。对学生进行集体授课时，体育教师要适当缩短授课时间，提高教学效率，从而留出更多的时间为下一环节（小组合作）做准备，教师要注意提高学生的学习积极性，擅于运用一些新颖的教学模式。

③加强小组合作学习。学生的学习主体性以及学生之间的沟通与交流是小组合作环节的重点，学生要在小组合作学习中积极发表自己的意见，提高自己的主动性、积极性以及创新性。

④实施阶段测验。体育教师在学生学习一个阶段后，对各个学习小组进行阶段测验，从而对学生在这一阶段的学习情况与效果有一个初步了解。

⑤积极反馈。在反馈阶段，体育教师要综合评价学生在这一学习阶段的具体表现。学生在小组合作学习中获取的知识比较零散系统性很差，所以教师要正确引导学生归纳所学知识，使之成为一个系统的知识体系，便于学生掌握与记忆。小组测试也是反馈的一个重要手段，通过测试反映出学生学习的不足，从而有针对性地对其进行纠正与完善。

2.合作教学模式在体育教学中运用的注意事项

(1)更新教学观念。合作教学模式在体育教学活动中的运用要求对传统的体育教学观念进行更新，对学生的重要性进行重新认识，重视学生的主体地位，引导学生充分发挥自身的主观能动性，尊重学生的人格，教师在教学中加强与学生的合作交流，以学生的具体情况为依据进行教学。

(2)注重学生主体意识的培养。

首先，体育教师在体育教学活动中要想法设法来激发学生的思维与学习热情，然后引导学生积极发现与探索新问题、新情况，在引导过程中，注重学生自主意识和独立能力的培养。

其次，教师要注重自身的引导作用，通过提问、质疑等手段，引导学生把注意力集中到课堂教学中。

最后，教师主导性的发挥要以实现体育教学目标为出发点，倘若没有从教学目标出发，就谈不上学生主体性的培养。

第五章　体育教学设计

　　良好的体育教学离不开前期进行的相关教学设计。合理的体育教学设计可以给体育教学的顺利进行提供保障。设计是一项严谨、周密的工作,它是现代教学活动中运用系统、科学的方法发现、分析和解决各种教学过程中出现的问题,从而实现教学效果最优化的过程。现如今面对体育教学改革的势头,体育教学设计也要随之做出诸多适应性的改变与完善。因此,本章就主要对体育教学设计的基本知识、评价以及相关改革与发展等内容进行研究。

第一节　体育教学设计的基本理论

一、体育教学设计的理论基础

　　要想顺利完成体育教学设计工作,首先就要拥有扎实的理论基础,以使得设计工作能沿着正确的思路进行,最终获得预期的效果。对于体育教学设计来说,这个过程非常严谨、科学和系统,再加上与体育教学特点的结合以及考虑到多种体育教学要素的影响,这个过程有时甚至显得较为复杂。因此,在这种情况下,就更加需要教学设计者应用许多学科理论作为设计依据。

　　通过分析可以发现,与现代体育教学设计相关的理论很多,大多数体育教学设计的要素和方法都建立在这些理论基础上。具体来说,体育教学设计的理论基础主要包括系统理论、学习理论和教学理论三种。

(一)体育教学设计的系统理论

1. 系统理论概述

从“系统”这个词的词义上来说,“统”字意为多种元素的相关总和。美籍奥地利学者贝塔朗菲(L. V. Bertalany)是一般系统论的创始人,他所认为的系统是“相互作用的诸要素的复合体”。在系统论中,他认为万物都是在一种系统的形式下存在,人类所生存的自然界就是由不同层次的等级结构组成的开放系统,而在其中的客体也都是由诸要素以一定结构组成的具有相对功能的系统,这些客体处于不断运动之中。

　　系统的规模可大可小,应根据实际需要而定。例如规格较为庞大的主体其所蕴含的系统自然较大,而较小的主体对应的系统也相对较小。不过,不论是大系统还是小系统,它的构成都应该满足下列三个条件:

　　(1)特定的环境。系统的存在需要一些能够满足系统存在的特定环境。只有在这种情况下它才能在这个环境中发生作用。没有环境则没有系统。

　　(2)特定的元素。元素是构成系统的基本内容,这种元素被称为“必要要素”,这些必要要素之间并不是相互独立的,而是彼此之间也有一些联系,各要素之间相互依存,相互制约,共同形成结构。

(3)特定的结构。系统之所以成为系统是因为构成系统的各元素之间存在着一定的相互联系,元素之间没有联系,则不能构成系统。

完整的系统有其独到的特征,具体体现在以下六个方面:

(1)系统的集合性。多种事物(子系统)集合为一个系统,因此可以说任何一个系统都不是单一存在的,而是由不同子系统组成的。

(2)系统的整体性。从系统整体往内部看,系统是不同要素的统一体,两个或多个可以相互区别、具有不同功能的要素根据逻辑统一性构成系统。要素的不同特点相加构成系统的功能,由此看来系统的功能要大于各要素的功能之和。而从外部看系统,它只是一个整体,人们关注的是整体的功能与表现,并不会深挖其内部各要素的功能。这就是系统的整体性特征。

(3)系统的相关性。系统的相关性主要是描述了系统中各要素之间的关系。它们彼此相互联系、相互依赖、相互作用,共同为整体系统服务。

(4)系统的目的性。任何系统的存在都有其特定的目标,为了达到这一目标就要合理调配内部的系统功能。

(5)系统的反馈性。系统的存在并不是一件恒定的事物,系统从总体上看有一定的稳定性,但是,由于一切事物都是处在运动中的原理,使得系统为了保证自身的正常运行,必须要通过反馈自我调节,使自己处于一种相对稳定、平衡的状态。

(6)系统的适应性。系统要依托环境而存在,环境为系统提供一定的物质、能量要素;同时,系统还会受到环境的限制。由此可见,系统与外部环境之间存在着相互作用。因此,系统要不断适应外部环境的变化来维持自身的完整性和正常运转。

2.系统理论对体育教学设计的支持

之所以系统理论被确定为体育教学设计的理论基础,关键就在于这一理论可以为体育教学设计提供较为系统的分析方法。系统整体性与系统内部的相关性均与体育教学设计的需要相吻合,使体育教师能以一种整体观去把握和进行体育教学设计。

根据系统理论的观点,可以将体育教学系统的构成划分为五个要素,每一个构成要素都是学习教学系统的一个子系统。具体如下:

(1)教学主体。这里的教学主体主要是体育教师。作为体育知识或技能的传授者,他们是教学活动中的重要人物。在体育教学中,教师群体就是一个集体,其中有带头人、骨干和助手等要素;教师作为个体,他需要掌握丰富的体育知识、运用技能、教学技巧以及主观努力程度等要素。

(2)教学对象。这里的教学对象是接受体育教学的学生。学生作为知识的学习者和接受者,是体育教学系统中必不可少的要素之一,如果没有学生,那么教师也就没有存在的必要,教学也就无从谈起了。

(3)教学内容。体育教学内容是多方面的。在学校体育教学中,体育教学内容主要通过教材的形式来表现。在体育教学实践中,教学内容是教师在体育教学中的主要内容,包括如体育与健康知识、体育和健康技能、提高学生社会适应能力、培养学生体育运动兴趣等。

(4)教学方法。教学方法是指教师和学生为达到体育教学目的和完成教学任务,所采取的方式、途径、手段、程序的总和。常见的学校体育教学方法主要有动作示范、教具和模型演示、多媒体演示阻力和助推力、定向和领先等、讲解法、口令指示、间歇法、持续法、重复法、循环法、游戏法、比赛法等。可以概括为直观法、语言法和练习法。

(5)教学手段。教学手段,是指师生在体育教学过程中交换信息时承载和传递信息的工具。传统体育教学手段主要包含语言、文字、动作示范等。随着科学技术的发展,越来越多的载体被体育教学所运用,如视频、电影、电脑模拟和数据分析等。

体育教学系统的各个子系统是相互联系、相辅相成、有机统一的,它们在体育教学目标的支配下共同发生作用,缺一不可。总之,构成体育教学系统的各个子系统的构成要素的素质和结构决定了体育教学系统的整体功能和主要特点。

(二)体育教学设计的学习理论

1.学习理论概论

学习理论是研究人类学习行为、阐述学习基本规律的理论学说。它主要研究的对象为人类学习的本质及其形成的机制。从现代科学划分来看,它属于心理学理论研究的范畴。学习理论强调的学习泛指有机体因经验而发生的行为变化。

现代学习理论主要有三大学派,即行为主义学派、认知主义学派和人本主义学派。不同学派对学习的性质有不同的理解和认识:"行为主义的学习理论强调学习刺激与反应的联结,主张通过强化和模仿来形成和改变行为;认知主义的学习理论强调学习是认知结构的建立与组织的过程,重视整体性和发展式学习;人本主义的学习理论强调学习是发挥人的潜能、实现人的价值的过程,要求学生愉快地、创造性地学习。"

通过对上述三大学派对学习性质的不同理解的分析后,可以总结得出行为主义心理学家认为学习是"由经验引起的行为相对持久的变化";认知心理学家认为学习是人自发的某种倾向性变化,且这种变化要保持一定时期以及不能仅仅是由于生存的需要;人本主义者认为学习应"以学习者为中心",重视学生潜力的发展和自学能力的发展。

2.学习理论对体育教学设计的支持

学生是体育教学的客体,教学的目标也是以学生获得知识或掌握技能的水平作为评定标准的。因此,体育教学的设计也必须要以尊重学生、重视学生的体育学习需求为基本,遵循学习的基本规律。因此,学习理论是学校体育教学设计的重要理论基础之一。

结合学习理论的基本原理,体育教学设计应根据学生的体育学习需要,确定学校体育的教学目标、教学策略、实施方案和教学媒体,充分发挥体育教学的教育功能,提高体育教学质量,促进学生身心的全面发展。

学习理论主要有行为主义、认知主义和人本主义三大学派,不同学派对体育教学设计的支持具体如下:

(1)行为主义学派对体育教学设计的支持主要体现在它重视对学生作业的分析、对教材逻辑顺序的研究以及对学生行为目标的分析。在此基础上,它还会考虑一些在教学中更为复杂的因素,从而优中择优,力求设计最优教学策略。此外,行为主义学派支持下的体育教学设计还强调及时对教学做出客观的评价,如此循环往复,获得正确的反馈以使程序设计更符合逻辑性,为体育教学设计的分析、设计和评价提供必要的理论基础。

(2)认知主义学派对体育教学设计的支持主要体现在以下几个方面:第一是在体育教学设计中教师应重视学生特征对教学的影响,重视对体育教材内容的研究,并在充分研究了教材与学生实际情况后做两者之间的协调,以期能够更具针对性地使学生顺利接受教材内容;第二是教师对教学设计模式、教学方法和手段的选择,以达到以学生在原有体育知识,以及认知结构的基础上,顺利完成对新知识和技能的同化和认知结构的重新构建,提高学生学习体育的积极性和主动性,促进学生全面发展的目的。

(3)人本主义学派对体育教学设计的支持主要体现在教学实践中充分挖掘学生的潜能、激发学生的主观思考意识,使学生能够在体育教学中真正获得快乐。人本主义在现代体育教学中的直观展现就是"以人为本"的体育教学原则。这对于体育教学设计来说也是要遵循的原则之一。由此使得在体育教学设计实践中,管理部门或体育教师必须重视对学生学习需要以及学习兴趣的分析,重视对体育教学策略和学校体育教学过程的分析,培养学生对体育学习的积极情感和良好动机,变"要我学"为"我要学",使学生通过体育学习获得对自己有价值、有意义的体育与健康的知识和技能。

(三)体育教学设计的教学理论

1.教学理论概述

教学理论可谓是体育教学的本体理论,它是研究教学行为的本质和一般性的教学规律的学科。教学理论的主要研究内容是通过规律性的认识来确定优化学习的各种教学条件与方法,进而解决教学行为中教的内容、教的方法以及教的行为结束后学生获得教学信息的结果等。

国内外在较长一段时间内都有关于教学理论的研究。例如,我国孔孟的"学而不思则罔,思而不学则怠""循序渐进""举一反三""因材施教""循循善诱"等儒家教学思想以及近现代时期,蔡元培、陶行知等倡导教学要重视发展儿童的个性、发挥儿童主观能动性的教育思想都是比较实用的教学理论。国外的教学理论经历了萌芽、形成、发展等时期。

古今中外教学理论的研究和发展,对现代学校体育教学设计具有重要的指导作用。概括来讲,教学理论的研究对象和范畴主要包括以下几个方面:

(1)教学本质。解释教学过程的影响因素、组成结构及规律。

(2)教学价值、教学目的和教学目标。探讨教学目的、教学目的的制定依据以及教学活动的关系。

(3)教学内容。分析教师、学生与教学内容的关系,科学选择、调整和合理编排教学内容。

(4)教学模式、教学原则和教学组织形式,重点研究教学的手段和方法。

(5)教学评价。主要包括教学评价的标准、要求、手段和反馈。

2.教学理论对体育教学设计的支持

教学理论对体育教学设计的支持主要在于作为教学理论与教学实践之间的一座桥梁,体育教学设计需要设计者通过对教学理论研究的对象和范畴等的认识及其相互之间的关系分析,完成体育教学设计。而教学理论刚好能够合理解释其中遇到的种种问题。在体育教学实践中,教学设计是科学解决体育教学问题、提出解决方法的过程,它以教学理论为基础,结合体育教学设计的各项要素如体育教学指导思想、体育教学目标、体育教学方法、体育教学活动程序、体育教学组织形式、学校体育教学媒体等进行体育教学设计。

二、体育教学设计的特点

教学设计在加入了体育教学的特点和诸多要素外便具有其区别于其他教学设计的特点。教学设计在与体育教学相结合后,形成的特点主要有超前性、差距性和创造性。

（一）超前性

体育教学设计的概念已经表达出来它的超前性特征,即体育教学设计都是要在体育教学开始前完成,有些甚至要早早完成设计环节的多项工作,此后便有专门部门对设计成果进行评估,甚至是实验。因此,体育教学设计是一种对教学活动中可能出现的一切问题和情况进行的预测。

在体育教学实践中,"体育教学设计在前,体育教学在后",也就是说,体育教师应该上体育课前先设计出该体育课的教学方案。从本质上讲教学设计只是体育教学活动的一种设想和预测,它是对即将进行的体育教学中可能产生的问题进行分析,并根据体育教育、教学理论和学生的学习要求针对教学活动中可能发生的问题提出解决方法的一种构想,是体育教学在进行体育教学之前对体育教学所做的安排或策划。因此,体育教学设计具有一定的超前性。

（二）差距性

体育教学囊括的要素较多,在教学活动开始后,不管是课时教学还是周教学、月教学、学期教学都会与先前计划的内容有所偏离。事实上,体育教学设计本身就是一种对未来教学实施方案的构想,它依据多种可能的因素预估而成,体育教学的"变数"使得体育教学设计难免会和体育教学实践之间存在一定的差距。

鉴于这种特点,就需要体育教师在教学中根据实际教学情况不断对教学计划进行调整和弥补。主要表现在以下两个方面:一方面,体育教学设计是以体育与健康课程理念为基础,以学生的体育学习需要为基础,对体育教学实践具有指导意义;另一方面,体育教学过程的复杂性和多变性使得在实际的教学过程中很可能会出现这样或那样的问题,教师在体育教学设计中有可能不能考虑周全,体育教学设计者对体育教学中可能出现的问题的理解、对现有条件的分析、所采取的解决问题的方法等不能全面概括教学实践。

（三）创造性

现代体育教学目标的多元化、体育教材的多功能性、体育教学方法和手段的多样性以及这些要素之间复杂的关系,决定了体育教学过程具有复杂性和不确定性的特点。因此,现代体育教学是动态的、非线性的、复杂的,体育教师在教学活动之前想完全控制和使之按照既定的计划发生、发展是不现实的。尽管体育教学设计要依据现有实际情况进行,但是为了体育教学发展的需要,在进行教学设计的过程中还要有意识地做出一些富有创造性的设计。

教学活动经常变化在过往的教育理念中是一种大忌。而现代体育教学设计则认为,体育教学拥有一定的变化特性并非缺点,这与体育教学的本质相关联,为体育教学设计提供了创造性地设计教学的开放空间。因此,体育教学过程就是发展学生创造能力的过程,体育教学设计过程就是培养教师的创新精神的过程。

在体育教学实践中,体育教师创造性地解决教学过程的问题的能力,对培养和提高学生的创新意识和创新能力具有重要意义。体育教师要具备一定的创新性和创造能力,必须具备一定的文化基础知识和较扎实的专业知识,具备主动适应基础教育的意识与能力,具备创造性的想象力和创造性的思维,才能设计、创造出多元、有效的体育教学方案。

第二节 体育教学设计的现状

一、体育教学设计的现状

从目前来看,尽管我国在极力推进体育教育改革,但是大部分的体育教学仍旧以传统体育教学理论、模式和实践为主,迅速抛弃传统的体育教学方法并不是一个短时间内可以达到的目标。另外,在体育教学设计方面为了达到教学目的,以一线体育教师为例,采取的准备工作可以概括为"两背一写",即背教材、背教法和写教案。而从教学模式上来说,大多数体育教学内容为某项竞技项目,模式较为传统,对于教学的反馈也是以较为传统的"两率",即达标率、优秀率来评价。如此单调、古板的模式,再加上枯燥的量化评定标准,自然会让学生逐渐失去对体育教学的兴趣。这种情况显然与现代越发强调"以人为本"的教学理念相违背。从实际效果上来看也难以塑造学生体育学习的兴趣和能力,无法达到全面教育的目的,更不要提培养学生的终身体育意识了。

在研究体育教学设计的现状过程中,还发现了诸多影响教学设计工作的问题。随着体育教学改革的不断深入,这些问题给体育教学设计带来的矛盾越发凸显。因此,为了获得最佳的体育教学设计效果,就必须首先洞悉问题所在,并排除问题或将问题的影响程度降至最低。这些问题具体如下:

(1)体育教学内容分配不平衡。体育教学内容的分配不平衡主要体现在现代学校在体育教学中过于注重对竞技体育项目技能的教学,连同最终的考核也主要以对运动技能量化标准的形式进行。如此就使得一些诸如体育理论知识和运动意识培养方面的教学占据次等地位。例如,传统的田径运动普遍被用来作为体育教学的内容,具体包括短跑、长跑和跳远,在学期末的考核中的指标也就是完成跑步的用时和跳跃的最远距离。尽管在体育教学改革后,一些学校出现了自主选择式教学模式,如乒乓球、羽毛球、足球等项目供学生选择,但课程中仍旧以对相应项目的技战术能力的培养为主。实际上这本无可厚非,可从整体上来看,这对于改变教学内容的分配方面与当初的田径教学没有本质上的差别,改变的只有运动项目,仍旧缺乏系统的理论知识的传授。这会导致我国大学生普遍体育理论知识较匮乏,不能形成规律的锻炼日程,不利于学生的身体素质整体提高。

(2)教学方法与手段单一。随着科学技术的发展,现代体育教学手段的丰富程度与过去已经天壤之别。从理论上来说,现代体育教学方法与手段显然更加丰富一些,然而从实际当中来看,大多数体育教学过程中体育教师仍旧更青睐选择最为便捷和方便的语言法和示范法进行教学。传统的教学方法与手段之所以能够延续至今一定有它优势的地方,我们并不是批评传统教学方法与手段的不利,时代在变化,学生的需求也在逐渐提升,而一贯地使用这种方法会致使学生在教学活动中总会产生出一种被动的感觉,学生的主动性、创造性得不到有效的发挥,其学习热情无法主动释放,无法体会到从体验到运动的快乐和成就感。

(3)教学安排局限性较强。进入到21世纪后,信息社会的高速发展使得全球信息快速传递,这使得许多国际上较为流行的如瑜伽、拓展运动等体育运动传入我国,学生作为对新鲜事物较为青睐的群体无疑对新型体育运动表现出更多兴趣。但是就目前我国高校体育教学的安排来看,仍旧过多依赖课堂授课,场地也基本局限于篮球场、足球场等场所,这显然无法满足大学生对运动范围扩大的要求,更不要提新颖的体育运动项目了。在课堂教学中,教师的主导地位仍是大多数体育教学的共识,尽管学生这一教学主体的自主性越发加强,但与预期还相差甚远。教学安排的局限性导致体育教学课程的单一、授课方式的呆板,更使得教师安于现状、不求思索,在体育课程备课和实施教学中固守教材和大纲,缺乏创新。

二、体育教学设计的发展

(一)体育教学设计的发展要点

1.体育教学设计遵循"以人为本"的原则

"以人为本"作为体育教学的原则之一不仅对体育教学活动起到作用,还对与体育教学相关的一切事物有指导作用,体育教学设计也是其中一项。遵循以人为本原则开展的体育教学设计工作必定会在设计中关注人文精神在体育教学中的存在意义,使得体育教学不仅仅是一个领域的知识或技能的培养这么简单,而是要成为培养人的良好生活习惯和健全的人格的教育行为。

过于注重传授体育知识或技能的教学设计不免太过简单粗暴,是一种"重教轻育"的行为。我国体育教学长期延续这种理念,不过在新时代下,特别是在对素质教育重新定义后,体育育人的关键在于"育",而学习运动技术或知识只是育人的一个载体。因此,体育教育工作者应坚持"以学生为本"进行教学设计,在课堂教学中多引入丰富多彩的群众体育形式,不断丰富大学体育课程的教学资源,致力于构建以"运动计划能力"和"身体素质"为核心的体育课程评价指标体系,不断促进大学体育教学的发展。

2.在体育教学设计中加入现代教育技术

时至今日,社会已经迈入了现代化信息时代,支撑信息传输的媒介就是电子计算机和互联网,凭此契机,多媒体技术的发展也日新月异。这些技术手段的不断翻新为体育课程的教学设计提供了强有力的技术支持,有形中为体育教学工作注入了新的活力。

现代教育技术在体育教学设计中的应用主要体现在辅助和支持作用上,以此为学生自主学习体育课程,进行个性化发展搭建网络信息平台。多媒体教室的建立以及将便携的多媒体终端带到各种教学场所,更展现了现代教育技术在实践中较强的适应能力。另外,体育教师紧随潮流,激励自身学习,掌握多媒体设备和软件制作等能力,制作出生动有趣的、个性化的课件对学生进行理论知识的讲授,结合模拟运动教学,丰富体育课程的教学方法。

3.体育教学设计要注重对学生"终身教育"意识的培养

"终身教育"是现代体育教学的目标之一,这一目标也符合素质教育的要求。

因此,在体育教学设计中要将"终身体育"的培养理念融入进来,最终以通过向学生传授体育知识、运功技巧、技能以及方法等教学行为使学生清楚地知道一个健康的身体对人的一生幸福生活的重要意义。为此,要力求建立有利于形成终身体育的项目自主选择机制和教学模式,注重引导和培养学生"终身教育"意识,并通过多种形式巩固教学成果。

(二)体育教学设计的发展趋势

体育教学设计处在不断的发展之中,国内外教育领域均对此有较多关注。纵观现代体育教学设计的现状与发展方向,可以预见未来体育教学设计的发展趋势,具体如下:

1.教学设计越发注重跨学科研究与跨领域应用

现代的学科研究几乎不存在单一领域单一研究的情况了,更多的则是相关多领域的共同合作研究。这种跨学科共同研究的趋势也在体育教学设计的研究中出现。目前,对于体育教学设计研究的关注点在于当代的学习理论本体论和认识论基础完全不同于传统教学设计的客观主义基础。由此就使得在对"以人为本"的教学理念的研究中更加关注问题始发、项目始发以及探究式的学习环境,还有认知学习方式、建构主义学习环境、基于目标的情境等。除跨学科研究外,体育教学设计的应用范围也更加广阔。首先应该明确的是教学设计是一种有效设计和制造学习环境的方法,其产生的目的在于加强学生参与教学活动时学习环境的形成。所以,体育教学设计的过程使用到了诸多(如测量和管理等)技术和知识。这种持续发展是教学设计领域内外一系列推动和发展的结果。

2.教学设计越发注重技术与教育理念的结合

技术与理念之间是相辅相成的关系,两者互相促进。对体育教学设计来说也是如此,如若没有先进的技术,教育理论很难被推动前行,而教育理论若发展到一定高度,势必又会带动相应的技术发展。

至此可以看出,教学设计的变化来自技术对教学内容和方法的影响。在此情况下,教学设计如果没有达到特定程度,技术就不会在本质上自动改进教育。一些最有魅力的技术应用,拓展了可以呈现的问题本质和可以被评估的知识和认知进程。技术提供的新能力包括了直接跟踪和支撑问题解决技能、建模和模拟复杂推理任务等。除此之外,技术还可以对概念组织和学生知识结构的其他方面进行数据收集,使得他们参与讨论和小组项目的表征成为可能。这些都是教学设计开始逐渐注重技术与教学理念结合的发展趋势的表现。

3.教学设计越发注重对学习环境的构建

学习环境是开展教学活动的另类载体。学习环境包括有形场地、体育器材等,无形体育教学环境包括体育教学软实力、教学氛围以及校园体育文化等。现代教育学认为学习已经不再像过往那样单纯只是对知识的传输或接受的过程,而是已经将学习的行为认定为需要有强大的意志性、意图性、自主性的建构实践。知识和技能的获得需要在个体运用知识和技能的"情境"中得到,因此,为了获得所需知识或技能,就需要为这一目标创建与之相适应的环境。

4.教学设计越发注重评估理念和方法

教学理念是指导教学行为的基础,而教学方法是实现教学目标的途径。因此,这两个因素必定是未来教学设计要关注的重点,进而对于教学设计的评估也要关注好对这些内容的评估。

具体来说,教学设计将会把个体差异的分析、社会文化差异的分析、对学生学习需求的分析、信息和方法的结构分析作为评估的重要内容,而将信息技术选为评估工具。评估需要超越对局部技能和离散的知识点的关注,而要把推动学生进步的更复杂的方面包含进来,具体方面主要为对元素认知的评估、对实践和反馈的评估、对"情境"与迁移的评估、对社会文化大环境的评估等。

第三节 体育教学设计的改革与发展

一、以学习主体为依据的体育教学设计改革

(一)起点能力分析

学生的学习起点能力与体育学习内容息息相关,因此体育教学设计的改革也要关注学生学习起点能力的问题,否则将很容易导致所设计的体育教学内容脱离学生学习的实际。

如果设计的起点过高,依靠学生自身的努力便很难达到,如此一来会重挫学生参与体育教学的积极性,但如果这个起点定得太低,让学生有一种很容易就能达标的心理,其结果也是适得其反的。因此准确地确定学生的起点能力,对于教学设计来说是很重要的。

1.学生知识起点能力的分析

分析学生知识起点能力,主要是判断学生原来具有的知识结构的状态。认知结构指"学生现有知识的数量、清晰度和组织方式,它是由学生眼下能回想出的事实、概念、命题、理论等构成的"。学生的认知结构是影响体育课堂教学中意义接受的最重要的因素,学生把自己的认知结构与教学内容联系起来,就会产生巨大的作用。也就是说,要促进新知识的学习,就要了解学生认知结构与新知识的有关联系。因而,了解学生的原有认知结构,分析学生知识起点能力非常重要。美国学者约瑟夫·D·诺瓦克提供一种绘制"概念图"的判断学生认知结构的方法。"概念图"是一种知识结构的表现方式,这种方式包括各种概念和这些概念所形成的各种关系。每个学生自身的实际情况不同,绘制的概念图也不相同,而体育教学就是不断完善这个概念图的过程。描述概念图的步骤主要由以下几项构成:第一步,让学生确定已经掌握的内容中所有有关的概念,依据自己的体育知识内容列出概念一览表。第二步,将列出的概念符号排序,从最广泛、最一般的概念开始排列,直到最具体、最狭窄的概念为止。第三步,按金字塔结构排列所列的概念,顶端是一般的概念,具体的概念放在较低层次上。第四步,分析确定各概念之间的关系。要在每一对概念间画一条线,并选定符号来表示两概念的关系。第五步,在图中找出不同部分概念之间的关系,图上标出交叉的连接线。第六步,学习一段时间重新考虑和绘制概念图。

2.学生技能起点能力的分析

学生技能起点能力分析判断常用"技能先决条件"的分析方法,由加涅和布里格斯等人提出。"技能先决条件"法从终点能力着手,逐步分析终点能力所需要的从属知识和技能,分析到能够判断从属技能确实被掌握为止。体育教学设计可通过学生能否完成这些最简单的技能来判断学生技能起点能力水平。另外,也可以通过测试了解学生的掌握程度,据此确定学生技能起点水平。

3.学生态度起点的分析

态度是指特定情况下以特定方式反应的内部准备状态,受到情感、认知和行为倾向各成分之间关系的影响,往往表现为喜爱与厌恶、趋向与回避、接受与排斥等,是"难得的、影响个人对特定对象做出行为选择的有组织的内部准备状态或反应的倾向性"。态度包括情感成分、认知成分、行为倾向成分三方面。情感成分则与伴随于概念或命题的情绪或情感有关,被认为是态度的核心部分;认知成分与表达情境和态度对象之间关系的概念或命题有关;行为倾向成分与行为的预先安排或准备有关。

(二)一般特点分析

学生的起点能力对体育教学将产生直接的影响,而一般特点则将产生间接的影响。学生的一般特点可以通过认知发展阶段学说来分析。皮亚杰把儿童的心理发展分四个阶段。

1.感觉运动阶段

感觉运动阶段属于第一阶段,一般来说,这个阶段是0～2岁婴幼儿感觉和运动协调发展的阶段。

2.前运算阶段

前运算阶段属于第二阶段,在这一发展阶段中,2～7岁儿童,其头脑中有事物表象,且能够用一定的词代表头脑中的表象。这一阶段的学生能够进行初级的想象,可以理解运用初级概念及其相互之间的关系。这一阶段的学生能设想过去和未来的事物,能进行直觉思维和半逻辑思维。

3.具体运算阶段

具体运算阶段属于第三阶段,这一发展阶段中主要是7~12岁的儿童,其思维会发生质的变化。与前运算阶段单凭知觉表象考虑问题不同,具体运算阶段能进行逻辑推理或逻辑转换。处在这时期的儿童只是通过具体的材料或客体来进行推理或转换,需要实际经验和具体的形象为基础,并不是抽象的命题。

4.形式运算阶段

形式运算阶段属于第四阶段,处于这一阶段的主要是12~15岁年龄段的学生。他们日趋成熟,认知发展从具体向抽象过渡,逐渐摆脱具体实验支持,能够理解并使用相互关联的抽象概念。

体育教学设计中,儿童认知发展阶段具有重要意义。儿童认知最主要的变化为从具体认知向抽象认知的过渡,这就决定着各个年龄学生体育学习内容的选择和体育教学方法的采用。对于处在各个认知发展阶段的学生进行体育教学设计,必须将具体的事物作为认识抽象事物的基础,按照这样的思想来进行体育教学设计,引导学生的思维逐渐向抽象的逻辑思维过渡。

(三)学习风格分析

学生的学习需要通过自己接收、处理信息,并做出反馈。如果接收信息和处理信息速度不同,反馈方式也就不相同。比如同一个知识内容,有的学生只要五分就能掌握,而有的学生却需要十分。学生学习,在本质上是有差异的,有的学生动手能力强,有的学生善于思考,那么在教学的时候,就应该进行个别化的体育教学,给每个学生设计适合其特点的学习规划,这正是现代教育所追求的也是体育教学所追求的。导致学生学习存在差异的原因有很多,学习风格占有极为重要的比重。学习风格"是个人喜好掌握的信息和加工信息的方式",是"心智加工个性化的一般行为倾向,它是智力的个性特征"。总而言之,学习风格是个体灵活的喜好、习惯或个性特征。也就是说,体育教学设计要符合学生的特点,就需要对学生进行学习特征测验,学习风格则是学生所具有的特征的重要组成部分。为了体育教学设计能适应学生各自的特点,需要了解学生的学习风格。

二、以学习需要为依据的体育教学设计改革

学生的学习需要也是体育教学设计改革需要关注的问题。在开展体育教学设计改革之前,相关人员务必深入到体育教学实践当中,并且与一线体育教师有深刻的交流,以便真切地了解教学中存在的问题。如果这个了解过程简单、粗略,那么即便教学设计改革多么卓有成效,其最终结果也必定是脱离教学实际需要的。

就目前在体育教学工作中人们的固定思维主要是过于注重在方法、形式以及宣传上下功夫,至于体育教学目标是否符合客观的实际需要,很少被考虑到,很少听取学生的意见。在现在和未来的体育教学设计改革中,这仍旧是需要着重解决的问题之一。由此可见,对体育教学设计的学习需要分析是非常有必要的。

(一)学习需要的概念

学习需要,是指学生在学习领域中的现在水平与预期水平之间的差距。这一点又刚好

为教学提供了目标,即可以认为学生的学习需要就是教学的目标,当然教学目标的内容不仅仅如此,它还包含更多的内容与预期。另外,从需求的角度上来说,既作为学习需要,那么就表现出学生的"学"的情绪更高,而教师的"教"只是为学生的"学"提供某种信息传输上的支持。

对于学生学习需要进行分析,主要是指在充分的调查研究基础之上,发现在教学过程中存在的问题并分析其性质,论证解决该问题的必要性和可行性的过程,其核心在于了解问题,具体来说主要目的有如下四个方面:

(1)在体育教学的学习中发现学生可能会出现的问题以及已经存在的问题。

(2)细致分析原因,力求在体育教学设计时就预先确定几种解决问题的方案。

(3)分析优势与不足,论证解决问题的可能性。

(4)分析关键问题的重要性,力争在有条不紊的节奏中有秩序性地优先解决体育教学设计课题。

(二)学习需要的类型分析

1.标准的需要

标准的需要,是指个体或集体在某方面的现状与既定标准比较而显示出来的差距。国家各种类型的标准测试便是既定标准。标准的需要可以通过下面三步来确定:

(1)获取标准。如《体育与健康课程标准》《体育教学大纲》《国家体育锻炼标准》《中考标准及分数线》等。

(2)收集对象与标准相比较的资料和数据。

(3)比较后确定标准需要。

2.比较的需要

比较的需要,是指同类个体或集体通过相互比较而显示出来的差距。比较的需要可以通过下面四步来确定:

(1)确定比较的事物是什么,如是比较体育考核成绩还是学生对运动技能的掌握程度等。

(2)收集比较对象和参照对象的相关资料和数据。

(3)比较确定两者之间的差距,并做详细记录。

(4)为了确定是否满足这种需要,还需要分析判断这种需要的重要程度。

3.感到的需要

感到的需要,是指个体认为的需要。它是个体必须改进自己的行为或某个对象行为的需要和渴望,其显示的是行为或技能水平与渴望达到的行为或技能水平之间的差距。体育教学设计要明确并改进与行为有关的需要和由于某种渴望而激发的需要之间的区别。

4.表达的需要

表达的需要,是指个体把感受到的需要表达出来的一种愿望。这一需要,人们往往愿意尽力满足。确定表达的需要,要收集资料和数据。可采用的方法有问卷调查、面谈、填写登记表、座谈等。另外,是否满足表达的需要,体育教学设计还要做出价值判断。

5.预期的需要

预期的需要,是指以考虑学习后将要达到的学习效果为主的愿望。与之相比,过往长期的体育教学设计通常更多考虑现实的需要。因此,在体育教学设计改革中要特别注重对预期需要的设计,它是体育教学设计的重要组成部分。

6.危机事件的需要

危机事件的需要在现代大部分教学设计中都较少出现,或者并没有将这部分内容当作主要教学项目,经常只是一语带过式地点到为止。然而,在体育教学中设计一些处理危机事件的教学内容也是非常恰当的,如如何在火灾、地震等多种自然灾害中脱身或增加生存的概率等。

(三)学习需要分析应注意的问题

在学习需要分析中需要对多方面问题予以关注,如果忽视了如下问题,则可能导致对学习需要分析的不全面。下面对此做一些简单的探讨。

1.起点的分析正确与否

体育教学是在学生一定起点的基础上进行的,所以分析、掌握学生的起点非常重要。体育教师在学生学习新知识、技术技能前,一定要分析其知识技能准备情况,并且要在体育教学中组织复习,以旧引新,加强新旧知识技能的联系,将新知识技能纳入学生的原有知识技能的结构中。

2.教师所采用教学策略有效与否

体育教师上课前应该精心策划安排课型、体育教学程序、体育教学形式,确定的体育教学活动、使用的体育教学方法,采用有效的教学策略。教师采用的教学策略有效使用,才能够取得良好的教学效果,完成体育教学目标。

3.体育教师所用教学手段有效与否

学生的个体学习是存在差异的,但是绝大多数不会存在学习能力的高低问题。

在体育教学中,多数学生能达标;而在某些情况下,有相当部分的学生不能达标。出现这样的情况就要考虑教学手段是否有问题,是否需要改变教学手段。

4.体育学习内容难易情况

体育学习内容应该随着年级增高而逐步加大难度,但难确定。体育教学中,体育教学内容的难易情况往往和教师传授的方式有关。体育教师教学应该做到化难为易、化繁为简、化深为浅,这样学生也可以掌握较难的体育学习内容。

5.学生达到体育教学目标与否

体育教师在确定体育教学目标时要根据学生的实际情况、体育教学大纲的规定和体育与健康课程标准的要求三方面来定。因而,要找出学生与教学目标之间的差距。寻找差距可以通过听课、对学生运动技能评估来进行。大多数学生达标,说明体育教学目标符合实际。

6.学生在体育教学的学习上获得成功与否

体育教学要使学生在体育教学的学习中获得成功,这是重要的教学任务。学生在学习上获得成功,心理上就会产生愉悦感,从而使得学习兴趣得到提高,增强学习动力,增加学习的信心。这样学生学习就有内在动力,也就是能动性,这对终身体育会产生巨大的作用。因此,体育教师分析学习需要时,要看重学生在教学中是否获得成功。

三、从新课程改革视域对体育教学的设计的创新化改革

通过对当前体育教学现状的分析,可以发现存在的诸多问题,只有对存在的问题进行改善和解决,才能更好地落实新课程改革对体育提出的要求,才能提高中学生的全面素质,因此,中学体育教学的创新已经势在必行。下面从新课程改革视域对体育教学的创新设计进

行分析。

(一)确定学生的主体地位,提高学生的体育技能

创新是一个民族的希望,也是一个国家的希望。创新为社会带来了生机,注入了活力,也为国家拥有国际竞争力创造了条件。体育教学的创新是体育实现可持续发展,富有生命力的保障,也是体育教育的重要内容,通过体育教学的创新设计,开阔了学生学习和活动的空间,为学生提供了思维活跃、发展的机会。根据新课程改革的视域所创新的体育教学模式,要将学生放在主体地位,充分发挥和挖掘学生的潜力,建立良好的师生互动关系,提高学生对体育课程学习的兴趣,以获得更好的体育学习能力。教师要根据学生身心发展和兴趣爱好设计出可行的教学方案,然后根据自己的兴趣和爱好选择想要学习的内容,以学生自学为主线,教师加以正确的指导,让学生自觉融入体育学习中去。同时教师在教学中要有足够的教学耐心和热情,切实帮助学生提高体育技能。

(二)创设良好的学习环境,营造轻松的学习氛围

学生在良好的学习环境中能够产生学习的欲望,保持心情的愉悦,从而更好地投入到体育学习中去。教师要积极改变过去沉闷的教学氛围,与学生进行积极的互动和交流,同时让学生之间也要建立良好的互动关系。例如在球类教学中,教师可以请专业的运动员来给学生做出正确的示范,或者利用一节课让学生观看相关视频,当学生观看真人示范或者视频后会对所学内容有很大的热情,从而激发学生对所学习球类的学习欲望,也能够更加积极规范地去学习。学生在学习中需要得到教师的鼓励和肯定,教师要做出合适的激励,以保持学生对体育学习的兴趣。体育训练是个辛苦的过程,学生从一无所知到熟能生巧需要付出很大的努力,会伴随各种突发问题,而且在体育训练中学生也比较容易情绪化,就需要教师用自身的能力去营造一个良好的、积极的学习氛围,让学生在轻松的环境中平心静气地投入到体育训练中。教师要给予学生鼓励,用自己的耐心和热情帮助学生调节情绪,不断进行引导和指导,让学生拥有继续学习的信心,拥有面对困难的决心,从而在学习中真正获得体育技能,促进身心的发展。

(三)选取有效的辅导方案和教学内容

新课程改革的目标提出体育教学要将学生放在主体地位,教师进行辅助教学,让学生在自主学习中获得更多的知识和技能。因此在新课程改革的视域下,要调动学生的学习积极性,教学内容能够满足学生生理和心理需要,让学生在体育训练中获得更多的乐趣,从而与"健康第一"的理念相符合。在体育课堂上可以引用一些小游戏,既满足课前准备活动的要求,又能够调动学生的学习兴趣和积极性。让学生在有限的教学空间中不断去探索、去创新、去想象,让课堂与学生的生活更加贴近。新课程改革视域下创新的体育教学,内容要多样化和多元化,每节课可以安排3~5个学习项目,但是每个项目的时间要把握好,不适宜过长,而且教学要紧凑,即便是同一种教学内容,也可以从不同的角度去思考,以创新出更多的教学方式。

1.对教材的处理要灵活

教学的开展主要依据的是体育教材,也是教师进行教学的依据,但是新课程改革的要求指出,教师所开展的教育活动不要全部按照教材进行,可以进行合理的主观发挥,与实际情况相结合,对教材内容进行灵活处理,选择教材中具有价值的内容进行教学,不合理的内容可以改进或摒弃,也可以扩大教学空间和内容,为学生带来更多更丰富的内容。教师对教学空间的扩大和教学内容的丰富,可以通过多种途径去收集教学内容,让教材为教学服务,围

绕教学的改变而改变,而不是以往教学活动完全依据教材而开展。在教学中引入具有创新意义的内容,能够开阔学生的眼界和心胸,使教学不再局限于教材,而具有开放性和兼容性,让学生有更多的兴趣去探索新知识和新内容,以积极的心态和饱满的热情投入到新课程的学习中去。除此以外,教师在每节课还要留出学生进行自主交流和讨论的时间和空间,让学生在积极的氛围中交流自己的学习心得和技巧,所谓"三人行,必有我师焉",学生在交流中充分发挥主观能动性,学习别人的长处和优点,不断进行自我的修正和完善,促进自我的全面发展。

2.合理安排教学课程,选择合适的教学方法

体育课程具有灵活的特点且又有约束性,在教学创新的过程中,会遇到各种阻碍,体育教师要灵活安排教学课程和内容,并选择合适的教学方法,满足学生的体育教学需求。教师首先要明确新课程改革下体育教学和体育课程的联系,以促进体育教学的不断创新。教师在教学过程中要避免体育课程和体育教学概念、层级的混淆。因此,教师的教学要以新课程改革的要求为目标,根据学生的身心发展情况和学校的实际教学环境创新出合理的教学方式,建立分级促进的教学目标,由易到难,循序渐进,与学生对事物的认知方式相符合,以实现新课程改革做出的要求。同时教师要不断提高自身的体育素养,只有自身具有较高的体育素养,才能满足对学生的教学要求。

(四)融入民族体育元素,推动中学体育教育发展

新课程改革视域下的中学体育教学理念是"健康第一",是一种以人为本、促进人的发展的教学理念,与我国传统体育项目主题是相通的,例如闻名天下的少林功夫,少林功夫的理念就在于强身健体,和新课程改革"健康第一"的理念是相同的。将我国民族体育元素融入现代中学体育教学中也是对新课程改革视域下体育教学的一种创新。我国传统民族体育中有很多值得学习和借鉴的地方,就拿少林功夫来说,它能够成为我国的象征,名满世界必定有其存在的价值,而且少林功夫也并非对传统的分毫不差的继承,而是在保留核心元素的基础上不断进行创新、与时俱进。因此在现代中学体育教学中融入传统民族体育是可行的。在现代中学体育教学中融入民族体育要选择合适的内容,根据中学生的身体素质和实际情况进行综合考虑,避免引入一些难度较大、不适合中学课程的内容。在中学体育课程中还可以引入太极拳这种民族传统体育,太极拳主张强身健体,以柔克刚,具有修身养性的功能。中学生正处于血气方刚的年纪,学习太极拳能够修身养性,让中学生在学习的过程中沉淀,领悟太极拳的核心价值观,强身健体。在中学体育教学中融入民族传统体育元素能够培养学生的民族认同感和民族自信心,增加民族自豪感和爱国情感,领略我国体育文化的博大精深,提高体育文化素养和内涵,从而提高自身的综合素质。在新课程改革的视域下,体育课程的教师要大胆创新,使用多种教学方法,选择合适的教学内容,与新课程改革的要求相符合,与现代学生的发展特点相符合,与时代发展需求相符合。教师要有创新的精神和理念,扩展体育教材获得渠道,将各种合理的能够促进中学生全面发展的教学内容融会贯通,以设计创新出新的、具有特色的教学方式和内容,以促进中学生的全面发展和中学体育教学的可持续发展。

第六章 体育课堂教学技能训练

第一节 体育课堂教学技能分类与形成

教学技能是教学技术或方法有目的、熟练完成的教学行为,即教学技术能够完成,并且可观测的教学行为方式。体育教学技能就是为了实现体育教学目标,在体育理论与教学理论的指导下,通过不断练习而逐渐形成的,熟练完成体育教学任务的行为方式。体育教学技能概念内涵强调技能是通过不断练习而形成的,其技能形成的标志就是能够熟练完成教学任务。

一、体育教学技能的分类

为了改进教学技能分类中的不足,顺应体育与健康课程改革对体育教师提出的新要求,完善体育教学技能分类体系,在前期研究成果基础上研究体育教学技能分类非常有必要。

科学合理地体会教学技能分类,有助于体育教师深刻认知教学技能,使科学训练有效并形成教学技能,从而提高教学质量,为教学技能更科学、更适用的分类提供参考。

1.体育教学技能的以往分类

我国对体育教学技能的分类研究较少,学者们的现有研究中大都结合了体育教学独有的特点,对体育教学技能进行了分类。有的学者依据体育课程教学的特殊性将教学技能分为以下几种:组织教学技能、动作演示技能、语言运用技能、活动创编技能、纠正错误技能和测量评价技能。有的根据体育课教学行为方式和教学特点将体育教学技能分为导入技能、讲解技能、动作示范技能、教学组织技能、人体语言技能、诊断纠正错误技能、结束技能和教学设计技能。有的着重介绍了从事体育教学工作所需要的实践技能——体育教学实践技能,从宏观上将体育教学实践技能分为体育教学计划编制技能、体育课堂教学实施技能、说课与模拟上课技能、体育教学反思技能。

2.体育教学技能的重新分类

体育教学技能的重新分类遵守分类原则,在现有分类基础上,取长补短,借鉴国外教学分类注重师生互动、可观察性和可测性等特点,突出一般学科教学和体育学科特点,保证分类的科学性,避免交叉,增强实践指导作用。依据体育课教学活动即教师指导、学生练习、教学组织、观察休息、保护与帮助 5 大部分将体育教学技能进行重新分类,分别为:教学内容编制技能、学习指导技能、活动组织技能、帮助保护技能和负荷调整技能。体育教学这 5 种教学活动之间分别独立,所以据此分类的体育教学技能也不存在交叉混乱的情况。根据体育课教学活动将体育课堂教学技能分类,提高了教学技能分类对体育教学活动的指导意义,凸显了体育教学技能分类的实践价值。将教师指导和学生练习分开描述,充分体现了新课改中以"教师为主导""学生为主体"原则,避免了分类中的交叉,以教师指导确定了学习指导技能,以学生练习确定了教学内容编制技能。体育课强调互动性和安全性,保护与帮助技能非常重要,不可或缺。体育教学的特点就是使学生身体承受一定的运动负荷,这既是增强技能提高技能的必要因素,也是能给学生带来伤害的潜在因素,运动负荷调控技能熟练运用,将有效提高教学效果,也能有效预防运动负荷导致的过大伤害。

根据体育教学 5 项活动将教学技能分成 5 个教学技能类,各类还包括许多子类。内容编制技能包括内容选择、内容改编、内容安排等技能,活动组织技能包括课堂常规贯彻、活动分组实施、队列队形调动、场地器材使用等技能,学习指导技能包括内容讲解、问题导引、活动提示、身体示范、媒介展示和效果评价等技能,保护与帮助技能包括安全措施落实、技巧摆脱危险、助力完成动作、外部(信号、标志物、限制物等)手段运用等技能,负荷调控技能包括心率水平预计、练习疲劳判定、练习密度调整、练习强度调控等技能。[①]

二、体育教学技能的形成

(一)体育教学技能形成的感知过程

1.感知的特点与作用

感觉是人脑对直接作用于感官客观刺激物的个别属性的反映,知觉是人脑对直接作用于感官客观刺激物的整体反映,二者统称为感知。知觉的产生必须以各种形式的感觉存在为前提,通常二者是融为一体的,合称为感知觉。个体的一切心理和行为都源于感知活动。

感觉具有随环境和条件变化而变化的特点,在感觉的基础上,知觉表现出了整体性、选择性、理解性、恒常性的特征。整体性是主体在过去经验的基础上把由多种属性构成的客观刺激物知觉作为一个统一整体的特性。在这个过程中,主体利用过去经验、知识解释知觉对象的特性即为理解性。知觉是在一定的客观条件下进行的,主体会根据当前的需要选择刺激物的一部分作为知觉对象,这反映了知觉的选择性。而当客观条件在一定范围内改变时,主体的知觉映像在一定程度上仍保持着稳定,这就叫作知觉的恒常性。

感觉和知觉作为两种不同层次的心理过程,属于感性认识阶段,个体的一切心理和行为都源于感知活动。感知技能是知识和技能学习的起点,任何技能学习均缘起于主体的感知活动。主体使用多种感官去感知同一个知觉对象,将不同感官获得的信息传递到大脑,从而获得对事物的全面认识,这对于技能的学习起着至关重要的作用。如果将知识或技能的学习比作一扇门,那么感知技能就是打开这扇门的第一把钥匙。

2.体育教学技能形成的感知阶段

(1)选择适应阶段。选择适应阶段是体育教学技能形成的开始阶段,练习者在这个阶段首先会对体育教学技能产生笼统的、不精确的综合印象。在教师讲解下或者通过一些体育教学技能训练的形式或途径,如体育教学观摩等,练习者会将各部分技能知觉整合成一个整体,即体育教学技能。经过此阶段,练习者对体育教学技能建立整体的感知映像,要深化这种认识还需要进一步的理解和加工。

(2)理解加工阶段。理解加工阶段是指根据知觉的形成过程,在个人对知觉对象理解的前提下,迅速对获取的信息进行理解加工的阶段。在这一阶段,教师通过言语的指导和提示唤起学习者过去的经验,补充知觉的内容。学习者根据以往经验、知识,进一步对体育教学技能的各个组成部分,进行比较精确的分析,如教师对于教案设计的讲解,可以加深学习者

---

① 韩相伟. 大学生体育训练教学发展[M]. 北京:北京工业大学出版社,2020.04.

对课的类型、教学目标、教学方法等内容的理解。在此基础上，理解体育教学技能各个组成部分之间的关系和联系，如教学内容编制技能与其他各技能之间的关系，从而构成新的综合，使教师对于体育教学技能的感知更清晰、更精确。

（3）巩固恒常阶段。通过前两个阶段，练习者已对体育教学技能形成了一定的感知映像，但是这种映像是不稳定的。在巩固恒常阶段，学习者将变化的客观刺激物与经验中保持的表象结合起来，巩固前阶段对体育教学技能的感知，建立起对于体育教学技能恒常性观念。

3.体育教学技能感知训练过程

（1）感受性变化。感受性指感觉器官对适宜刺激的感觉能力。主体的各种分析器的感受性会随外界条件和自身机体状态不同而发生相应的变化，具体表现为适应、对比和相互作用。体育教学技能形成的过程是提高知觉分化水平的过程，在这个过程中需要多种感知觉的共同作用，需要充分调动主体的视知觉、触知觉、深度知觉、肌肉知觉、节奏知觉和空间知觉等来促进其体育教学技能的形成，可以通过微格教学等多种技能训练形式，来提高学习者的感受性变化。

（2）整体理解性。整体理解性是指知觉的对象有不同的属性，由不同的部分组成，我们把它作为一个有组织的整体，并用自己过去的经验予以解释和标志。体育教学技能由教学内容编制技能、活动组织技能等多种维度的技能组成，学习者通过感知将这些技能知觉作为一个整体，即体育教学技能。这种整体理解的特性一旦形成，即使一定范围内发生变化，知觉形象并不因此发生相应的变化，这有助于学习者通过纷繁复杂的现象把握体育教学技能的本质和规律。

（二）体育教学技能形成的心智过程

1.心智的特点与作用

心理学上将心智定义为人对已知事物的沉淀和储存，是通过学习而形成的合乎法则的心理活动方式。从心智的定义可以看出，心智决定了主体认识事物的方法和习惯，具有指导主体思考和思维方式的特性。此外，心智过程会影响主体的行为结果并不断强化，体现了心智的修正特征。

主体器官感受到外部刺激后会根据以往经验做出分析，在这个过程中心智就会发挥作用。首先，它是主体获得经验的必要条件，主体接收信息刺激后，经由个人运用或观察得到进一步的回馈，若自己主观认为是好的回馈就会保留下来，从而形成经验。其次，心智对解决问题起着直接的调节与指导作用，主体对于问题的解决必须经过判断问题性质、选择表征的形式、确定步骤、执行等一系列的心智动作才能实现。再者，心智是主体技能形成与发展的基础之一，技能是在获得知识、掌握技术的基础上，通过迁移、概括、系统化而形成的，这个过程中心智过程必不可少。

2.体育教学技能形成的心智阶段

（1）原型定向阶段。心智活动的原型，即心智动作的"原样"，也就是外化了的实践模式或"物质化"了的心智活动方式或操作活动程序。原型定向阶段是使主体掌握操作性知识的阶段。主体通过了解心智活动的"原样"，即体育教学技能的构成要素，建立起初步的自我调节机制，从而知道该怎样做、怎样去完成，为实际操作提供内部的控制调动程序计划，以外显的操作方式付诸实践。

(2)原型操作阶段。学习者在原型操作过程中,依据前一阶段形成的体育教学技能定向映像做出相应的学习或实践行为。与此同时,练习者践行体育教学技能的行为也会在头脑中形成反应,在感性上获得完备的映像,这种完备的映像是技能形成的内化基础。因此,掌握各维度的技能时,应通过模拟上课、说课等多种训练形式或途径增强练习者将技能付诸实践的能力。

(3)原型内化阶段。如果说在原型操作阶段,主体外显的操作方式是一个由内而外、巩固内化的过程,那么在原型内化阶段,主体以外的操作方式付诸的实践会进行一次由外向内的过程,即主体心智活动的实践模式(原型)向头脑内部转换,使技能离开身体的外显形式而转向头脑内部。练习者在此阶段,对体育教学技能进行加工、改造,使其发生变化,认识由感性水平上升到理性水平,逐渐定型化、简缩化。

3.体育教学技能心智训练过程

(1)原型模拟。原型模拟首先需要确定其实践模型,即确定体育教学技能的操作原型或操作活动的顺序。因此,确立模型的过程实际上是把主体头脑中观念的、内潜的、简缩的经验外化为物质的、外显的、展开的心理模型的过程(也称为物质化过程)。为确立技能的操作原型,必须对整个体育教学技能系统进行分析:①对系统进行功能分析,分析系统对环境的作用,其中包括作用的对象、条件及结果;②对系统做结构分析,分析体育教学技能系统的组成要素及组成要素之间的相互关系;③将功能分析与结构分析有机地结合起来。在拟订假设性的操作原型后,还应通过实验来检验这种原型的有效性。在实验中如能取得预期的成效,则证明此假设原型是真实可靠的,这种经实验证实了的原型就可以在教学上应用。反之,如果在实验中假设原型不能取得预期成效,则对此原型必须予以修正或重新拟订。可以通过参与体育教学技能大赛、微课教学等多种活动,加强检验,提高练习者此阶段的能力。

(2)分阶段练习。由于体育教学技能涵盖了教学内容编制、活动组织等多种技能,且每一种技能是按一定的阶段逐步形成的,所以在训练时必须分阶段、分类别进行,才能获得良好的成效。分类别进行是指体育教学技能中的每一维度技能,往往是由多种心智动作构成的,一种技能的某些部分可能在其他技能的学习中已经形成,则这些已经形成的部分就可以在心智水平上直接迁移,而不经历上述三个阶段。分阶段进行是指在某类别技能中,有些内容是主体已掌握的,有些是未曾掌握的,那就必须针对那些未掌握的进行分段练习,注意做好新旧内容间组合关系的指导。

(三)体育教学技能形成的操作过程

1.操作的特点及作用

从教育心理学角度讲,操作是指学习者能迅速、精确、流畅和娴熟地执行操作,很少或不要有意识地注意的一种学习过程。知识与技能必须经过操作才能最终掌握,在这个过程中,操作便现出了以下作用:首先,操作是主体变革现有知识和技能不可缺少的心理活动因素,操作过程是主体对现有经验的总结过程,是在长期学习过程中积累起来的,借助于这个过程主体才能更好地提升经验,革新现有知识。其次,操作是技能形成和发展的重要构成要素。操作过程是使主体顺利完成某种实践任务的行动方式,因此,主体对于某一技能的掌握必须经历操作过程。

2.体育教学技能的操作阶段

(1)定向阶段。操作定向也叫"行动定向",指在了解操作活动结构的基础上,在头脑中建立起操作活动的定向映像过程。体育教学技能的操作定向是指在了解体育教学技能构成及各部分作用的基础上,在头脑中建立起的各维度教学技能结构及教学动作的映像过程。操作必须在主体的、实际的操作活动中才能进行,所以操作的主体必须在操作前了解操作的结构,在头脑中建立起操作活动的映像,然后才能知道在进行实际操作时应该做什么和怎么做,必须事先进行定向。此阶段的作用在于帮助练习者建立初步的自我调节机制,只有练习者在对"做什么"和"怎么做"有明确的了解之后才能进行相应的活动,才能更快更好地掌握有关的活动方式,促进体育教学技能的形成。

(2)模仿阶段。操作的模仿也叫作"行动的模仿",指仿效特定的动作方式或行为方式,是获得间接操作经验不可缺少的一种学习方式。根据现代心理学的研究,模仿可以有多种形式,可以是有意的或无意的,也可以是再造性和创造性的。就体育教学技能而言,模仿的实质是将头脑中形成的定向映像以外显的实际动作表现出来,是在定向的基础上进行的,是技能掌握的开端。通过模仿,练习者把对技能的映像转变为实际行动,将头脑中各种认识与实际操作联系起来。具体表现在以下两个方面:一是通过模仿检验已形成的技能映像,使之更加完善和充实,有助于技能映像在技能形成过程中发挥更加有效、稳定的作用;二是可以加强个体的技能感受,从而更加清晰地了解技能结构,加强技能实施的控制。

(3)联合阶段。操作联合阶段是指把模仿阶段反复练习固定下来的各维度技能相互结合,使之定型化、一体化。练习者在模仿阶段只是初步再现定向阶段所提供的行为方式,但对于复杂的体育教学技能而言,要准确地掌握并在一堂课中较好地运用各部分技能,还应掌握各维度技能的相互衔接,这在模仿阶段是难以实现的。通过联合,各部分技能之间相互协调,技能结构逐步趋于合理稳定,初步概括化得以实现。此外,在联合阶段,个体对技能的有效控制也逐步增强,保证了其联系性和有效性。因此,联合阶段是体育教学技能形成过程中的关键环节,它是从模仿到自动化的一个过渡阶段,也为自动化活动方式的形成打下良好的基础。

(4)自动化阶段。就某一技术动作的掌握而言,操作自动化是指通过练习所形成的动作方式,对各种环境变化的条件具有高度的适应性,从而使动作的执行达到高度的完善化和自动化。其内在机制是在大脑皮质中建立了动力定型,即大脑皮质概括的、巩固的暂时神经联系。就体育教学技能的掌握而言,主要是指在体育教学中教学技能的执行过程不需要意识的高度控制,执行者可以针对不同的教学内容、不同的学生以及不同的教学环境等,灵活、熟练地运用教学技能,完成教学任务。这是体育教学技能形成的高级阶段,是由于操作活动方式的概括化、系统化而实现的。

3.体育教学技能操作训练过程

(1)操作定向。定向是体育教学技能掌握过程中的一个必要环节,它的作用在于初步建立起操作的自我调节机制,进而不断调整学习者已经建立的技能表象。练习任何技能都必须以表象为基础,而熟练的操作技能都包含着非常清晰、准确的动作表象。因此,在训练过程中实施者要利用精准的示范和语言讲解,帮助练习者建立起这种自我调节机制。准确的示范与讲解可以使练习者不断地调整头脑中的表象,形成准确的定向映像,进而在实际操作活动中调节技能的执行。

(2)操作模仿。大量实验都证明,模仿练习是形成各种操作技能不可缺少的关键环节,只有通过应用不同模式的模仿练习,才能使学习者原有的技能映像得以检验、校正、巩固,并为发展成为熟练的技能铺平道路。体育教学技能由多种维度的技能组成,较为复杂,在模仿阶段,要注意整体练习与分解练习相结合,如先加强学习者对活动组织、学习指导等技能练习,再通过模拟上课等方式将各部分技能联合在一起进行练习。此外,模仿练习应与实际练习相结合,并加强反馈。模仿练习是练习者增强自我体会、自我调整的一个过程,在实际练习中做出相应的调整,从而获得提高。在这个过程中要注意信息的反馈,充分而有效的反馈在操作技能学习过程中的作用是非常关键的。

(3)操作整合。操作整合即把构成整体的各要素联结成整体。操作的整合是体育教学操作技能形成的其中一个阶段,为掌握复杂的操作所必需。因为体育教学技能的操作不仅要求确切地把握每一个维度,同时也要掌握各操作技能间的动态联系。在操作整合阶段,条件不变时,练习者对于技能的把握较稳定,但当条件变动,会发生对自己的错误不能意识、感觉的现象,很难对动作进行有意识地调节或控制,难以维持技能的稳定性、精确性。因此,此阶段的训练主要是进行专门的训练,提高练习者技能的清晰性和稳定性。

(4)操作熟练。操作熟练是体育教学技能掌握的高级阶段,是指通过练习形成的活动方式,以增强技能对各种变化着的条件有高度的适应性。教学技能的熟练是在反复练习的基础上实现的,但这种反复练习并不是机械地重复,在练习过程中要不断根据练习效果提高练习的目标与要求。通过参与体育教学技能大赛、示范评比课、集体备课等体育教学技能训练形式或途径,可以有效增强练习者对于体育教学技能的操作熟练程度。例如,能控制课堂秩序是活动组织技能的训练最基本的要求,在达到这一要求后还要力求学习气氛轻松活跃,做到活而不乱。另外,虽然练习的强度和密度都对技能的熟练起到促进作用,但要注意合理地分配练习时间,要根据各维度技能的难易程度以及练习者的掌握情况进行时间分配。

第二节　体育课堂教学技能训练过程与原则

一、体育教学技能训练的过程

体育教学技能训练的过程是指为完成体育教学技能训练的目标所进行的启动、发展、变化和结束,并在时间上连续展开的程序结构。体育教学技能训练的过程由动机激发、目标设计、训练形式途径和方法构成,明晰训练过程有助于练习者理解技能训练的基本原理,认定训练目标,履行训练计划,了解训练形式途径和方法。

(一)体育教学技能训练动机的激发

体育教学技能训练动机是指推动个体参与体育教学技能训练的内部心理动因。体育教学技能训练动机具有始动、选择、强化和维持的作用,对体育教学技能训练的效果产生重要影响。

1.体育教学技能训练动机的重要性

(1)对训练行为具有始动作用。动机是行为的原始动力,对行为起着始动作用。动机理论认为,动机的始动作用是由诱因引起的。诱使体育教学技能训练的外部因素很多,例如新课改对教学实践的要求、教学竞赛展演的竞争、职称评定的压力等,均有可能成为体育教学技能训练动机的初始动能。

(2)影响训练行为的选择。在体育教学技能训练动机的作用下,训练行为指向与体育教学相关的内容编制、学习指导、活动组织、保护帮助、运动负荷调控等技能的学习过程,影响着训练行为的选择,决定着个体从事体育教学技能训练的努力程度。

(3)强化训练意识,促进教学能力的可持续发展。体育教学技能是体育教学从业人员的核心素养之一,通过技能训练,体育教学技能训练的动机得到激发,能力得到提高,强化了技能训练与自我更新的主动意识,促进了体育教学能力的可持续发展。

2.体育教学技能训练激发动机的方法

教育心理学研究表明,激发动机需要从影响动机的两个要素即内部需要和外部诱因入手。因此,体育教学技能训练动机的激发,是根据体育教学技能的学习目标,通过设置特定的教学情境,满足体育教师体育教学技能的需求的过程。具体来讲,要从以下几个方面激发体育教学技能训练的动机:第一,设置合理的具体的体育教学技能学习目标;第二,增强体育教学技能的主观感知,提高教学胜任能力;第三,开展各种形式的教学技能展演竞赛活动,增强教学活动愉悦体验;第四,及时反馈,开展建设性评价,获得满足感和成就感。

(二)体育教学技能训练的形式和途径

体育教学技能训练不仅是技术行为能力提升的过程,更是心智技能和情感体验的历程,通过了解各项体育教学技能的基本要素,分析其运用时常见的错误与问题,从而选择行之有效的训练形式和途径,使体育教学技能的提高事半功倍。体育教学技能训练的形式和途径有很多,在教学实践中较常见的以个人训练自我活动为主的形式主要有:微格教学、教学观摩、教案设计、模拟上课和说课。以集体配合完成的训练途径有:微课教学、体育教学技能大赛、示范课评比、集体备课和跟岗培训。

(三)体育教学技能训练的方法

1.感知训练方法

人体通过感知建立与外在世界的联系,并形成直接经验。人在间接经验知识学习过程中,也常需要借助身体的感知,使知识转化成能够被感知的事物或代码,以帮助理解和吸收。所以感知是认识的基础,它为获得直接的体验以及建立抽象概念提供了实质性的内容。随着感知的经验越来越丰富,感觉越来越敏锐,认知活动也就越广泛和深入。因此,体育教学技能的形成和建立首先从体育教学技能的感知觉开始。体育教学技能的感知觉训练是指通过观察、聆听、体验等方法,获得体育教学技能的主观感知,是体育教学技能形成的基础。

2.心智技能训练方法

现代教育理念对体育教学的要求越来越高,其中心智技能的地位越来越重要,不仅要熟练掌握体育教学的操作技能,还必须从事教学内容编制、负荷调控等以脑力劳动为主的工作,并具备一定的分析问题和解决问题的能力。因此,心智技能训练主要包括分析能力训练和解决能力训练。

(1)评课法。评课法能提高分析问题的能力,它既可以通过课后自评的形式,对体育教学内容编制是否合理、活动组织是否有效、保护与帮助的方法是否正确、负荷调控是否科学等进行反思,也可以听取专家和同行的意见,或对公开课或网络视频课进行分析和评价,通过多种路径提高教师分析问题的能力。

(2)设疑法。设疑法是指设置特定的教学情境和问题,让练习者拟订解决问题的方案。例如,对于体重较大和身体素质较差的学生如何设置运动负荷,不同水平的学生如何进行活动组织更加有效等。

(3)纠错法。纠错法是指找出体育教学过程中不合理的地方,并提出解决问题的方案。例如,队列队形的设计与调动是否过于烦琐,负荷安排过大或过小如何进行调整等。

3.操作技能训练方法

操作技能训练是体育教学技能训练中最重要的一个环节,根据操作技能形成的过程和规律,操作技能训练的方法包括表象训练、模拟训练和实战训练三种。

(1)表象训练。表象训练是指将与特定教学任务有关的体育教学知识或技能,在头脑中重现的训练方法。通过表象训练,能够有效建立与教学任务有关的认知结构,从而确立教学活动初步的调节机制,表象训练的基础是通过对体育教学活动的观察、体验及反思来完成的,是体育教学技能形成定向阶段最有效的训练方法。

(2)模拟训练。在表象训练的基础上,本着从实战出发的训练原则,设置具体教学情境,分别对体育教学内容编制、活动组织、学习指导、保护帮助及负荷调控进行针对性的模拟练习,增强练习者的实践能力。

(3)实战训练。整合训练是指将各项体育教学技能综合起来应用到教学实践中的训练方法。设计完整的体育课或教学单元,将不同的体育教学技能应用到实践教学中,形成前后连贯、相互协调、合乎教学法则、优质高效的教学技艺。

二、体育教学技能训练的基本原则

体育教学技能训练的基本原则是广大体育教师在长期教学实践中积累的经验概括和总结,对体育教学技能训练具有普遍的指导意义。

(一)理论研究与教学实践相结合原则

理论研究与教学实践相结合原则是指在体育教学技能训练理论的指导下,紧密结合体育教学实践,有效地进行体育教学技能训练。

体育教学过程是复杂的,课堂的教学行为也千变万化。体育教学技能训练必须要理论先行,了解并掌握体育教学技能形成的规律。形成正确的认知,在科学的理论指导前提下,才能顺利地开展。否则,技能训练的效率将难以保证,甚至走弯路。理论研究要与教学实践相结合,在教学实践中,通过教学设计、课堂教学等具体教学环节发现教学中教学技能存在的问题。因此,二者结合才能有针对性地改进强化,从而提高训练效果。

(二)单项技能训练与综合训练相结合原则

单项技能训练与综合训练相结合原则是指注重提高单项体育教学技能的同时,还要将单项技能不断融入综合训练之中,使各单项技能有机整合,实现整体优化。

一般来讲,单项技能训练是指针对一项或以一项为主的体育教学技能的训练。综合训练是指同时涉及多项体育教学技能的训练。在综合训练中,训练环境、程序、内容、目标和手段等相对于单项技能训练会更复杂,更接近体育教学的实际,难度更大,更具挑战性。单项技能训练与综合训练相结合有利于提高体育教学技能水平。

(三)个人训练与团队训练相结合原则

个人训练与团队训练相结合原则是指根据体育教学技能训练的实际需要,合理采用个人训练或团队训练的形式,整合个人训练的自主灵活及团队训练的责任、竞争意识强等特点,有效提高体育教学技能训练水平。

个人训练主要以个人自主学习、自主训练为主,强调自为、自律、独立训练。团队训练是指以团队的形式进行体育教学技能训练,强调团队整体的训练及团队整体的进步。个人训练与团队训练相结合,有利于促进个人及团队整体体育教学技能水平的提高。

(四)传统手段与现代手段相结合原则

传统手段与现代手段相结合原则是指根据体育教学技能训练的实际需要,合理采用训练手段,既要积极利用体育教学技能的现代训练手段,也要恰当采用传统训练手段,传统手段与现代手段互相补充,有效提高体育教学技能水平。

传统体育教学技能训练手段主要是指师徒传授、教学观摩等,现代体育教学技能训练手段是指微格教学、多媒体技能培训系统等。传统手段与现代手段都有各自的优势和不足,传统手段与现代手段相结合,能够实现优势互补,会极大增强体育教学技能训练实效。

以上对体育教学技能训练的四个原则进行了分析。实际上,四个原则是相互联系、相互影响的,在运用过程中,既不能夸大某一原则,也不应低估其他原则,只有综合考虑并结合实际,灵活而有创造性地运用,才能发挥原则的指导作用。

第三节　体育课堂教学技能训练模式

体育教学技能训练的模式是依据认知科学理论建构的,将技能的形成提升到认识论和方法论的高度,以行为主义、认知主义、建构主义、人本主义学习理论为基础,对体育教学技能训练模式的含义、结构和要求进行了深入解析。体育教学技能训练模式起着承上启下的作用,既要将技能训练的基本原理贯彻到具体模式中,又要为训练实践活动提供理论指导、操作程序和策略分析。没有一种模式是普遍有效的、最优的,熟练掌握体育教学技能,需要应用不同的训练模式,也就是要根据自身具备的能力条件和技能本身的实际特点,选择运用不同的或多种体育教学技能训练模式,考虑训练策略,设计实施方案,掌握相应的体育教学技能。

一、程序训练模式

体育教学技能的程序训练模式以行为主义学习理论为基础,主要目的是促进体育教学技能形成的快速高效、准确规范。

(一)程序训练模式含义与特征

1.程序训练模式含义

程序训练模式是指以按照程序排列的体育教学技能内容作为外部刺激因子,运用相应方法不断练习,进而掌握并达到技能自动化水平的训练过程范式。行为主义学习理论把人类学习归结为与外部环境相互作用的反应系统,即"刺激—反应"(秒—R联结)系统,通过控制外部刺激就能控制和预测行为,进而控制和预测学习效果。程序训练模式中体育教学技能与练习者技能习得之间,是直接的、纯粹的直线型关系,反复、明确的体育教学技能刺激,有助于学习者的技能习得,益于自动化操作规范的学习与形成。

2.程序训练模式特征

根据体育教学技能的程序训练模式概念分析,程序训练模式具有以下特征:

(1)程序性。把体育教学技能分解成许多小的项目,按照一定的顺序排列起来,对每一项目都必须熟练掌握、操作和运用,经过审核通过,再进入下一步的学习。

(2)对应性。反复、明确的体育教学技能刺激,有助于技能习得,有益于自动化操作规范的学习与形成。体育教学技能与技能习得之间,是直接的、纯粹的、一一对应的直线型关系。

(3)渐进性。程序训练模式的训练计划编排体现了学习活动循序渐进的特点,每一个练习项目都是下一个的前提和基础,只有对前一个小项目完全理解和掌握了,才能进行下一个小项目的练习。

(4)稳定性。程序训练模式中的操作步骤与节奏安排等都是固定的,必须严格执行,不可随意变更。

(二)程序训练模式结构

1.结构要素

在早期的学习研究者看来,人类的行为都是通过条件反射建立新的刺激反应联结而形成的,学习的实质是条件反射形成和巩固的过程。因此,程序训练模式的结构要素包括训练目标、措施手段、训练步骤和评价标准。

2.过程

(1)设定训练目标。明确且合理的训练目标对于程序训练模式来说是极为重要的,体育教学技能操作自动化是显著的训练目标。体育教学技能必须纯熟、流畅,才能在体育教学过程中运用自如,提升教学效率和效果。

(2)确定训练的措施手段。程序训练模式多适用于体育教学技能训练的初级阶段,以及单项的、基础的技能训练,例如,口令提示、队列队形变换、讲解示范、保护帮助动作等,可以采用分解、重复、循环等练习手段进行训练;对于综合技能也可以采用观摩、评价、模拟、比赛和理论讲解指导等方式,通过教学观摩、跟岗培训、微格训练、体育教学技能大赛等途径,反复训练直至技能达到自动化。

(3)制定训练步骤。训练步骤包括训练内容、时间序列和连接形式。将体育教学技能分解成若干的小项目,并按照一定顺序呈现,通过既定次序,完成一整套的训练任务。由初始到技能形成之间可划分为多个小项目(以4个为例),训练顺序可以是直线式(基础项目—递进项目1—递进项目2—高级项目),可以是分支式(基础项目—递进项目1—小项目1.1—小项目1.2—递进项目2—小项目2.1—小项目2.2—小项目2.3—高级项目),也可以是跳跃式(基础项目—递进项目2—高级项目)。例如,通过"跟岗培训一周"提高体育教学技能,步骤可以是直线式的,"看课—评课—撰写培训日志—模拟上课—示范课—专家评比",其中模拟上课是难点,可通过"模拟课前准备、模拟学习指导、模拟教学组织"等分支式小项目形式达成。

(三)程序训练模式要求

1.合理编排,循序渐进

将体育教学技能按照操作的难易程度分级,由低到高、由简单到复杂,进行小步子的逻辑序列编排,使每一个正在学习和掌握的项目成为后一练习项目的基础或相关部分,关注不同训练项目之间的衔接,按部就班地严格遵照程序训练模式的步骤顺序进行训练。

2.区别对待,自定进度

训练安排必须严格履行程序设计要求,不能随意变更练习的顺序,但应注重个体差异,根据自身的掌握情况调整练习进度,使训练速度与能力保持一致。依据个体对技能形成的难易感受,可自行调控训练步调,采取分支式、直线式或跳跃式的训练步骤。

3.反复练习,巩固强化

把体育教学技能分解成片段知识、单个技术或单元项目,遵循预定程序组织训练活动,反复训练,加深记忆,达到自动化操作水平。反复练习不是简单的重复,而是在反馈基础上,调整练习重点,攻关难点,直至熟练掌握。训练安排有既定的步骤和计划,可无限次反复练习,也只有通过检验和修正多次反复练习才能达到技能自动化的效果。

4.适时反馈,自修为主

程序训练模式重视环境刺激对个体行为的影响,容易忽视内部心理过程,循规蹈矩地按套路训练,积极性和主动性有时难以发挥。因此,对训练的效果要适时验证和反馈,认识到自身的不足,自觉提高或降低训练强度,培养主动获取知识的方法、思维能力和创新精神,以及自学、自修的能力和习惯。

(1)研定评价标准。确定检查与考核的内容及形式,程序训练模式的评价以阶段性评价为主,每完成一个小项目的训练,都要对其进行诊断和总结。例如,是否能够熟练地调动队伍、调整队形;讲解示范是否流利自如;是否能流畅地完成课堂教学;在体育教学技能大赛中取得的名次等。

(2)反馈调节。反馈调节阶段需要及时、适时和有重点地呈现反馈信息,使体育教学技能的程序训练模式形成畅通的回路,对训练的目标、内容、计划和方式进行反思,科学调控训练的程序安排和练习次数。如果在训练过程中,发现对某个小项目的习得出现困难,可返回至前一个步骤加强练习,之后再重新进行此项目的训练。

二、探究训练模式

体育教学技能的探究训练模式以认知主义学习理论为基础,认为学习在于个体内部认知的变化,是一个比刺激—反应联结要复杂得多的过程。在既定目标的指引下,模仿、迁移,甚至创造性地应用体育教学技能,解决实际训练中的问题,培养练习者发现、分析与解决问题的能力。

(一)探究训练模式含义与特征

1.探究训练模式含义

探究训练模式是以体育教学技能中的某项技能为目标,在技能训练的特点、实施要求等原理指导下,主动发现问题、寻找答案,进行探索和研究性活动的训练过程范式。认知主义学习理论认为,学习就是面对当前的问题情境,在内心经过积极的组织,从而形成和发展认知结构的过程,强调刺激、反应之间的联系是以意识为中介的,强调认知过程的重要性。

探究训练模式是通过有意识的练习形成"路径导航"的综合表象,"路径导航"包括训练的内容、方法、时间、环境等要素及它们之间的关系,是指在明确训练目标的前提下,将体育教学技能训练中的要素布局在特定的环境中,经过个体内心的项目识别和组织协调,"导航"训练直至目标技能达成的过程。探究训练模式必须对所要进行训练的目的、意义明确,对所需掌握的技能有清楚的认识,并能遵循一定的顺序和规律操作,直至完成目标技能的训练任务。漫无目的的探究活动,既浪费时间又无助于技能的形成。

2.探究训练模式的特征

(1)探索性。探究训练不是简单地、机械地形成运动反应,而是在有明确目标指引下,以发现问题、分析问题、解决问题为逻辑主线,强调个体内在心理过程,激发学习者的主观能动性,按照既定路线自觉训练,清楚练习目标、步骤、环节和方法,在探寻的过程中提升心智技能和操作技能。

(2)主体性。重视在技能训练中个体的主体地位,强调认知、意义理解、独立思考等意识活动和心理动机，以及训练的亲历性、灵活性、主动性和发现性，使其在主动观察、判断、分析、归纳等基础上解决问题。

（3）基础性。重视个体训练中的准备状态，即训练效果不仅取决于外部刺激和个体的主观努力，还取决于一个人已有的知识水平、认知结构和非认知因素等，基础准备是任何有意义的探究训练赖以产生的前提。

（4）体验性。体验性是要求进行目标模式训练时亲身观察、探索和体验，提倡理解原理、独立思考、发现知识的过程。体育教学技能训练不仅可以习得体育教学基础知识和技能，更是获得生活与学习体验的过程。

（二）探究训练模式的结构

1.结构要素

学习在于内部认知的变化，是学习者有意识、主动参与的过程，学习是一个比秒—R联结要复杂得多的过程，注重解释学习行为的中间过程，即秒—R，认为主体意识是学习过程的中间变动。因此，体育教学技能训练认知模式的结构要素包括训练目标、训练路径、主观意识、训练方法和评价标准。

2.过程

（1）拟定训练目标。训练目标要从训练开始阶段就清楚地锁定，才能目标明确地进行探究活动，高效完成训练任务。

（2）描绘训练路径。通过任务分析法，将目标技能分解为若干要素或"标志点"，即系列问题，再将这些要素或"标志点"整合设计成系统的训练路径。与程序训练模式不同，探究训练模式训练路径的制定没有严格的难易程度和顺序要求，路径上的标志性指示必须清晰准确、互相连接、层层推进，以便参照指引发现问题，顺利完成训练任务。

（3）主观意识参与。主观意识参与训练的过程其实就是"导航"的过程，也就是发现问题—分析问题—解决问题的过程。依据训练路径的指引，通过有意识的感知、认知、识记、分析、比较、期望、想象和思维等心理过程，完成"路径导航"，训练练习者的心智技能，培养决策能力。

（4）确定训练方法。探究训练模式多适用于体育教学技能训练的中级阶段，可以采用探究式学习法、自主学习法、小群体学习法、讨论法等方法，也可以采用专家同行交流、成果汇报、案例解析、师徒结对等方法，通过微格训练、模拟上课、跟岗实习等途径，以积极主动、自觉训练为前提，对某一方面的体育教学技能形成全面、系统的认知。

（5）研定评价标准。探究训练模式不仅重视个体对知识的理解和掌握情况，而且特别强调个体在训练中的行为表现，因此，该模式的评价应以形成性评价、相对性评价、定性评价等为主，以训练过程的努力和独立思考的程度为主要指标。由于心智提高程度和情感体验等心理学指标难以测定，因此，只能以学习者的读书笔记、教学心得和反思材料等，作为解读其心理和训练过程的重要依据。

（6）反馈调节。目标训练模式的反馈，是通过评价目标达成度和认识、理解、判断、执行等能力，对训练的难易程度、环节安排和训练时效性等进行反思，科学调控训练的目标设定、环节连接和推进过程等。

（三）探究训练模式的要求

1.积极内化，激发动机

探究训练模式是一种积极主动的过程，因而内在的动机与训练活动本身会促进个体的内在强化作用,可有效提升心智技能。然而,此模式对非智力因素重视不够,情感、意志、兴趣、性格和需要等均会影响训练目标的达成,只有重视激发和调节训练动机,强化内部心理过程,使智力因素与非智力因素紧密结合,才能使训练达到预期效果。

2.充分准备,独立思考

重视个体训练中的准备状态,进行体育教学技能训练之前,必须清楚自己的状态和所具备的基础,包括技能基础和认知水平,训练效果不仅取决于外部刺激和个体的主观努力,还取决于一个人已有的知识水平、认知结构、非认知因素等,基础准备是任何有意义训练赖以产生的前提。在以往的认知经验的基础上,独立思考,发现学习材料本身的内在逻辑结构,从而掌握体育教学技能。

3.问题明确,任务具体

在体育教学技能训练开始前,就要明确提出要探究的目标问题即核心技能,明确训练的目的,因为探究训练活动是为最终达成技能、形成目标服务的。而围绕目标问题设计的相关任务,必须具体、指向清楚,有助于练习者循规而至。

4.不断尝试顿悟渐悟

探究训练模式注重个体技能形成的体验过程,主要是亲历发现问题、研究问题、解决问题的学习过程,在不断尝试探索和寻找答案中,提高判断和决策能力,通过技能训练过程,感悟探究的心理过程,有利于在未来的体育教学实践中合理运用探究教学法。

三、情境训练模式

体育教学技能的情境训练模式以建构主义理论为基础,练习者通过情境训练模式提高体育教学技能,更能体验知识的习得与转化过程,以亲身体会阐释练习过程,有利于对具体教学情境和自身教学行为的反思,提高及时、有效应对不断生成和变化着的、复杂多样的教学形势的能力,学习并获得处理各种教学问题的经验。

(一)情境训练模式含义与特征

1.情境训练模式含义

情境训练模式是在创设训练情境的前提下,通过角色扮演的方式,经过主体的选择、加工和诠释,将技能知识转化为教学实践的训练过程范式。认识并非主体对于客观现实简单的、被动的反应(镜面式反应),而是一个主动的建构过程,在建构的过程中主体已有的认知结构发挥了特别重要的作用,而主体的认知结构亦处在不断发展之中。获得知识的多少,取决于个体根据自身经验去建构有关知识的意义的能力,而不取决于记忆和背诵的能力。由于每个练习者所具备的经验不同,每个人对体育教学技能的理解方向和建构方式也不尽相同,情境训练模式帮助练习者发展自主训练的意识和能力,利于其不断地自我更新和自主成长。

2.情境训练模式特征

(1)直观性。在情境训练模式中,充实、检验、完善、反思和提炼体育教学技能,以建构和提升实践能力的过程,是在适当的情境和气氛中进行的,因此,练习者通过角色扮演,能够充分融入训练当中,直观感受训练经过。情境训练模式是个体对训练情境的改造和感受的过程,通过亲历和感知训练情境,使主体建立对目标技能整体的认识,并在已有知识的基础上,提升体育教学技能的水平。

(2)自主性。个体必然有着不同的知识背景和经验基础(或不同的认知结构),因此,即使就同一个目标技能而言,相对应的训练活动也不可能完全一致,必然存在个体的特殊性。体育教学技能的情境训练模式是一种高度自主的活动,不同的人有不同的体验。练习者能够设计适合自身发展的方案,并能进行计划、选择、修正,在训练中的自主性参与是其提升思维水平和实践能力的根本性动力。

(3)社会性。情境训练模式是在一定的情境下,借助其他人的帮助即通过人际间的协作活动而实现的意义建构过程,所以,社会环境、社会共同体对于主体的认识活动有重要作用,学习者的训练活动是在一定的社会环境中得以实现的。

(4)建构性。如果说程序训练模式落脚点在结果,那么情境训练模式的落脚点就是意义和过程,主张在训练过程中学习"如何训练"。情境训练模式是个体运用自己的经验去积极地建构对自己富有意义的理解,而不是去理解那些用已经组织好的形式传递给他们的体育教学技能内容,也就是说提高某项体育教学技能并不是最终目的,提升个体的体育教学思维和理解能力才是终极理想。

(二)情境训练模式结构

1.结构要素

知识是学习者在一定的环境即社会文化背景下,借助其他人(包括教师和学习伙伴)的帮助,利用必要的学习资料,通过意义建构的方式而获得。建构主义学习理论认为"情境""协作""会话"和"意义建构"是学习环境中的四大要素或四大属性。所谓意义建构的核心内容是信息不连续性、人的主体性以及情境对信息渠道和信息内容选择的影响。因此,体育教学技能体验训练模式的结构要素包括体育教学技能训练情境、合作伙伴、同伴之间的交流、意义建构和评价标准。

2.过程

(1)创设训练情境。依据训练目标内容和要求创设情境,深挖提炼体育教学技能内容之间的内在联系和训练规律,以引导个体从具有典型代表性的器材、对话或人物等情境中,受到启发,使其能尽快、自然地掌握体育教学技能。创设情境的手段是多样的,主要有以语言描绘情境、以微格训练再现情境、以模拟课堂展现情境等。

(2)确定合作伙伴。在选择合作伙伴进行体验训练时,有同质型和异质型两种组合方式,针对不同的训练目标、内容,可选择与自己知识和技能基础相同的同伴,也可选择脾气性格、技能水平有较大差异的同伴。同质型可相互比较、促进,异质型可风格互补、互助提高。

(3)鼓励同伴之间的交流。合作伙伴之间的鼓励、协作、互动、切磋和随时随地的反馈,对于认知能力的提升意义极大,可通过同伴之间发表感想、讨论、总结、分享等方式,交流训练的心得,加深对情境训练模式的理解,培养练习者表达、沟通、反思和批判的能力。

(4)意义建构。意义建构主要是指信息的意义建构,是内部行为和外部行为共同作用的结果,要深刻理解训练内容的内涵。在练习体育教学技能的高级阶段,主要采用合作学习法、情境学习法、发现学习法和角色扮演等方法,通过教案设计、模拟上课、集体备课等途径,以积极主动建构体育教学技能应用的情境为前提,对整体的体育教学技能应用形成宏观的把握。例如,练习者作为研究者,以一课两讲或一课三讲的形式,建构同一内容的不同教学方式,有助于对体育教学技能的深刻理解和能力的提升。

(5)研定评价标准。通过对注意、组织、决策和思维等能力的评价,增强个体对情境训练模式的深入认识。情境训练模式的评价以形成性评价、定性评价、自我评价等为主，鼓励学者深入思考，尽可能撰写研究报告、论文、经验总结或参与编著校本课程教材等。

（6）反馈调节。通过学术研讨、行动研究、案例分析等方式，探析训练中的进步与失误，调整与改进情境训练模式的情境布局、合作伙伴和意义建构等关键环节。

（三）环境训练模式要求

1.创设情境，模拟真实

提倡建构训练模式，营造具体和真实的训练情境，并反对抽象和概括，而是尽可能贴近体育教学现实情况，使练习者在情境中感受体育教师形象的同时，愿意对情境持续地产生注意，从而产生或满意，或愉悦，或悲伤，或热爱的情感体验。多方面的情感体验不应都是积极的，适当消极的体验有利于练习者在面对真实的体育教学实践时，做好充足的心理准备，可以从容面对、坚韧不屈。

2.方法混搭，反思改进

在运用情境训练模式的同时，要注重多种训练方式、方法的结合使用，达到更好的训练效果。教育情境的不确定性、非线性和混沌性，决定了教学没有固定的模式和技能技巧可以套用，因此，体育教学技能训练也必须凭借自己对教学技术的理解和领悟，做出自主判断，选择适当的训练方法，不断地对训练过程进行反思、自我调整，改进训练细节。

3.基础扎实，体验创新

体育教学技能情境训练模式的应用，要求具备良好的基础知识和基本的体育教学技能，在所创设的情境中应用自如，全情投入体验情境，把训练的重心放在提升心智方面，体验学习、挑战、交流和创造的乐趣。在应用情境训练模式进行体育教学技能训练时，重点是体验学习和思维的过程，练习者可以模仿体育教学实践，但更重要的是理解贯穿整个教学过程的原则和方法，筛选适合创设情境的内容，切勿为了应用模式而进行无效或低效的体验。

4.合作完成，群体相容

体育教学活动由于其特殊性，许多练习需要通过师生、生生协作与配合才能完成，因此社会能力的培养渗透在体育活动的方方面面。在进行体育教学技能训练时，必须重视同伴之间的协作和竞争对手之间的尊重，感悟群体动力的重要性，使学习者在掌握技能的同时，建立融洽的人际交往关系，相容于群体之中，为今后从事体育教学奠定良好的社会适应能力基础。

四、展演训练模式

展演训练模式是以人本主义学习理论为基础，它的顺利开展建立在对体育教学技术的深入理解及较熟练掌握的基础之上。纯熟的心智技能和操作技能是一个数据库，在教学过程中选择"用什么"和"怎么用"取决于练习者的观念风格和临场发挥。要遵循体育教学的基本规律和原则，体育教学技能可根据实践中教学要求、情境、学生的差异而灵活运用、组合、搭配，切勿被生搬硬套的教学行为习惯所束缚。

（一）展演训练模式含义与特征

1.展演训练模式含义

体育教学技能的展演训练模式是以提升体育教学技能水平为目的，以完整展示技能训练成果或完成某项教学任务为基本方式的训练过程范式。展演训练模式不仅关注教学技能和认知能力方面的提高,还有个体情感、意志、创新能力等方面的自我肯定和实现,使练习者养成较强的感受性,便于感知自身和教学对象的情绪,有助于在未来的体育教学实践中与合作伙伴、教学对象和谐相处,调整情绪和教学方式、方法,及时有效地应对和处理突发事件,注重提升体育教学技能运用到实际教学情境下的能力,并形成独特的教学风格。

2.展演训练模式特征

(1)灵活性。教学过程具有复杂性和变化性,即便是在规定了教学目标和方法的前提下,也会因为环境、对象、组织能力等条件的变化,产生千差万别的情况和效果。因此,展演训练模式就是训练学习者将自己的体育教学技能完整、全面地展现出来,灵活运用技能手段,合理地处理突发事件,临危不乱。

(2)主观性。主观性是鼓励从自我的角度出发,感知体育教学的魅力,对体育教学技能训练的原则、规律等基本原理的个性领悟。自我实现和为达到目的而进行创造的能力才是个体行为的决定因素,个人所处的物质、社会和文化环境只能促进或阻碍他们潜能的实现。

(3)独特性。个体对知觉方式的调节、学习能力的获得、持续学习等均存在差异,因此,展演的方式和效果不尽相同,不同的展示个体存在不同的表现。展演训练模式可以促使个体在进行技能训练活动时,深入理解训练内容,客观地审视自己,对完善练习者的价值取向与教学风格具有十分重要的意义。

(4)创造性。展演训练模式通过对规则和假设的不断创造,解释观察到的现象;而当教学技能的原有观念与新的观察之间出现不一致,原有观念失去平衡时,便产生了创造新的规则和假设的需要。展演训练模式通过对教学要素的个性解读,创造性地设计和实施教学活动,是一种创新性的理解和行动过程。

(二)展演训练模式的结构

1.结构要素

人本主义学习理论中的关键环节是意义学习,如何为学习者创造一个良好的环境,使其从自己的角度感知世界,发展出对世界的理解,达到自我实现的最高境界。展演训练模式就是意义学习的最好诠释,不仅仅涉及事实积累的学习,而是使个体的行为、态度、个性得到充分施展的意义训练过程。因此,体育教学技能展演的训练模式包括 4 个要素:展演内容、展演方案、意义训练、评价标准。

2.过程

(1)设计展演方案。根据展演内容,在尊重、了解与理解训练个体的前提下,激发练习者的训练积极性,充分发挥个体选择性、创造性,表现练习者对展演内容的构想和预计,将体育教学技能合理搭配、自由组合,体现展演训练模式不拘一格的特点,从而促进其成长、学习与训练。

(2)确定训练方法。展演训练模式多适用于体育教学技能训练的终极阶段,可以采用分层练习法、差别练习法、成功练习法等方法进行体育教学技能的训练;也可采用行动研究、教学评比等实战演练,通过教案设计、说课、示范课评比、微课教学等途径,完整展示技能训练成果。

(3)意义训练。在前期已形成的体育教学技能基础上,融合个体对训练内容的解读,灵活自如地呈现出展演内容,展示体育教学技能的娴熟程度,从而继续拓展知识和技术,形成新的或更纯熟的体育教学技能。

(4)自我实现。在展演训练过程中体会到的是自我满足的价值感,如成功掌握教学技能的满足感、未来可以教书育人的认同感、个性得以彰显的存在感。展演训练模式不但注重挖掘个体的创造潜能,更关注人的高级心理活动,如热情、信念、生命、尊严等,引导其结合认知和经验,肯定自我,进而自我实现,形成自己独特的教学风格。

(5)评价反馈。练习者最清楚训练是否满足自己的需要、是否有助于明确自己原来不甚清楚的某些方面,因此发展性评价、个体内差异评价、自我评价等方式,是展演训练模式的主要评价方法。并能通过评价形成正确的自我认识与反思以及敏锐的观察和感受能力,有助于个人教学技能的提升和风格的塑造。

(三)展演训练模式要求

1.彰显个性,全面发展

教学风格的形成一般要经历从模仿到独立再到创新、稳定的过程。练习者能在训练过程中感受到体育教学的乐趣、成功、满足,激起其认知与情感的相互作用,重视创造能力、认知、动机、情感等心理方面对行为的制约和促进作用,从而全身心地投入训练,逐渐形成自己的风格,并注重其行为、态度、人格等的全面发展。教授者不仅要关注体育教学技能的形成,更重视个体的内心世界,重视训练过程中学习者的认知、兴趣、动机、需要、经验、个别差异以及潜在智能等内部心理世界的全面发展。

2.自我提升,协同促进

展演训练模式注重自我评价反馈,重视自我的修炼与肯定。展示自我固然是提升自身能力品味的关键途径,但不能忽视社会、文化、学校、教师和家庭教育的协同作用。现实中的学校总是在与社会文化环境的互动中,改变着个体的教育目标、方针与办学模式,对练习者施加种种影响,指导教师和合作伙伴作为促进者、协作者,对个体成长为一个既具有社会组织特性,又具有独特个性的人意义重大。

3.气氛宽松,张弛有度

提倡在宽松、自由的训练氛围中,给练习者提供充足的空间,体现自由展示的精神,使其充分发挥所长。但是必须遵循角色规范,遵守必要的规章制度,既自由又受纪律制约,适应当前的训练与未来的生活。展演训练模式有利于练习者潜能的开发,但又不应该一味迁就其原有的水平和独特性。

4.完整展示,积极反思

展演训练模式要求练习者完整展现训练过程和结果,使体会教学的某项技能或综合技能得到充分发挥;反思是对训练行为的总结与纠错,通过对展演过程的深刻审视,使练习者再次回顾和思考技能训练的认知、行动、感悟的经过,从而整改和完善训练计划,提升训练效率,提高自我监管、解决问题的能力。

第七章 体育说课、讲课模拟教学技能及训练

体育技能(测评技能)包含说课技能、讲课技能、模拟教学技能、搜集和处理信息的技能及教学执教技能等,是体育课堂教学技能中至关重要的组成部分。

第一节 说课技能

说课,作为一种教学、教研改革的手段,最早是由河南省新乡市红旗区教研室于 1987 年推出的。这项活动操作性强,实效明显,得到了广大教研工作者、中小学教师的普遍认可,并进一步充实、完善,形成了具有鲜明的中国特色的教研活动。

一、说课的概念与体育课教学的特点

(一)说课的概念

说课既是一种具有创新意义的教学研究活动,又是教师职业技能训练的主要内容。

说课就是指讲课教师运用系统论的观点和方法,在规定的时间内,用语言及其他辅助手段向人们介绍一堂课的设计意图和预想程序的一种教学活动形式。教师在完成教案的基础上,阐述自己的教学设计方案及理论依据,系统而概括地解说自己对具体课程的理解,阐述自己的教学观点,表述自己具体执教某课题教学设想、策略,以及组织教学的理论依据等。然后由专家评委、学者、领导进行评价,推断该教学设计方案是否切实可行、能否达到预期效果的一种教学研究活动。

说课是在备课之后、上课之前进行的一种新的教学组织环节。说课源于备课,而又高于备课,它是上课前的实践演习;它不是上课,又是准课堂教学。说课的时间一般在 10 分左右,在课前或课后进行均可。

(二)体育课教学的特点

体育课教学是以身体练习为主要形式的实践型教学形式,不论是教师还是学生本身都认为实践课练习的重要性远远大于理论讲授课,从而忽略了教学设计在体育课教学中的重要作用。而教师在教学备课中,常常对教什么、怎样教给予更多的关注,很少考虑为什么教这些、为什么这样教、这样教的结果如何等。这样就造成体育教师对大纲理解不深刻,对教材分析不完善,对教法、学法运用不灵活,对教学程序设计不严密,对重点、难点定位不准确等。

我国各学校根据学生需求、场地条件、师资结构等实际情况实施了适合本学校的课程。学校自主制订教学大纲、教学计划及课时安排,各主管教委制订相应的教学检查系统。这种教学的形式给予体育教师很大的自由创造空间,有利于教师根据自身的优势开发新的教学方式与方法。

二、说课对体育课的积极作用

说课活动的好处很多,从不同的角度看,有不同的答案。根据实践和理解,说课活动有以下几个方面的意义:

(一)有利于提高教研活动的实效

以往的教研活动一般都是观摩几节实践教学课,再由相关的专家、教授或同行评评课。上课的教师处在一种完全被动的位置。教师只能将备课的结果运用于实际操作中,听课的教师也不一定能完全理解授课教师的意图,如果运动项目不同,评课教师就更是无从下手,导致教研实效低下。通过说课,授课教师说说自己教学的意图,说说自己处理教材的方法和目的,听课教师能明白任课教师应该怎样教,为什么要这样教。从而使教研的主题更明确,重点更突出,提高教研活动的实效。另外,还可以通过对体育教师进行说课形式的考核,统一思想认识,探讨教学方法,完善考核制度从而提高教学效率。

(二)有利于提高教师备课的质量

通过调查了解了很多教师的教案,从总体上看教师的备课都是很认真的。但是教师都只是简单地准备怎样教,很少有人会去想为什么要这样教,备课缺乏理论依据,导致了备课质量不高。要说好课,首先要说教什么和如何教的问题,体育教师必须认真学习教学大纲,钻研教材,弄清教材的前后联系,以及教材内容在整体教材中的地位,并阅读有关教学资料,以便加深理解大纲教材,才能准确制定教学目标。教学目标的确立有助于教师明确学生学什么和教师事后检验学生学得怎么样,有助于教师明确学生怎么学、教师怎么教的问题①。在说课的准备过程中,往往会把备课中的隐性思维通过说课转化为显性思维,不断否定备课中出现的缺点和失误,从而相应地调节自己的想法,使有关的观点经过提炼而清晰起来,不断加以完善。说课活动可以引导教师去思考,从根本上提高教师备课的质量。

(三)有利于提高课堂教学的效率

教师通过说课,可以进一步明确教学的重点、难点,理清教学的思路。说课过程中对教学任务的分析,是对学生的起点能力转化为终点能力所需要的从属知识、技能、情感和态度进行详细阐释的过程,这就为确定教学内容的范围、深度和重点、难点、关键点打下基础,这与教什么、学什么相关。另外,说课要揭示教学内容中各项知识、技能之间的相互联系,为教学顺序的安排打下基础。这样就可以克服教学中重点不突出、训练不到位等问题,提高课堂教学的效率。

(四)有利于提高教师的自身素质

1.说课要求教师具备一定的理论素养

这就促使教师不断地去学习教育教学的理论,提高自己的理论水平。说课要求体育教师用语言表达自己的教学思路及设想,通过语言向同行或专家介绍自己将如何上一节体育课,这种机会给青年体育教师提供了在有人监督和评论中用口语表达自己如何上实践课的机会,促使青年体育教师多读书,钻研教材,理清思路,准确术语,勤学苦练,其语言表达能力必然会在短时间内有较大幅度的提高。

---

① 于可红,邱亚君.体育运动技战术教学与训练系列教材 健美操教学与训练教程[M].北京:高等教育出版社,2021.09.

2.坚持说课能帮助青年体育教师提高教学设计能力

课堂教学是一个复杂多变的系统,要全面反映教学需要罗列相当多的因素。同时,教学又是一个准备、实施、目标达成的完整过程。因此,说课要从三个方面展现。

(1)准备。即为教学准备阶段而进行的教学背景分析,由教学需要、教学内容、教学环境和教学策略构成。

(2)实施。由教学过程中的各主要环节、教学媒体和教学方法手段构成,主要解释怎么做,为什么这么做。

(3)目标达成。即对教学目标的达成而进行的教学预测或反思,也就是对本课教学设计所引起的教学效果的预测或评价,以及对自己教学设计的评价与反思。

若课前说课,对其教学设计实施以后可能会出现的结果进行预测;课后说课,则对其教学设计实施以后的教学结果与预期目标做一番比较,从中总结经验教训,并对原有设计提出改进,以提高教学设计能力。

三、体育课说课的基本内容

新课标下的说课必须充分体现课改的基本精神。说课的基本内容和要求主要包括如下几个方面:

(1)说背景环境。了解学生身心状态基本情况和教学需要解决的问题。

(2)说教材。教材分析一般包括以下内容:教材与课型、教材的类别和地位、教材的特点和作用(知识结构、教材的实践价值、教材的人文价值、地位和作用等)、学生特点(学情分析)、教学的必要性、教材的内容和结构、重点和难点、结构处理等。

(3)说目标。结合本节课的具体内容,提出通过教学在运动参与领域目标、运动技能领域目标、身体健康领域目标、心理健康领域目标、社会适应领域目标的基本要求和需要达到的要求。

(4)说重点。教学重点是课堂教学中要使学生学会和掌握的最主要和最重要的知识、技能或方法等内容。说课时,先说出教学重点是什么,再说明为什么把此内容确定为本课的教学重点。

(5)说难点。教学难点是一堂课中学生可能最难理解、最难把握、最难学会的知识、技能、方法等内容。同样在说教学难点时,最好说明为什么把此内容确定为本课的教学难点。

(6)说教法。探究教学方法是实现目标的有效途径。教师要根据本节课的教学目标和教学内容,设置若干能启发学生思维的问题,以问题为载体,培养学生的科学探究能力。教学方法很多,在说课中不必面面俱到,要进行概括或选择重点的、有价值地说。

(7)说流程。说教学程序是指教师说明并应用设计的基本理念,阐述自己的教学思路、课堂结构等内容的过程,是与上课最接近的教学操作的口语化、现实化的尝试。

(8)说组织。组织教学也称为组织措施,体育(与健康)课的组织教学是指顺利进行课堂教学的保证措施与手段。主要指:体育(与健康)课的常规要求、场地布置、器材运用、队形及队伍调动及确保教学的组织形式。一般实践课说课时应加以适当说明。

(9)说手段。体育(与健康)课教学手段主要指教学过程中采用的传递信息及锻炼身体的媒体或设备。它包括教学和身体锻炼所需要的各种媒介物。例如,体育场地器材、电化教学设施以及检测评估的各种仪器、图表等,就是通常我们称的教学媒体(或教学媒介)。

（10）说场地器材。计划本课所需的场地器材和用具安排时要注意，场地的运用要相对集中，并尽可能充分利用学校的器材条件。考虑成熟后，应在场地器材一栏内填上本课所需的场地器材和用具的名称、数量、规格，以便课前准备。

（11）说课后作业。课后作业包括课后练习等。

（12）说教学评价。这里所说的是教学过程中的结果性评价，即采用什么方式对本课教学效果进行评价。教学评价也可作为教学方法来说，但那是过程性评价，是为了激励学生学习行为，强化学生对所学知识技能的掌握和理解，从而达到促进教学过程的目的。

（13）说课后反思。课后反思主要包括：反思自己的教学行为；反思自己的教育理念；反思自己的角色及与他人的关系；反思自己的思考与学习方式。教师只有对自己的教学实践不断地进行研究和反思，才能逐渐提高实施新课程的教学策略。在课后反思的基础上，认真写出"教学后记"，写教学后记是提高教学水平的重要途径。要反思成功做法、失败之处、教学灵感、学生问题、学生见解、教学设计等。

四、体育课说课的技巧

（一）把握好整体与局部的关系

体育教师往往对前者并不感到为难，而对后者却又不知从何说起。特别是在较短时间内，说课者要把自己想表达的说完，这就涉及先说什么、后说什么，哪些该详说、哪些该略说的最优化问题。

1.应从整体的高度来理清要说的最基本内容

一般情况下要做到"四说"，说教材、说教法、说学法、说教学设计。说教材，主要是说出本节课的教学目标、重点、难点和关键及其教材的前后联系；说教法，主要是说出本节课选用的教学方法和手段及其理论依据；说学法主要是说出本节课教给学生什么样的学习方法，培养哪些能力，如何调动优生积极性和差生学习兴趣；说教学设计主要是说出本节课的教学思路、课堂结构、运动负荷、场地器材的安排、设计的理论依据以及教材、教法、学生之间的关系。

2.要善于抓住重点

切忌面面俱到，应从局部的环节中突出理论依据，做到详略得当。只有从整体把握、局部突破，才能做到思路清，说课清。

3.重点说清"为什么要这样教"

在体育说课的过程中，许多体育教师很喜欢将本节课的课堂特色向听说课者反复强调，这一点很忌讳。"课堂特色"不应该向听说课者或者评委介绍，所要介绍的是怎么设计这节课的教学的，以及为什么这样设计的。至于"课堂特色"是听说课者或者评委根据介绍，由他们自己去理解的东西，说出来往往效果会适得其反，因为对他们的理解水平表示了怀疑，也就是对他们的不尊重。

（二）把握好内容与层次的关系

体育教学有别于其他学科教学，必须遵循其自身的规律，才能有效地完成体育教学的任务。体育课的说课要想达到高层次，必须紧密结合学科特点，在说课内容和层次上着力做文章。在说课内容确定后，要严防表述的"表浅"，必须说出内容的深度，理清说课的层次。譬如：针对不同年龄阶段、不同的学生群体，应该说出学生的认知特点、身心发展规律对于运动技能的掌握,应该说出动作技能形成发展的规律;对于课堂结构及运动量的安排,应该说出运动过程中人体机能变化发展规律动作技术的分析,应该说出人体解剖、生理特点及力学原理。总之,内容挖掘得越深,说课的层次就越高,评价也就越好。另外说课教师对所说课的内容应做详略取舍,切不可平均使用力量、面面俱到。尤其是在如何突破动作难点上,所运用的手段、方法一定要"详"讲,必要时还可以将肢体语言和口头表达结合起来,用丰富的表情、各异的神态、准确的动作、精练的语言去吸引评委和同事。

(三)把握好方法和媒体的关系

体育教学方法是实现体育教学任务或目标的方式、途径、手段的总称,它起着桥梁和中介作用。它解决教师怎样教、学生怎样学的问题。媒体是现代教育系统中的四要素之一,它与教师、学生、教材之间相互作用的结果就是教学模式的充分体现。构建新型教学模式的关键是现代教育技术的运用,而现代教育技术的核心则是多媒体技术。体育教师在说课过程中,要善于灵活采用多种多样的方法和媒体,尤其是注重运用多媒体技术来表述自己所要说的内容。这样,既可以提高说课的质量和效率,也可以使说课说活。

在把握方法与媒体的关系时,尤其要强调体育教师也应该有一种高瞻远瞩的视角和高度的使命感,应该把握住科技时代变化的走向,要能及时地感知到新时代学生应该以一种什么样的方式来学习和思维,并及时地给予学生学习方法的指导。

(四)把握好实践与反思的关系

因为说课与授课不同,它不仅要讲教什么,怎么教,还要说清为什么这样教。所以所述内容一定要符合教育学、心理学的一般规律。符合学生认知规律和学科特点,要从理论到实践做出系统的设计和安排,对教法、学法、程序等理论依据要准确,不能空,不能虚。在说课时,应将这两者紧密地联系起来,既要讲明怎么做,也要讲明这样做的理论依据是什么,这样才显得有根有据,相得益彰。

说课就是要引导教师经常思考怎样教、为什么这样教、这样教意味着什么、反映了什么样的教育价值观和教育观念、依据了什么样的教育规律和教育理论,这些思想的社会、文化背景是什么等问题。其目的就在于通过说课这种程序和手段让教师对自己的"缄默知识"进行理性的审视和反思,剔除其中的消极因素,对有价值的成分进行整合,从而使自己的教育观念更巩固和坚定,使自己的教学实践更有的放矢,更符合教育的客观规律。

反思是积极的、自觉的、能动的、有理性的教学实践,更重要的是反思的结晶使教师不断产生新的理解力和新的构思,它对教师的教学行为有着极强的内在动力性,比较合理地发挥着教师的能动性和创造性。说好一堂体育课,固然要关注说课的实践,但更应关注的是实践背后的反思。反思深刻,评说者的感受就深,反思深,构思才新。

(五)把握好说课和实际上课的关系

语言简练,朴实无华。说课关键是要说清教什么、怎么教和为什么教的问题。因此在说课中不必用华丽的词汇,而应当用准确、简练的文字来表达,否则,语言花哨,词不达意,听者不知所云,那后果就可想而知。

扬长避短,体现个性。教师在说课时要充分利用和发挥自身特点和优势,扬长避短。在说课过程,形成再创造、再提高、再完善,这就要求教师对所述材料要有所取舍,有所处理,要储备一定的知识,对所述问题要开掘深、有独特的见解,将自己的个性融入其中,才会收到意想不到的效果。

预估事故,强调安全。体育课和其他学科课程不同,它是人和场地、器材有机地配合活动,再加上像一些运动项目本身具有一定的危险性,而现在的学生身体素质又远不如以前,所以,一定要预估可能会出现的一些伤害事故,并要提出解决问题的方案。

第二节　讲课技能

一、讲课和说课的区别与联系

(一)讲课和说课的区别

1.对象不同

说课的对象是专家评委;讲课的对象则是中学生。

2.目的不同

说课的目的是为了分析该教学方案是否切实可行,能否达到预期效果;而讲课的目的则是为了完成教学任务。

3.主线不同

说课的主线是整合三维目标的教学设计思想,即教什么? 如何教? 为什么要这样教? "为什么要这样教"是说课中的重点和难点;讲课的主线则是完成三维目标的教学程度,即创设教学情境,引导学生发现问题、提出问题、分析问题和解决问题。在分析问题的过程中深化概念,在解决问题的过程中掌握科学方法。

4.性质不同

说课是一种教学研究活动;讲课是一种教学活动。

(二)讲课和说课的联系

说课与讲课的相同之处在于:最终目的都是确定实现教学目标所采取的教学策略与教学途径。

二、板书技能

提到教师,大家就会联想到黑板粉笔,那是因为黑板粉笔就代表了教师的一项从教技能——板书技能。传统的板书是指教师运用黑板书写文字符号、图形和图表等传递教学信息,以达到辅助课堂教学的一种教学行为方式。板书又分为正、副板书。正板书通常写在黑板中央或左半部,为教学内容的高度概括;副板书一般写在黑板两侧或右侧,是正板书的补充或辅助正板书讲解的一些内容。因此,正板书须课前精心设计,而副板书可根据实际情况在课堂上临时发挥。所以一般板书技能中的板书是指正板书。

随着大批年轻教师走向讲台,现代教学媒体越来越多地介入课堂教学,有的教师在课堂上很少在黑板上书写板书,甚至一节课一个字也没写,而是直接事先将板书内容制成幻灯片,上课时直接投影出来。

三、演示技能

人的认识规律是从生动的直接感觉到抽象的思维,再从抽象的思维到思维的实践,最后形成理性认知。演示就是一种符合这一规律、出现较早的辅助教学的一种方法。演示技能是教师在课堂教学中进行示范操作或运用实验、实物、模型、图片、图表以及电化教学等直观教学手段，为学生提供感性材料，充分调动学生的感官，形成表象和联系，指导他们观察、思维和练习的一类教学行为。其核心就是根据教学内容为学生提供恰当的直观感性材料，并借助它引导学生进行知识学习。

四、讲解技能

教师上课也称为讲课，那是因为讲解技能可以普遍应用于每一堂课，而且具有高效率的特点。它可以针对任何知识和技能的传授来开展，如可用于描述现象、讲解结构、说明原理、解释原因，也可用于引导思维、剖析疑难、概括方法、总结规律等。那到底什么是讲解技能呢？讲解技能是指教师运用语言辅以各种教学媒体，引导学生理解教学内容并进行分析、综合、抽象、概括，进而达到向学生传授知识和方法、启发思维、表达思想感情的一类教学行为。

(一)讲解技能的类型

讲解技能的类型一般可分为解释式、描述式、原理中心式和问题中心式四种。

1.解释式讲解

解释式讲解属于讲解的初级类型，一般适用于具体的、事实的、陈述性知识的教学。如各课程中涉及的概念的定义、意思的解释、题目的分析、解答问题的一般步骤等。

2.描述式讲解

描述式讲解也属于讲解的初级类型，包括叙述和描述一般适用于内容陈述、细节描述、形象分析、材料显示等的教学。

3.原理中心式讲解

原理中心式讲解是高级讲解类型之一，是以概念、规律、原理、理论为中心内容的讲解。在具体实施时经常使用叙述加议论的表达方式进行，在讲解中交替应用分析、比较、归纳、演绎、抽象、概括、综合等逻辑思维方法，强调论证和推理过程(也是最关键环节)。这种讲解方式普遍应用于各门学科的基础知识中。

4.问题中心式讲解

问题中心式讲解，也属于高级类型的讲解，它是以解答问题为中心的讲解，这种讲解方式对于新理念提出的学生主体、教师主导更有意义。问题的提出，可以引导学生向某一指定方向学习实现教师主导，而提出的问题会激发学生学习兴趣，让学生主动思考，实现学生学习的主体地位。这种讲解方式实施时比较复杂，涉及引出问题—明确要求—选择方法—解决问题—得出结果等多个环节，因此主要适用于重点、难点和认知策略的教学。

(二)讲解技能的要素

讲解是一项综合技能，以使用语言为主，还包含和渗透着提问、演示、导入、组织等多项技能，就其本质而言，无论何种类型的讲解，都有以下几项基本的构成要素。

1.形成讲解框架

教师讲解是要将教材的知识结构按照学生的认知规律清晰地展现出来，给学生留下深刻的印象。为了达到这个目的，讲解过程、结构就要合理，条理清楚，逻辑严密，结构完整，层次分明。比如在以问题为中心的讲解时，可提出系列化的关键问题使条理清晰。对讲解内容的不同部分要注意转换，即讲解时要讲清各部分内容之间的联系，利于不同内容之间转换的衔接；而在讲解时要紧密结合学生认知水平进行分析和综合，这些对于明确讲解的结构框架都有重要作用。当然在整个讲解过程中,讲解框架可以简单地通过结构化板书来直观呈现。

2.突出重点

突出重点是讲好课的关键。指教师在讲课时,要处理好重点和一般的关系,将学生的注意力放在重要和基本的信息上,集中时间和精力于重点问题的解决,对这些内容尤其要让学生理解和掌握。

3.突破难点

教学难点是指学生不易理解与掌握的知识和技能。这可能是由于内容抽象、学生缺乏基础、问题复杂等原因导致的。难点问题不解决,将给学生以后的学习带来困难。因此,教师在教学时,除了突出重点之外,还要根据难点产生的原因,想办法解决学生学习的难点,如采用直观教学手段、系列化问题解析等方式予以解决。

4.语言表达

教师的讲解主要是以语言为工具进行的,讲解技能更是体现了这一点。因此讲解时恰当的语速、清晰的语音、抑扬顿挫的语调,以及形象生动的描述语言和准确规范的语言等对于讲解的成功都非常重要。这是因为好的语言表达不仅可以准确形象地说明要讲授的知识,还能使学生不易产生听觉疲劳,从而取得讲解的良好教学效果。

5.使用例证

例证是学生进行学习迁移的重要手段。例证能将事实或学生的经验与新知识、新概念联系起来。当然这需要考虑例证的充分、具体和贴切性。例证有正反之说,在举了正面的例子以后,有时再使用一个相反的例子,可进一步和更全面地让学生理解要说明的问题。

6.反馈与调整

教学的本质是通过师生的相互作用使学生得到发展,因此教师在讲解时还需注意学生的反应。如学生听课的表情状态、回答问题的情况、学生的动作等,教师根据这些状况随时调节自己的教学行为,从而达到较好的教学效果。

五、提问技能

教学过程中提出问题、用问题激发学生的求知欲望和学习兴趣,从而在问题解决过程中促进学生的思维发展。

(一)问题设计

设计一个好的问题,需要做到以下几点:①研究教材,明确目标;②理解原则,掌握标准;③优化思路,编好程序。

(二)提问的技巧

第一,正确处理反馈信息。

第二,学会启发和诱导。

第三,掌握提问的技巧。

六、反馈和强化技能

反馈强化是课堂教学中教师通过课堂中反馈的信息以自己特有的应变力来处理课堂中出现的各种问题,运用各种教学方法来强化课堂教学内容。

（一）反馈和强化技能的内涵

反馈技能是指在课堂教学中，教师传出教学信息后，有意识地从学生那里取得对有关信息的反应，并据此调整教学活动的行为方式。

强化技能是指增强对知识的反应程度，帮助学生把某一行为的变化朝着更好的方向发展的行为方式。

（二）信息反馈技能的特点

1. 双向性

既包含有教师对学生的信息传递，也包含有学生对教师所授知识的反馈。两个过程相互交融，相互影响，同时发生，双向进行。

2. 及时性

多数情况下教学过程中的双向信息反馈需要快速及时地进行，这样做教师可以及时依据反馈的信息调控课程难度和进度，学生可以及时调整学习思维和方法。

3. 全面性

教学过程中涉及各个环节、各个要素、各个阶段，每个同学的信息反馈会源源不断地涌现出来，只有通过敏锐观察，全面把握，才可以顺利进行授课。

（三）信息反馈的两种主要方式

1. 直接反馈

直接反馈是指教师从学生方面及时得到的反馈信息。如观察学生记录笔记的神态，还有回答教师提问、自我阅读和讨论发言的表现等。这种反馈信息的方式是最基本、最常见也是最为可靠的。

2. 间接反馈

间接反馈可以是教师在教学中的自我反馈，也可以是从领导的检查、同学的评课以及学生的课间闲聊中获得。

七、结束技能

精彩成功的课堂教学结束是教学科学性的体现。成功的课堂教学结束，不仅可以对教学内容或教学活动起到系统概括、画龙点睛和提炼升华的作用，而且能拓宽延伸教学内容，激发学生旺盛的求知欲望和浓厚的学习兴趣，对直接提高课堂教学效率，影响日后的学习效率起到重要的作用。

（一）结束技能的内涵

结束技能是教师完成一项教学任务时，通过重复强调、概括、总结、实践活动等，对所教的知识或技能进行及时的系统化、巩固和应用，使新知识稳固地纳入学生的认知结构中去的一种重要的教学行为。

结束技能常用于一节课的结尾。但是，课堂教学中任何相对独立的教学阶段都需要应用它，小到讲授某个概念、某个新问题的完结，大到一个单元或某项教学任务的终了。

（二）结束技能的常见形式及运用

1. 自然结尾法

正所谓"瓜熟蒂落、水到渠成"，教师所讲一堂课的最后一个问题的最后一句话说完，下课的铃声正好响起，这便是自然式结课。这种结课方式要求教师精于设计课堂教学的内容和结构,准确把握课堂教学的进程和时间,才能有效地达到预期的结果。

2.悬念留疑法

以悬念留疑法结课,即结课时留下疑问,诱发学生的求知欲,造成"欲知后事如何,且听下回分解"的悬念效应,好的悬念设置能诱发学生的求知兴趣,能激发学生思维想象的浪花,能使学生产生急于知道下文的迫切心理。为此,教师要认真研究、仔细分析,设计好富有启发性的问题,造成悬念,激发学生的求知欲望。

3.知识延伸法

一堂有品位的好课,不只是学生学习的结束,而是把结束作为一种新的开始,即把结课作为引导学生联系课堂内外的桥梁,让他们把学到的知识能力在课外得到延伸、扩张、充实,真正培养学生的运用能力。

4.归纳法

归纳法是教学中常用的结课方法,是在课堂将要结束时,教师、学生或师生共同用准确简洁的语言,提纲挈领地把整节课的重点内容、难点、知识结构、基本原理、基本技能等进行梳理和概括,从而结束课堂教学的一种方式,运用归纳式结课,可以给学生以系统、完整的印象,促使学生加深对所学知识的理解和记忆,培养其综合概括能力。语言应当简洁、概括、严谨,有启发性、创新性。

为了帮助学生理清所学知识的层次结构,掌握其外在的形式和内在联系,形成知识系列及一定的结构框架,在课堂结尾时利用简洁准确的语言、文字表格或图示将一堂课或包括前几堂课所学的主要内容、知识结构进行总结归纳。这种小结繁简得当,目的明确,且有一定的实际意义,而绝不是依教学的时间顺序,简单地读一遍板书各级标题就能完成的,它应能准确地抓住每一个知识点的外在实质和内在的完整,从而有助于学生掌握知识的重点和知识的系统性。这种方式的结尾一般用于新知识密度大的课型或某一单元教学的最后一次新授课。

第三节　模拟教学技能

模拟教学是一种虚拟实践的现代教学方式。其中的"情景"是指情形、景象,即事物呈现出来的样子、状况;"模拟"指照着某种现成的样子学着做。即通过对事件或事物发展与发展环境、过程的模拟或虚拟再现,让学生身临其境,在所设情景中发现问题、解决问题,理解教学内容,进而在短时间内提高能力的教学方式。

一、模拟教学的作用

在体育教学中,应用模拟教学能够直观地展示教学内容,便于学生理解,还能发挥学生的主体性作用,提高学习兴趣,收到事半功倍的效果,对提高教学质量具有十分重要的意义。

（一）有利于提高学生的形象思维能力

模拟教学所选择的环境、过程,比较接近事件或事物发生与发展的真实情景,有利于提高学生的形象思维能力。

（二）有利于学生加深对特定角色的体会

模拟教学为学生提供一个特定的情节,并使学生与模拟情景高度融合。学生在模拟中通过对特定情节或细节的演绎,加深对某些角色地位、作用、处境、工作要领等的体会。模拟教学中的情节或细节应该是有特点、能超越情节或细节的局限性,且能表现出事物整体性的情节或细节。

（三）有利于增强学生对实际问题的预测与处理能力

模拟教学让学生通过模拟事件发生、发展的每个环节,不仅可以引导学生模拟事件或事物的发展演变规律,而且可帮助学生发现潜能,找出不足,从而增强对实际问题的预测与处理能力。

二、模拟教学的特点

（一）直观性

模拟教学形象直观,环境与过程逼真,可有效解决某些理论原理难以形象化讲授、某些课题知识点难以通过实践加以验证的问题,让学生身临其境,突出操作性,注重实效性,又兼顾理论性。具有教师与学生高度投入、学生自身经验与模拟情景高度融合的特点。

（二）科学性

由于环境与过程的相互作用,并且注重理论与实际的高度结合,结果明确且相对准确,因此,模拟教学具有科学性。

（三）参与性

为获得较高评价,学生一般都会积极参与,充分表现,施展才华;都会积极投入,探索并试图解决问题,进而培养沟通、表达、相互认知等社交能力;使参与者获得实际工作经验,认清自身不足,也利于培养学生的集体荣誉感和团队精神。

第四节　搜集和处理信息的技能

一、搜集信息的技能

教学研究资料主要分为档案资料和实地调查资料两类。档案资料为二手资料,实地考察得来的资料一般为一手资料。

档案资料的搜集主要可以通过图书馆和互联网进行查找。各高校和地市图书馆均搜集有大量的图书和期刊资料。图书资料一般检索方式以分类目录、著者目录和书名目录进行,以分类目录为例,按《中国图书馆分类法》分类,依次排序编制而成的目录,共 22 大类。

（一）图书馆搜集

各图书馆一般按照此顺序排列,著者目录则是按文献著者姓名汉语拼音音序或文献著者姓名汉字笔画顺序编排而成的目录。书名目录则是按书名汉语拼音音序或书名笔画依次编排而成的目录,在查找的过程中掌握规律则能快速而准确地查找到所需资料。期刊资料与著作相比,由于其时效性较强,是写作教学研究论文资料的必备部分,一般图书馆将现刊摆放在书架之上,过刊按照年份进行装订整理和保存,查找此方面资料可按照时间顺序进行搜集。

（二）互联网搜集

由于互联网的快速发展,通过互联网进行资料的搜集与整理已经成为现代人更为熟悉和便捷的一种资料查找方式,在网络中可以快速集中地找到所需要的图书和期刊资料,其中查找著作的网站例如超星数字图书馆,查找期刊资料的网站如中国知网,其他网站还包括中国大百科、联合参考咨询网、233网校论文中心等。以中国知网为例,找相关期刊资料一方面可以通过关键词、篇名、作者等在检索项中进行模糊检索,也可以在资料中找资料,通过相似文献和文章的参考文献快速地找到相关资料。

（三）实地调查搜集

实地调查资料指实地调查过程中搜集到的文献和资料、访谈资料及调查统计资料,实地调查资料搜集首先要树立科学客观的考察态度,采取实事求是的方法。确定实地考察的范围、考察对象的现有资料、研究状况、研究现状等信息。在进行考察之前要制订考察路线与时间以及各项内容的采访步骤和提纲,并做好充分的物质准备,如录音设备、摄像设备、手提电脑、生活用品等。

二、处理信息技能

信息的处理主要包括对搜集到的资料进行分析与整理,其所要遵循的原则与主要方法如下:

（一）整理资料的原则

在整理资料时应当力求真实、准确、完整、统一和简明,并尽可能做到新颖。只有在此种资料的基础上,才能做出科学的分析结果。具体原则如下:

（1）真实性原则。整理的资料必须是确实发生过的客观事实,不弄虚作假,更不主观杜撰,否则会得出错误结论。

（2）准确性原则。整理后的资料,事实要准确,特别是数据要准确。

（3）完整性原则。在整理资料时,应尽可能地保证资料的完整性。

（4）简明性原则。整理的资料要尽可能简单、明确,并使它系统化、条理化,以集中的方式反映研究对象总体的情况。

（5）新颖性原则。在整理资料时,要尽可能从新的角度来审视资料,组合资料,尽可能地打破旧有的观念,要有创新意识。

（二）资料分析与统计方法

大量的资料搜集完成以后,研究者需要对资料进行分析整理与统计。对资料的可靠性、价值大小等方面进行分门别类、筛选和整理。

1.阅读资料

对资料的阅读需要有粗有细。

（1）先为文章进行编序。

（2）对文章进行略读,体现在文字资料的筛选中,应根据篇名、摘要或内容的浏览确定取舍。

（3）对所选择的文章进行精读,并在重要的地方做标记,可在文章的空白处记录东西。

（4）文章全部读完以后再次根据写作的需要按照重要程度为文章排序。

2.归类整理

（1）应按论述者不同的角度做分类整理,包括史、论、背景资料,这个过程也是对所研究问题的整体研究状况做了解的过程。

（2）对重要的相关资料进行重点研读。体现在阅读过程中，对于重点资料应反复研读并标记，可就这些重点文章做一个简短的概述和评论。记录重点文章和段落，如期刊文章应标记作者、文章名、刊名、出版时间、页码等信息。

3．在整理和分析统计资料的过程中应该注意的问题

（1）资料的完整性。应注意资料的完整性，尽可能做到穷尽所有的资料。通过各种途径尽可能地找到相关的所有资料。

（2）对于重要论点及史实的标注。对于与论文写作息息相关的重要内容的标注和记录一定要清楚。

（3）同一问题不同观点的整理。注意对论文资料中就同一问题不同学者看法的整理归纳。

第五节　体育教学执教技能

从实践来看，目前绝大多数体育的教学团队，基本是为完成共同的教学目标和课程建设任务而组成的教师群体，多为典型的自我管理型团队，其满足团队的基本特征，但又或多或少地存在以下问题。

一、体育教学团队执教中存在的问题

（一）团队成员执教能力存在差异

团队教学中，一般会出现各个成员教学水平参差不齐的状况。这会大大影响教学方案的实施和执行，最终影响教学的整体效果。如果只是通过教学观摩、教学示范等短暂、局部的学习，并不能从根本上解决问题。因此，如何有效提升整体团队的执教能力，提高课程教学的整体水平，是要解决的主要问题。

（二）团队建设成员参与度较低

体育教师的劳动具有很强的独立性和分散性，备课、上课、辅导、批改作业、编写教材等都可以独立完成，对他人的依赖程度低，这就阻碍了教师参与教学团队的积极性，削弱了教学团队的凝聚力。

（三）增强团队凝聚力的手段匮乏

目前的教学团队基本以同一课程（群）为维系载体，团队凝聚主要依赖物质利益，缺乏较强的向心力和持续的凝聚力，导致协同教学难以实施。上述问题归根到底都是"人"的问题。根据"木桶效应"理论，任何一个组织或许都有一个共同的特点，即构成组织的各个部分往往是优劣不齐的，但劣势部分却往往决定着整个组织的水平。

二、提升团队执教能力的方法

（一）知己知彼，完美融合

团队教学负责人在整个团队教学中应该起统领全局、协调发展的引领作用，首先要了解团队成员的特点、优点、缺点，因人而异、取长补短，其次要了解课程授课对象的特点，最后才能游刃有余地安排教学活动，物尽其用，人尽其才，实现有序排序。由于班级众多、生源质量不均，在安排教师授课之前，有必要了解将要面对的学生是谁，他们的特点是什么，甚至班级

的特色是什么。这是因为不同学生在学习体育课程的时候,对教师、教学方法、教学理念的需求一定是不同的。同时,还要根据每位教师的授课特点安排合适的班级进行教学,取长补短,尽量发挥每一位教师的优势,弥补自身的不足。

(二)分工协作,充分发挥协同效应

协同效应,简单地说,就是"1+1>2"的效应。20 世纪 60 年代美国战略管理学家伊戈尔·安索夫将协同的理念引入企业管理领域,协同理论成为企业采取多元化战略的理论基础和重要依据。如果将一个教学团队看作一个公司,那么对它的管理同样适合协同效应。团队教学主要包括人员、知识、能力、资源、关系以及目标等要素。如何让这些要素有序排列并加以约束使其发挥最大效能,是对一个团队负责人的考验。教学团队负责人要根据教学任务和目标,制订教学计划,明确团队成员分工,在此基础上每个人都对自己的任务负责,不断提出可操作性强的新思维、新理念、新方法,并有计划地落实到实践中去。具体而言,一是根据课程改革任务以及成员的具体情况制定适合团队的发展目标,并依据内外部软硬件环境的变化,对团队目标进行及时的调整、扩充与更新。二是分解目标,落实任务。团队负责人需要根据自己丰富的教学与改革经验,制定出具有可操作性的课程建设与教学改革的具体方法,并明确每个成员的责任,从而有效分解团队目标。三是充分了解团队成员的特点,充分调动团队成员的积极性,始终保持团队的活力与吸引力。

(三)形成常态、开放的集体备课制度

分工协作可以发挥每一位团队成员的作用,而集体备课就是不断总结经验、分享经验的过程。如果备课过程是一个开放的过程,团队成员就可以不断吸收不同任务、不同教学特点的教师的经验,获得全方位发展。在探讨网络学堂应用问题的时候,就是通过所有教研室的教师参与讨论的形式,建立一个开放、发展、进步的平台,彼此分享成功与喜悦,从而不断完善课程建设、学科建设以及教学团队建设。

第八章　重点运动项目的训练理论与发展

随着现代科学理论和科学技术的不断引入,很多体育运动训练和竞赛理论、技术、方法、手段、工具、材料等有关方面,正在发生日新月异的变化。体育运动的科学训练理论和技术正处于既高度分化又高度综合的阶段。因此,体育教师、教练员、学生不仅需要注重学习和掌握各种相关的专业知识和专业技能,更重要的是,要善于不断开展技术创新、方法创新和理论创新的实践活动。其中,科学认识和掌握运动训练的相关科学理论知识是非常重要的。以下就足球运动、篮球运动、排球运动等众多运动项目的教学训练与发展方面的内容进行阐述。

第一节　足球运动教学训练与发展

在很长一段时间内,凭借超群的足球运动技术、出众的身体条件就能在世界足坛占有一席之地。但现代足球运动的发展使得全攻全守的整体型战术日臻完善,也给足球运动的教学和训练带来了新的启示,如足球运动的教学和训练必须与比赛紧密联系,足球运动教学和训练的前提必须为提高足球运动员的实战能力服务,足球运动的教学和训练的内容及方式方法必须从足球比赛中得来。因此,我国足球的教学训练应当要注意借鉴这些理念。

一、足球运动教学训练的基本原则

足球不是一项简单、无序的教学训练活动,因此它需要系统和全面的教学训练计划,并且要遵循一定的原则。和篮球运动、排球运动一样,足球运动教学训练也应遵循主体性原则、实效性原则、直观性原则、循序渐进原则、对抗性原则、区别对待原则、周期性原则、一般训练与专项训练相结合原则、合理安排运动负荷原则,这些原则将穿插到后面相应的内容中,因此不再赘述。

二、足球运动教学训练方法

(一)熟悉球性和增强球感的训练方法

1.熟悉球性的训练

熟悉球性训练方法多种多样,如手持球做各种围绕身体的训练;坐于地面,两腿伸直,做使球在两腿间滚动的训练;坐于地面,两腿夹球抬起,仰卧做将球送至手上的训练;站立,两腿夹球,做屈膝跳起向前方或后方抛球的训练;做将球置于两脚间来回滚动的训练等,都有利于熟悉球性。总之,要想熟悉球性,就要尽可能多地接触球,以便提高踢球时身体动作与球的运动之间的协调配合。

2.颠球训练

(1)颠网袋中球:初学者开始训练颠球,可将足球放在网袋中,手抓住网袋上端,用脚的各个部位熟悉球性,感受触球后球的变化规律。

（2）用手自抛自颠：由于初学者用脚控制球的能力尚未达到，可以采用手抛球的办法自抛自颠。分别用脚背正面、大腿、胸和头部连续颠球，尽量延长训练时间。

（3）限定时间的颠球比赛：在限定时间内进行颠球比赛。不必考虑颠球失败，球落地后，仍可以继续颠球，累积颠球的次数。该训练既可以提高训练的积极性，又可以加大训练的强度。

（4）组合部位颠球：在熟练颠球的基础上，按照脚背正面（左右）—脚内侧（左右）—大腿（左右）—脚背外侧（左右）8个部位依次颠球，在此基础上还可以加上头、双肩、胸部4个部位共12个部位颠球。

（5）行进间颠球：在熟练颠球的基础上，进行规定距离的行进间颠球，尽量减少球落地的次数。

（6）颠传球：2人或3～5人颠传球，提高控制球的能力。

（7）网式足球比赛。

（二）运球技术训练方法[①]

这里只介绍运球过人的训练方法。

1.训练的形式与方法

（1）一过一训练：两人一球，做一过一训练。运球者向防守者做运球过人训练，防守者做消极防守。较熟练地掌握后，防守者做积极防守。这个训练可每次交换训练角色。

（2）一对一运球突破对抗训练：两人相距5～8米，B传给A以后迎上逼抢，A接球后运球突破B，突破以后拉开相应的距离；交替进行训练。

（3）突破传球训练：在限制区边线为15平方米的训练区域内，进攻和防守队员各3人，其他队员不许进入。供球队员可把球传入限制区任何地点，进攻队员控制球后必须先突破对手以后才能传出。在限制区内，防守队员可让进攻队员接球转身后再开始抢球。

2.训练要素的变化

（1）活动方式的变化：运球过人的方法有很多，初学者在学习运球过人时，过人的方式要简单易行，实用有效。

（2）活动速度的变化：开始时速度可以稍慢一些，重点体会重心的移动变换。待熟练以后逐渐加快速度或快慢结合运球。

（3）技术组合的变化：初学者开始训练时应做简单的运球过人动作，如左晃右拨、强行突破等，随着技术动作的熟练掌握，可以增加一些转、跳扣、连续过人等组合动作进行训练。

（4）对抗程度的变化：训练的对抗程度要从开始无对抗到有对抗，从消极对抗到积极对抗，再到比赛中运用。

（5）训练强度的变化：学习动作时，主要动作反复做，训练的次数要多。掌握基本动作后，可通过变换动作的组合方式，提高学生的学习兴趣，以便调整训练强度。

（6）训练场地的变化：注意调整运球场地的大小，还可以考虑增加限制标志物，标志物的摆放开始可以是有序的，根据运球动作的熟练程度，可以不规则摆放，提高运球过人变向能力。

（三）踢球技术训练方法

（1）无球模仿训练。要求初步体会动作感觉，确立击球脚型和踢摆方式。注意训练时身体要放松，控制好击球部位和脚型以及踢摆的速度节奏。

---

① 王培辉. 体育运动项目技能教学与训练研究[M]. 哈尔滨：哈尔滨出版社，2020.08.

（2）踢固定球训练：学生可以采用一人把球踩在脚下，另外一人用脚的不同部位踢球，体会脚的触球部位。

（3）踢定位球训练：可对足球墙、足球网自己训练，也可采用各种形式的对练；训练的距离可由近至远；由固定目标过渡到踢活动目标。要求在模仿训练的基础上，加深学生对触球的动作体会。注意训练的重点应放在动作的协调性和准确性上，而不是踢球的力量上。

（四）接球技术训练方法

1.训练的形式与方法

（1）训练者自抛自接训练。

（2）在相互传球过程中进行多种部位的接球训练。

2.训练要素的变化

（1）初学者开始接球的动作可以简单一些，重点体会接球时接球动作的变化，如迎撤动作、拨转动作、切挡动作的区别。

（2）注意调整接球时的力量大小，根据接球动作的熟练程度，开始时力量要小一些，熟练后力量逐渐加大。

（3）接球路线：可以先接地滚球，然后接空中球，再接平空球。接球的部位可以先脚后胸、大腿、头部、腹部等。

（五）头顶球技术训练方法

1.训练的形式与方法

（1）原地无球模仿训练。

（2）跑动中无球模仿训练或跳起无球模仿训练。

2.训练要素的变化

（1）活动方式的变化：训练时先做原地无球模仿训练，然后做跑动或跳起无球模仿训练。

（2）活动速度的变化：注意先慢后快。

（六）抢截球技术训练方法

1.训练的形式与方法

（1）行进间向左、右侧前交替做蹬、跨、断、抢模仿训练。

（2）从侧后方上前抢断同伴传球。

2.训练要素的变化

（1）活动方式的变化：开始训练时，可以先进行无球的断球训练，了解断球的时机和抢断的位置，再逐渐结合传球进行训练。

（2）训练的对抗程度和活动速度的变化：根据学生掌握断球的情况，逐渐加大对抗程度，跑动速度和传球速度也要逐渐加快。

（七）掷界外球训练方法

1.训练形式与方法

（1）徒手模仿训练。

（2）两人一球，按照规则对掷球的规定，互相做掷界外球训练。

（3）方法同上，一人掷球时，另一人假做迎前要球动作，然后突然转身回跑，掷球人向其前方用力掷球，接球人努力抢点把球接好。

2.训练要素的变化

开始训练时，可以进行无球模仿训练，然后进行原地掷界外球训练，并逐渐加大掷界外球的力量。在掌握原地掷界外球动作要领的基础上，结合助跑进行掷界外球训练，并逐渐加大掷界外球的距离。

三、足球运动教学训练的发展趋势

(一)足球运动教学的发展趋势

当前我国足球运动的教学正呈现出立体化的特点。具体来说,足球运动教学的发展趋势主要有以下几个方面:

第一,教学理论与方法不断完善。足球教学的理论与方法的不断完善是我国足球教学的一大发展趋势。例如,许多先进的科技成果不断运用到教学中去,这促使了足球运动教学中出现了许多新的手段。另外,新的国家体育教育教学目标要求高校培养更多的全面发展的高素质人才,因此足球教师也正将新的教学方法不断投入教学实践。

第二,教学内容的选编更加合理。随着人们对足球运动教学认识的不断加深和当今社会对人才的高标准要求,足球教师选编足球教学内容更加合理。为进一步培养学生的全面素质,足球运动教学中不仅安排了足球技术的教学,还更加重视足球理论知识的传授。由于学生在教学中的主体地位得到重视,因此教师选编教学内容时也充分考虑学生的需求,考虑学生的实际情况尤其是个体差异,同时积极引入一些新的教学内容。

第三,课程目标的制定更加科学。在"健康第一""以人为本"、终身体育等理念的指导下,我国的足球教学目标的制定变得更加科学。教学内容的安排和教学方法的选择都将从实际出发,以学生需求为标准,重点突出课程目标的科学性,并以此为指导依据组织足球运动的教学。

第四,教学组织的形式更加完善。目前,我国足球教学开始尝试并逐步实施了分班教学和分组教学,这使足球教学更加有针对性,做到因材施教。因此,实施分班、分组教学是我国足球运动教学组织形式完善的重要表现,值得进行大力推广。

第五,更注重教学中学生的参与。"以人为本"的思想是我国足球教学的重要思想,在足球教学中注重学生的参与已成为一大发展趋势。在足球教学中更加注重学生的参与,以学生自身的需要为根据选择教学内容,注重教师和学生间的交流,重视对学生的课余训练的指导。

第六,考核标准的确定更加合理。在足球运动的教学中,考核标准的确定更加合理,足球教学的评价趋向于对学生学习过程的评价,不仅有主观评价,还有客观评价。这些评价不是以学生某项技战术的掌握为标准,而是要体现出学生在学习过程中的学习态度和锻炼效果。

(二)足球运动训练的发展趋势

我国足球运动训练将呈现出以下几个方面的发展趋势:

第一,加强组合技术的训练和培养。足球训练是一个系统而复杂的学习过程,运动员应充分发挥自己的创新能力,加强足球运动各种组合技术的训练和应用,全面掌握足球运动的停、踢、顶、抢等各种技术动作以及技术方法之间的有机联系。

第二,重视足球竞赛的组织和参加。重视和利用竞赛的杠杆作用,以赛促练,是足球运动教学训练中提高运动员足球竞技水平的重要发展趋势。建立多层次的比赛体系,合理运作足球比赛,要求体育管理部门积极参与建立区域内、区域间的足球竞赛体系,以促进不同区域之间的足球训练成果的交流,增加运动员比赛实践的机会。

第三,增加足球训练的经费投入,运用政策和竞赛机制的干预,将有利于运动员足球竞技水平的提高。可以说,增加足球训练经费的投入将是未来一段时间内我国足球运动的重要发展趋势之一。

第四,加大足球基础设施建设。对于足球运动训练来说,足球场地、训练器材等硬件设施建设是促进提高足球训练水平的重要物质保障。对此,足球运动训练的相关部门及领导要加强重视,进一步完善足球场地、器材等基础设施建设。同时,要进一步利用现代高科技设备和仪器服务于运动员的足球训练,从而为足球训练提供量化的生物学、生物化学指标,从而更有针对性、更加科学地开展足球训练工作。

第二节　篮球运动教学训练与发展

篮球教学是一个教育实践过程,篮球运动教学训练理论就是从篮球教学实践中总结、概括并上升为理论的科学体系。篮球运动教学训练理论是将一般的教学原则和相关科学的理论与方法融为一体,促使学生有效掌握篮球运动基本知识和技能的一种专项理论。以下就篮球运动教学过程与特征、篮球运动教学训练方法、篮球运动技战术教学训练步骤、篮球运动教学发展趋势以及篮球运动训练现状及发展建议进行阐述。

一、篮球运动教学过程与特征

篮球教学过程是一个多目标、多层次、多形式的过程。从认识论角度看,篮球教学过程是一个特殊的认识过程。从结构论角度看,篮球教学过程是在传授篮球知识技术和发展体力的基础上最大限度地培养学生篮球运动的能力、发展学生智能和体能的多层次的动态变化过程。从教育心理学角度看,篮球教学过程是以学生认知为基础的全面心理活动过程和以能力为核心的统一培养、塑造个体发展过程。从运动生理生化角度看,篮球教学过程是遵循人体机能活动变化规律和人体运动适应规律、发展学生体能的过程。

由于篮球运动的规律性而形成的篮球教学具有以下特征:

第一,篮球教学活动是双边性的。篮球教学是实现体育教学目的和任务的基本途径,是以篮球教学内容为中介,以学生身体参与为特征,师生在教与学两个方面的双边活动。

第二,篮球教学具有教育性。篮球教学是在教师的指导和学生的参与下,学生按照教育方针和篮球教学大纲的要求,锻炼身体,增强体质,学习和掌握篮球基本知识和技能,培养思想道德品质的有目的有组织的教育过程。

第三,篮球教学是一种传习技能的活动。篮球教学是在体育教师和普通学生之间开展的篮球技能传习活动,是在学生和教师的共同参与下,有目的、有计划的认知、身体训练与情感交流活动。

篮球教学过程强调身体的直接参与,体力与智力活动相结合,身体要承受一定的生理负荷。

二、篮球运动教学训练方法

篮球教学方法是指在篮球教学过程中,篮球教师指导学生为达到一定的篮球教学目标所采用的一系列的活动方式、途径和手段的总称。教学方法的选择恰当与否,对篮球教学质量和教学效果有很大影响。选择正确的篮球教学方法能够激发学生的兴趣,活跃学生的思维,使学生积极主动地进行锻炼;能够用较短的时间和精力加速教学的进程,取得较大的教学效果,还能够反映出体育教学的特殊性和体育教学规律。

迄今为止,随着科技的发展以及理论的创新,篮球教学方法的种类也大大地增加。但总的来说,我们一般还是把它们分为常规教学法和现代教学法。这两种方法在理念上、方式上、结构上也存在着很多不同。常规教学法主要有讲解教学法、演示教学法、训练教学法、纠正错误教学法等方法;现代教学法包括指导发现教学法、掌握学习教学法、程序教学法、案例教学法、合作学习教学法等方法。但无论哪种方法,一般情况下在内容上都含有训练的负荷强度、负荷量度、间歇时间、技术的组合方式等方面。有效的教学方法既存在但又不是现成的,需要教师不断地探索、实践和研究。相同的教学方法,作用于不同的对象,运用的时机不同和由不同的教师来执行都会产生不同的效果。下面重点介绍现代教学法。

现代教学法具体有指导发现教学法、掌握学习教学法、程序教学法、案例教学法、合作学习教学法、游戏教学法、领会法等。其中,指导发现教学法是指教师向学生提供一种问题情境,给学生一些事实(例)和问题,主要让学生积极思考,独立探究,此时教师只是给予必要的指导。该方法在学习篮球战术和理解攻防关系、掌握技术要点时应用更有效。案例教学法即依据教学大纲的要求,选择篮球比赛中比较精彩的典型战例作为教材内容进行教学的方法。此方法经常在篮球战术配合教学、篮球规则与裁判方法的教学、篮球竞赛组织编排等内容的教学中采用。合作学习教学法在篮球教学过程中多采用小组训练、小组竞赛和小组评价等方法进行活动,让学生在小组和伙伴的合作活动中学习掌握篮球教学的内容,在和谐的人际关系和快乐的合作学习环境中完成学习任务。游戏教学法就是在篮球的教学过程中,以游戏的形式,使学生在激烈的兴奋的竞赛中,不知不觉地学到篮球教材中的内容。

三、篮球运动技战术教学训练步骤

篮球运动教学应根据教学任务、技战术的系统性,合理安排教材顺序。任何技术动作或战术方法教学,都应遵循运动技能形成规律和教学原则要求。教学实践中要结合篮球运动本身的特点,正确选择教学方法。

(一)篮球技术教学训练步骤

1.掌握技术动作,形成动作定型

(1)建立正确的技术动作表象和完整的动作概念。利用示范动作、图片、电影、录像等直观教具演示动作技术,使学生了解所要学习的技术动作形象,建立正确的技术动作表象。为了建立完整的示范动作概念,一般先做一次完整的示范动作,再根据技术动作的结构和要求,做重点示范,使学生重点注意最主要的动作环节。

(2)掌握技术动作,形成正确的技术动力定型。根据技术动作的难易程度,教师正确地选择和运用联系方法。学习简单的技术动作,一般采用完整训练法;学习比较复杂的技术动作,可采用分解训练法。对于不宜分解的技术动作,一般不采用分解训练,以免影响技术动作完整概念的形成。采用重复训练法,在简单条件下训练,形成正确的技术动作动力定型。采用变换训练法,在复杂情况下巩固技术动作的动力定型。

2.掌握组合技术,学会初步运用

在学习两个或者两个以上的组合技术动作时,除了进一步巩固已形成的技术动作定型外,主要解决技术之间的衔接,掌握各种组合技术,为在对抗条件下运用技术打好基础。技术动作组合方法有先后完成动作的组合(如接球后运球),同时完成动作的组合(如急停接球)、附加假动作的组合(如假投篮及持球突破组合)。

掌握组合技术,首先要解决动作之间的衔接问题,连贯合理又快速省力地完成动作。例如,训练运球后传球时,在运球过程中最后一次运球按拍球的部位、用力的大小、球反弹的高度、球离身体的距离,都要为接球做准备,而接球又要为传球做好准备。开始学习组合技术时,一般是在原地慢速训练,以不破坏已形成的正确技术动作定型为原则,然后逐渐加快完成动作的速度。

在能连贯地完成组合技术的基础上,进一步去掌握组合技术的节奏、速度与动作的准确性。例如,训练行进间运球投篮(运球上篮)组合技术时,要求行进间运球的速度稍快、跨步跳起接球的动作要慢一些、上步踏跳的步幅稍小、蹬地要有力,将向前的速度变为垂直向上的速度,便于空中完成投篮动作。通过反复训练,逐步领会完成组合技术的快慢节奏,提高动作衔接的质量。

利用某些动作作为假动作来迷惑对手,使其重心移动、失去有利位置以乘虚而入,完成预先打算的第二个动作。假动作要逼真,而且变化快速。要注意真假动作的节奏,一般假慢真快,效果较好。

3.在攻守对抗情况下,提高运用技术能力

在攻守对抗情况下,学会克服对手的阻挠和制约,达到及时、准确、合理地运用技术。在教学步骤中,一般按以下顺序进行训练:

第一,在规定的攻守条件下,掌握运用时机,完成技术动作。训练时,应对攻守对抗提出针对性要求,训练进攻技术时,规定防守的要求;训练防守技术时,规定进攻的要求。通过反复训练,及时、准确地完成动作。

第二,在消极攻守对抗情况下,选择运用时机,提高技术运用能力。以训练进攻为例,在消极攻守对抗条件下让队员自己观察判断对手的身体情况,运用假动作,制造假象,迷惑对手,进攻队员抓住时机,迅速地进行投篮。

第三,在积极攻守对抗的情况下,进一步提高技术运用的能力。要求运动员在对手积极阻挠和制约的情况下,冷静观察,准确判断,主动应变,果断行动。

在篮球技术教学中,教学步骤与顺序不是一成不变的,而是灵活地加以运用。

(二)篮球战术教学训练步骤

篮球战术的教学任务,是使学生掌握战术方法,学会在比赛中运用。在实践中,通常分为三个教学训练步骤。

1.建立战术概念,掌握战术方法

(1)建立完整的概念。战术展示与讲解,一般采用小黑板、沙盘、图片和组织学生进行战术演示,同时,运用简明扼要的语言,阐明战术的阵型、配合/方法、移动路线、动作顺序与时间,以及每个队员的作用与同伴协调的行动,使学生比较清楚地了解战术方法的全过程。完整战术方法演示之后,还可以重复演示或重点演示战术中某个环节,进一步讲解战术的实质,启发学生的思维,加深对战术的理解。

(2)掌握局部战术配合方法。局部战术配合的教学,应先重点进行主要配合教学,后学次要配合,再进行战术配合的组合教学。战术配合的组合教学主要强调主次配合的衔接、连续性及其变化。在假设的攻守条件下,掌握配合方法。在消极攻守条件下,掌握配合时机。

(3)掌握全队战术方法。在消极攻守对抗的条件下,熟悉全队战术阵型、配合线路;在积极攻守对抗的条件下,提高运用战术的能力。

2.提高战术综合运用能力和攻守转化速度

在掌握两个和两个以上全队攻守战术方法的基础上,结合比赛进行攻守转换战术组合训练,提高运用战术的应变能力。在训练中,当进攻结束时,应立即干扰对方获篮板球后的第一传或掷界外球,同时迅速转入全场、半场防守;当防守结束时,应立即转入反击,发动快攻,如快攻受阻,再转入阵地进攻。由守转攻时,转换要快速。在训练中,根据对方的情况,有策略地运用各种战术,造成对方难以适应而产生漏洞或失误。例如,攻转守中,在前场采取全场区域紧逼,到后场采用区域联防;在半场防守时,采用区域联防,根据进攻阵形又立即变为对位联防,还可以由对位联防再变为人盯人防守,争取主动。

3.在比赛中运用战术,提高应变能力

比赛前提出战术要求,比赛中进行具体指导,比赛后认真总结成功的经验,分析失败的原因,提出改进方法,不断提高运用战术的能力。

在篮球战术教学训练中,根据教学重点,合理安排教学先后顺序,正确处理攻守关系,攻守并重。把改善个人攻守技术运用能力与培养战术意识、掌握战术方法结合起来。

四、篮球运动教学发展趋势

以高校为例,目前我国篮球教学还存在诸多问题,如过于重视篮球技术的提高,未能将篮球的娱乐性融入教学过程中;教学内容与教学形式不尽合理、有待改善;教学评价手段不够科学、有效、合理。因此,应该在篮球教学中,以降低技术要求,鼓励学生积极参与运动,充分调动学生的主动性,会学、会练、乐学、乐练。教师对于学生的考核评价应坚持多元化原则,将多种评价机制相结合。

整体而言,我国篮球教学的发展趋势主要体现在以下几个方面:第一,篮球教学改革更加趋于全面化,篮球教学内容和教学形式都将更加灵活、多样。第二,篮球教学组织方式更加趋于多样化。以自愿、自由、自主、自试的原则为主要依据,设置更加多种多样的教学组织形式,比如,实行以学生院系为基本单位的篮球联赛、不定时举办篮球文化节、在高校组织篮球俱乐部等。第三,篮球人才培养体制更加趋于完善化,篮球运动的投入途径更加多元化。寻找校企合作是高校篮球运动募集资金的重要途径之一。

五、篮球运动训练现状及发展建议

仍以高校为例,结合现实情况来看,篮球运动训练存在以下几个问题:

第一,现阶段的篮球训练都是由教练员一手制定,训练方法较为固定单一,训练程序也没有大的变化。

第二,部分教练员组织管理较为松散,训练强度大小不一。

第三,部分院校的篮球训练并没有根据学生特长的不同而制定有针对性的训练手段与方法。

第四,领导不重视。领导不重视主要是由于对课余训练的认识存在偏差,认为篮球训练可有可无,影响教学,花钱过多等。

对此,提出以下几个建议:

第一,教练员应加强理论学习和智能训练,改善知识结构。教练员应该不断地采取各种途径进行篮球意识的培养和深化,反复刺激强化,使球员有正确的反射行动,即意识培养。

第二,教练员要充分发挥自身的主导作用,加强对球员的宏观管理,以身作则,在学生面前树立良好的形象。

第三,尊重学生,充分发挥其主观能动性。

第四,培养学生主体意识。高校篮球训练应深化对学生训练需求的调研,广泛了解学生对篮球训练理论知识和实践技能的不同学习需求,让他们感到主体地位的赋予,进而从根本上树立起篮球训练的主体意识,敢于表达训练中的不同意见等。高校篮球训练应扩展多元化的教学方式,还应建立良好的评估机制。

第三节　排球运动教学训练与发展

当今世界已处于新的技术革命时代,新技术革命对人才素质的要求越来越高,人才的知识结构也发生了巨大的变化,由单一的纵向发展逐步转变为纵向与横向的均衡发展,尤其在新型人才、开拓型人才和复合型人才上,提出了更高的要求。这对于从事排球运动教学的教师来说,单靠排球技、战术方面的知识和经验进行教学还是不够的,需要拓宽知识面,综合运用多科知识来解决排球教学中所碰到的新问题。特别是作为研究排球运动教学理论的专业人员,更应及时吸收与补充有关学科最新的研究原理与发现,以便使排球运动教学理论的研究与时代发展同步。

一、排球运动教学训练基本原则

(一)排球运动教学的基本原则

排球运动教学的基本原则有一般教学原则,也有特殊教学原则。前者如系统性原则、自觉积极性原则、从实际出发原则、直观性原则、巩固性原则,后者是依据排球运动技能的开放性和对抗性理论,以及排球运动特点和排球运动教学实践经验而总结出来的。从认知策略角度,排球运动要遵循三个特有的教学原则。

第一,学习技术动作与实战对抗运用相结合的原则。排球运动具有个人技术与集体战术相配合的显著特点,其运动的对抗性和开放性决定了其教学过程必须把实战对抗能力放在重要地位。因此,必须把技术动作的学习与实战运用的能力培养发展结合起来。

第二,技术个体化和区别对待的原则。技术动作的规范性是排球运动教学普遍追求的目标。但学习者在身体形态、行为习惯、身体素质、智力等方面又存在区别。因此,排球运动教学要在规范化基础上遵循技术的个体化原则,容许学生之间存在技术动作上的细微差别。

第三,专门性知觉优先发展的原则。在运动教学中,对环境和器具的感知是专门性知觉发展过程。例如,排球运动教学中的垫球训练是知觉感知的重要方法。在现代排球运动教学中,知觉感知至关重要,教学中常常采用大量熟悉"球性"的训练来优先发展这种能力,以确保技术动作的学习。

(二)排球运动训练的基本原则

排球运动训练应遵循的基本原则包括目的性原则、全面性原则、周期性原则、恢复性原则、针对性原则、循序渐进原则、科学安排运动负荷原则、训练与比赛相结合原则等。

1.目的性原则

排球运动训练是一种有目的、有意识的活动,其过程始终受一定目的支配。排球运动既是一种克服自身惰性的体力性活动,又是克服外界环境阻碍的意志性活动。运动员要不断地战胜贪图安逸的心理惰性,保证在预定时间参加活动。在排球运动训练中,身体还要承受一定的运动负荷,要有额外的体力消耗。因此,没有明确目的和主动自觉的精神是不可能坚持下去的。

2.全面性原则

人体的各组织、器官、系统之间是相互联系、相互制约的,它是一个有机的整体,在这种环境下,就要求运动员进行排球运动训练时要全面,要促进机体的全面协调发展。为了更好地贯彻全面性原则,运动员在进行排球运动训练时,应对改善机体形态、提高身体机能、适应环境、抵抗疾病、愉悦身心等方面进行综合考虑,全面发展。

3.周期性原则

任何形式的排球运动训练都需要遵循一定的周期循环,周而复始地安排训练。运动员通过一段时间的排球训练,其竞技能力可以在一个周期训练中达到最佳状态,这种状态就是所谓的竞技状态。一般来说,周期训练划分为三个时期,即准备期、竞赛期和休整期,也就是说前一周期是下一周期的积累,每一个周期都是在原来周期基础上有新的目标。竞技状态发展中的三个阶段是紧密相连的,形成一个周期性循环。适当变换训练思想、内容和方法,以求周期性地提高运动成绩。

4.恢复性原则

长时间进行排球运动训练,运动员身体会受到较大冲击,这时就需要充分休息,否则就可能会引起过度锻炼的疲劳综合征。缓解这种症状的方法是增加两次排球训练之间休息时间和在训练时降低运动强度。对于严重的过度训练者来说,还需要增加营养、接受理疗和按摩等,使机体得以恢复。

5.针对性原则

由于每个运动员的年龄、身体素质、运动能力等方面都存在一定差异性,如果对不同的运动采取同一种训练方法,就不会取得理想的训练效果,这就需要教练员根据每个运动员的实际情况有针对性地选择训练方法、训练内容以及运动负荷。在排球运动训练中,不仅各人的起点不同,而且随着训练过程加深每个人都会不断地发展变化,存在的技术缺点也不相同。因此,在排球运动训练中,要想取得较为理想的训练效果,有针对性的对待是非常重要的。

6.循序渐进原则

进行排球运动训练,都是从不适应向适应转化的过程。同时,这一过程也是一个由"适应"向新的"不适应"转化的过程。面对新的健身项目,训练者开始会出现一定的不适应,而经过一段时间锻炼,会逐步适应此项健身运动,而当机体出现持续性适应后,如果不增加训练负荷,即不增大负荷刺激,机体对该负荷的反应就会逐渐降低直到不明显,即出现"习惯性负荷"效应,身体锻炼的效果也会逐渐降低或不明显。排球运动训练的过程,也就是"两个转化"不断循环和螺旋式上升的过程。这就说明,训练者要想获得在身体形态、生理、生化等方面的良好变化,就必须坚持循序渐进原则。

7.科学安排运动负荷原则

训练负荷的安排对排球运动训练效应有着重要影响,有机体对适宜负荷才会产生适应性变化。排球运动训练的经验证明,量大、强度大的负荷训练是提高训练水平和运动成绩的关键。如果负荷过小,不能引起机体必要的应激反应。但在过度负荷作用下,机体则会出现劣变现象,导致伤病发生。排球运动训练要合理安排运动负荷就要依据人体适应规律安排训练任务。

排球运动训练贯彻科学安排运动负荷原则,应注意以下几点:第一,根据运动员的排球训练水平确定适宜的运动负荷。第二,要处理好负荷量与负荷强度的关系。第三,要处理好负荷与恢复的关系。第四,要由小到大,逐步提高,有节奏地安排运动负荷。在科学安排排球运动训练的运动负荷时,还应考虑运动员的营养状况、学习及其他活动的负担等情况。

8.训练与比赛相结合原则

训练与比赛两者相辅相成。在排球运动的训练中,各个训练周期的主要任务不同,比赛次数也要不同,赛和练要安排得当。一般来说,对初学者和技术水平不高的队,比赛不宜安排过多,而对较高水平的队应多安排比赛,可以通过比赛发现问题,并进行针对性训练。随着排球运动训练实践不断丰富,经验不断积累,以及对训练过程客观规律认识不断深化,排球运动训练原则也在不断地完善和发展。而且,上述原则不是孤立的,它们之间是紧密联系、相互作用的。

二、排球运动技战术教学训练方法

(一)排球运动技术教学训练方法

1.准备姿势和移动的训练方法

(1)全体学生分成两列或四列横队,以半蹲准备姿势站立,看教师的信号(手势或持球)做向前、后、左、右移动。包括一步或两步。

(2)方法同上,看教师信号做相反方向的移动。

(3)两人一组,一人持球向前、后、左、右抛球,另一人不停地快速移动接球。

(4)两人一组做"影子"游戏,一人前后左右移动,另一人像影子一样跟随。

2.发球的训练方法

(1)徒手模仿发球动作,反复多次。

(2)击固定的吊球,训练发球动作,体会挥臂与击球动作。

(3)持球做抛球训练,提高抛球的稳定性。反复训练数次。

(4)两人一组相距5~7米,做发球训练。

(5)两人一组隔着球网做发球训练。

(6)两人一组站在发球区内,进行发球训练。

(7)发定位球训练。先进行区域性发球,再进行落点发球。

3.垫球的训练方法

(1)徒手训练:徒手两臂插夹训练,徒手模仿垫球训练。

(2)两人一组击固定球训练:一人双手持球于对方的正确击球点,另一人用垫球动作击球(不把球击出);持球人将球自上向下运动,垫球者用正确动作击球后中下部,持球者可以稍加压。

(3)自垫:每人一球自己抛球后,连续向上自垫。

(4)两人一组相距3~5米,一抛一垫。

(5)两人一组相距3~5米,对垫。

4.传球的训练方法

(1)徒手模仿传球动作,反复多次训练体会动作。

(2)两人一组,一人持球有节奏地由上往对方额前上方挥动球,另一人做传球动作,体会手型、用力等。

(3)自传训练。

(4)距离2~3米对墙传球训练。

(5)两人一组,相距3米左右一抛一传训练。

(6)相距3米排成两列纵队,进行跑动传球训练。

(7)3人一组,三角传球训练。

(8)接发球后再传球训练。

5.扣球的训练方法

(1)原地双脚起跳训练。要求两脚用力蹬地,两臂划弧摆动配合起跳,在空中扣球手臂抬起并后引成扣球前的动作,落地要双脚前脚掌先着地,屈膝缓冲。

（2）一步助跑起跳训练。要求手脚配合协调,注意控制身体平衡,起跳时要有爆发力。

（3）两步助跑起跳训练。动作由快到慢,步幅由小到大,两步之间衔接连贯,掌握跑动节奏,起跳时避免前冲。

（4）网前助跑起跳。掌握助跑起跳步法。

（5）挥臂甩腕训练。体会鞭甩动作。

（6）两人一组,一人持球举至击球点位置,另一人挥臂击固定球,体会击球点和手型。

（7）网上扣固定球。体会网上扣球击球点和手型。

（8）对墙连续扣球。体会挥臂动作和击球手法。

（9）在网前自抛自扣过网。

（10）在4号位连续扣抛球。

6.拦网的训练方法

（1）徒手原地模仿拦网动作,体会拦网的伸臂和拦击球动作。

（2）网前做原地起跳徒手拦网动作。

（3）两人一组,一人站在高台上持球,另一人跳起拦固定球。

（4）两人隔网站立,同时原地起跳在网上击掌。

（5）网前两人一组,隔网相对,做并步、交叉步、跑步徒手移动拦网。要求移动迅速,两人密切配合。

（6）网前3人站在对方高台上,分别持球在本方场区上空网上沿,多人在本方网前轮流移动拦网。要求起跳后在空中压腕盖。

（二）排球运动战术教学训练方法

1.进攻战术教学训练方法

在进攻战术的教学中,应先学习"中一二"进攻,后学习"边一二",最后学习"插上"进攻,在此基础上发展各种难度较大的进攻打法和复杂的配合。在基本掌握进攻阵型后,要注意进攻与防守阵型之间的衔接和组合训练,切忌攻防脱离。

2.防守战术教学训练方法

防守战术的教学,应与进攻战术紧密结合来安排教学。首先配合"中一二"进攻阵型,先学习"中一三二",接传、垫球的全队防守和全队接发球防守,以及无人拦网和专人拦网条件下的全队防守。其次在学习"边一二"进攻阵型,结合前排队员的换位和不换位接传、垫球防守和接发球防守,在单人拦网和双人拦网条件下接扣球防守。最后结合"插上"进攻战术,掌握在双人或三人拦网情况下的跟进方法。

三、排球运动教学的发展困境及建议

就教学方面而言,目前,我国排球运动教学还存在诸多不足,如缺乏实践性、参与性,还有滞后性的不足。受传统教育模式的影响,在排球教学过程中,理论传授高于实际应用,导致学生的锻炼机会较少。缺乏实践性的教学模式导致学生不愿参与排球训练,并且不能领悟排球的实际魅力,缺乏对团队合作能力的培养,教学效果并不理想。对此,我国排球教学训练应该要注意教学形式与内容的结合,创新教学体系,注重提升学生参与度,加强学生兴趣感。在实际体育的教学过程中,减少传统形式教育的所占比重,降低轻实践状况的发生。通过调研改革排球的现有教学模式,从学生的需求进行考虑,用实践教学思维来指导排球教学。

就训练而言,从相关调查来看,很多学生对于排球训练的认识度还存在较大的模糊性,不知道排球训练的实际意义和作用,学习排球知识由于表面的喜欢,并没有深层次的探究,这些主观性因素是排球训练进步的重大障碍。另外,我国排球训练体制还有待进一步的改善。在体育改革的浪潮中,全国大部分高校都设有专门的体育协会等相应的体育社团,但这些团体的工作仍集中于学校,限制了高校体育活动的自主性和灵活性。同时,我国排球训练还存在教练员队伍经验不足、办学办队经费紧缺、学习和训练矛盾突出、训练时间有限、设施缺乏、医务护理性差等问题。要促进排球训练发展,就要树立正确的排球训练理念、加强教练员队伍的建设、加强协调配合与管理、争取各方支持、有效处理学习与训练的矛盾。

第四节　其他重点运动项目的教学训练与发展

就球类运动而言,除了前面提到的足球、篮球、排球,羽毛球、乒乓球、网球等也是重点运动项目。不过,与之相比,田径运动的发展历史更加古老,其所培养的能力是人类最基本的运动能力。在现代社会的发展中,田径运动不仅作为一项竞技项目,更象征着人类向"更高、更快、更强"的体育精神永不止步的追求。武术是以技击动作为主要内容,以功法、套路和搏斗为运动形式,注重内外兼修的中国传统体育项目。它经历了漫长的历史发展过程而形成内容丰富精深、社会价值广泛、文化色彩浓厚的体育文化形态。以下就简要阐述田径运动项目和武术的教学训练与发展内容。

一、田径运动教学训练及发展建议

(一)田径运动训练的基本体系

多年来,田径运动水平的提高和科学技术的发展,逐步形成了田径运动训练的科学体系。田径运动训练科学体系是一个由若干相互联系又相互制约的影响田径运动训练因素构成的整体,作为中、高级田径教练员和教师,应该掌握这一训练体系,并在实践中形成自己的一些训练观点,使自己的教学训练更加科学系统和先进。

(二)田径运动训练的基本内容和方法

田径运动训练是由身体训练、技术训练、战术训练、心理训练、恢复训练、理论学习等内容所组成。这些构成因素综合地表现为田径运动员的训练水平和竞技能力。田径运动各项训练内容的关系相当复杂,总的来说,表现为相互联系、相互影响、相互促进和相互制约。以下重点说技战术训练。

1.技术训练及方法

技术训练的任务是学习和掌握先进的运动技术,并形成具有个人特点的技术特长,以有效地发挥机体的机能能力。田径运动技术的特点是技术基本结构和技术环节都是相对固定的,不同的是技术细节(技术的个人特点)。因此,田径运动技术是周期性和混合性动作,便于运动生物力学研究,同时也便于确立"标准规范技术"。

为了掌握规范技术和形成个人特点,技术训练中要注意如下问题:

第一,身体素质是掌握运动技术的基础。例如,跳高运动员没有起跳的速度力量能力,就无法掌握快速起跳的技术。因此,运动员要掌握规范技术、形成个人的技术特点,必须具备良好的身体素质。身体训练水平越高,技术掌握得就越好。

第二,要抓住关键技术反复训练。田径运动各项目均有各自的技术关键,如短跑的蹬摆配合技术、跨栏跑的"跨栏步"技术、跳跃项目的助跑与起跳结合技术、投掷项目的最后用力动作技术。掌握关键技术可以提高技术的效果。

第三,技术训练要贯穿于训练工作的始终。因为运动技术是大脑建立的一种暂时性的神经联系,身体训练水平经常处于消长不定的状态。因此,技术训练要贯穿于训练工作的始终。在全年训练中,准备期应以学习和改进基本技术为主,注意提高技术基本结构及其衔接的质量;比赛期应以提高专项完整技术为主,注意提高关键技术环节动作质量。

第四,不断探索形成运动技术的个人特点。在运动员学习先进技术时,一定要从实际出发,结合个体的具体情况,细致分析,大胆探索,把个人的特点融入技术结构中,从而形成个人特长,提高技术的实效性。技术训练的主要方法有分解法、完整法、重复法、变换法和比赛法等。不同的阶段采用不同的训练方法,如初步掌握运动技术阶段采用分解法和重复法,提高运动技术阶段采用完整法和比赛法。

2.战术训练及方法

田径运动竞赛中,不同的项目有不同的战术,如短跑比赛的战术主要体现在预赛中争取出线前提下保存体力,以便在决赛中全力以赴地战胜对手;中长跑比赛的战术则体现在根据自己和对手的特点,确定在比赛中采用匀速跑、变速跑、领跑、跟跑的方略,以便在最后距离率先冲刺终点。田径运动员的战术效果取决于最有效地运用自己的优势、充分利用外部条件(天气、风向、风力、场地器材质量),以及抓住对手的弱点和错误并及时发挥自己的长处。

认真地制订战术方案,在比赛中从实际情况出发,适当地调整实践战术设想,是战术训练的最有效的方法。

(三)田径运动教学训练发展建议

第一,进一步从理念认识和实践操作上贯彻落实《全民健身计划纲要》和《学校体育工作条例》,转变"重专业、轻基础"的认识误区,更新全面协调发展的教育理念;以"健康第一"为指导思想,树立"以学生为本"的体育观,合理安排体育课程,加大田径运动项目的比重,增设田径项目选修课,改革田径运动教学模式,科学制定田径运动的考核标准。

第二,继承优良传统,创新教学模式。

第三,拓展专业知识,提高综合素质。要优化整合现有的师资队伍,按照体育运动和教育规律,对体育教师分层次、分类别、分梯队引进,注入新鲜血液,实现新老交替。学习先进的教学理念,不断提高田径运动教学研究意识,改善教学方式方法,继续提升田径运动教学质量,使更多的学生喜欢、接受和参与田径运动。

第四,克服功利思想,激发学生兴趣。

二、武术教学训练及发展建议

(一)武术教学的基本要求

1.注重示范教学,运用多种形式教学

武术技术动作的复杂性决定了教师必须注重示范教学。示范是主体将武术技术动作以原本的"影像",以真实的方式向受体传递的过程。示范者可为教师、学生,或采用技术录像、光盘、计算机等媒体,示范力求规范、真实,规范的示范为受体建立正确的技术动作表象,为形成正确的技术动作动力定型产生积极的影响。在武术教学中除通过视、听、触,以及肢体的本体感知外,还可借助心理念动、人体对话等形式强化信息,帮助运动技能的形成。

2.了解拳种风格和特点

武术拳种丰富,流派众多,拳种风格和特点差异较大。在武术教学中,应注重介绍拳种的风格和特点。每个拳种的风格和特点都是通过典型的技术动作加以表现,如长拳的舒展大方、快速有力、动迅静定、节奏鲜明;太极拳缓慢柔和、刚柔内含、体松心静、势势相连、形意融合；南拳则是拳势刚劲、步伐稳固、发力发声、以气催力、手法丰富等。拳种风格和特点的体现可通过教师的组合、套路演练，或通过技术录像、光盘予以呈现。在较全面掌握拳种的技术和理论基础上，需要注重教学精细环节，针对能够体现特点风格的技术动作进行高水平示范和深入讲解，反复地训练，使学生充分掌握技术结构和动作过程，全面掌握套路风格。

3. 提高安全教育意识

武术教学中隐藏着诸多不安全因素，轻视或忽视对学生进行安全教育将会出现严重的教学事故。教师应在课前、课中和课后经常性地进行安全检查和教育。

(二)套路教学的步骤和要求

1. 套路教学的步骤

武术套路是由数十个动作组成，包含动作的方向路线、架势结构、劲力特点、停歇顿挫、心志意向等要素。要使学生学会套路或组合，需要通过一定的教学步骤使学生逐步掌握完整动作。大体上而言，套路教学的步骤包括基本动作学习、基本功训练、组合动作学习、套路学习，还有技术创新实践。

(1)基本动作学习。学生首先应学习的内容是武术的基本动作，基本动作是武术运动基础的技术构成要素，也是各拳种的共性技术成分。每个拳种都有独特的基本动作，在学习组合之前要充分学习基本动作。

(2)基本功训练。武术基本功是完成基本动作的必备专项素质。在学习组合和套路前必须训练并初步掌握和具备必要的武术基本功法，以便于掌握基本动作，也能够有效预防运动损伤。

(3)组合动作学习。为了更好地掌握武术套路，在掌握必要的基本动作后，应循序渐进地学习若干个组合动作。组合动作内容可分为手法组合、腿法组合、步型组合、腰法组合、跳跃组合、风格组合、器械组合，以及综合性的组合。

(4)套路学习。在掌握了一定的基本技术素材后，可学习各类武术套路。套路的学习不仅是基本动作、组合动作的机械串联，而且要求学生掌握各拳种的技术特点，掌握各拳种风格。因此，在套路学习时要追求动作的协调配合，节奏、韵律艺术的表现，内外兼顾、攻防技击功能的领会。

(5)技术创新实践。通过套路的学习为学生积累了必要的技能，教师通过必要的武术理论讲授，使学生明白技术创新的原则，放手让学生对基本动作、组合和套路进行有一定标准要求的拆分、组合、创造实践，以提高学生的创新意识和能力。

2. 套路教学的要求

第一，重视基本技术动作和基本功教学。这不仅能使学生身体各部位得到较全面的锻炼，还能较快地发展武术运动的专项身体素质，为掌握和提高组合与套路技术水平打下良好基础。武术基本动作和基本功的内容较多，可以根据拳术套路的教材内容确定教学重点，围绕重点选择相应的基本动作和基本功，由易到难，步步深入。

第二，研究技术动作的趣味性。兴趣是学习的前提。在武术教学中，教师要善于研究和提炼技术动作的兴趣属性，将辅助训练内容趣味化，形成生动的课堂气氛，调节学生的唤醒状态。考虑男女同学的兴趣差异，因人施教。

第三，注重技术动作的规范性。技术动作掌握的规范程度受制于教师传授的规范程度和学生感受的真实程度。在教学中，教师认真备课，借助现代教学技术手段，力求传授规范技术动作，教师可加强规范陈述性提示提高学生动作训练质量。学生仔细体验技术动作，强化内隐式心理学习，力争做到将动作感受用简洁的语言说出来。同时，根据遗忘原理，安排作业要求学生当天复习,避免因泛化干扰规范动作记忆。

第四,围绕重点动作分节施教。分节时要注意每一节中的教学重点不要过多,最好安排在每次课套路教学之前,在学生精力最充沛的时候传授。这样既能为组合或套路教学铺平道路,节省教学时间,又能保证学生对难度或复杂动作的多次重复训练和前后动作连接的完整性。

第五,结合攻防技术解析动作。为了使学生更明确攻防技术,适当介绍散打、对练、擒拿、防身术技术,通过这些技术的感性了解,能够有效地帮助学生在学习组合或套路动作时,联想攻防作用。加上教师不失时机地解析动作的攻防含义,"拆招""喂招",使学生身体力行感受攻防作用,加深动作知觉。

第六,突出器械的基本技法教学。器械运动最大的特点是通过持械手对器械的支配和身法、步法等配合,发挥出器械的攻防效果和特长,表现其技法特色。因此,不同器械的组合或套路教学,首先要突出传授器械的基本技法,使学生了解和掌握器械各部位的名称、规格以及持械的方法,学会与教材内容有关的基本用法。

(三)攻防技术教学的步骤和要求

1.攻防技术教学的步骤

攻防技术是运用武术踢、打、摔、拿等方法,以击败制服对方并保护自己为目的的技击技术。攻防技术没有固定的动作顺序,把充分发挥人体各个部位的技击功能作为防卫和进攻对方的手段,突出表现了武术的技击性和对抗性。在教学过程中,无论是单个的基本动作、完整的技术动作,还是上下肢结合的组合动作,都须按照一定的步骤训练,最后达到实战中运用自如的目的。大体上而言,攻防技术教学的步骤包括基本动作学习、基本素质训练、攻防技术组合学习、攻防战术学习、模拟实战训练、实战训练。

(1)基本动作学习。攻防技术中的基本动作十分丰富,可归纳为步法、手法、腿法、摔法、拿法等几类基本动作。从动作形式而言,基本动作分为单一动作、复合动作、组合动作等。掌握基本动作是学习攻防技术的基础,基本动作的运行路线、发力方法、动作力点是基本动作学习的重点。

(2)基本素质训练。攻防技术对学生的身体素质要求比较高,一般身体素质中的协调、力量、速度、柔韧是必备素质。专项素质有灵敏、反应、应变、空间感等内容,这些素质需要密切地结合专项技术动作,在专项技术训练中提高,为专项技术服务。

(3)攻防技术组合学习。有效的攻防技术必须建立在有机的动作组合上,攻防技术组合有多种形式,有上肢动作组合、下肢动作组合、上下肢动作组合、打摔动作组合、踢拿动作组合等。教学中可根据学生的基础选择具有典型性的组合进行学习,使学生掌握组合搭配的原则,学会灵活地组合、机动地运用。

(4)攻防战术学习。攻防战术是决定攻防技术有效发挥的保障,主要分为主动强攻、迂回强攻、防守反击、虚实结合、引进落空、后发先至等战术。战术的适时、合理运用需要培养和训练。在教学中,教师可为学生提供一定的场景,要求学生按照预先制定的某一套战术结合实战进行训练,待熟练后,再进行下一个战术学习和训练。

(5)模拟实战训练。提高攻防技术的手段是实战,在学生尚未熟练掌握技术和战术的情况下,教师可要求学生按照步法移动训练、活动靶训练、指定进攻、限制实战、点击实战等方式依序进行训练,使学生逐步适应实战,建立必要的快速反应、距离控制、战机捕捉、技术运用和战术应变等能力。

(6)实战训练。实战训练尽可能地在同水平、同级别的学生中进行训练。训练时间不宜过长,避免体力消耗过大引起技术变形或受伤。在学生实战时,教师必须担任裁判,及时制止危险动作。实战训练时必须做好安全防护措施。实战后进行适时讲评,使学生生动地了解技术和战术的实战运用。实战训练是提高散打技术的有效方式,待学生较为熟练地掌握技术和战术后,应增加实战的训练时数。

2.攻防技术教学的要求

第一,重视基本素质和基本技术动作教学。进行实用攻防动作教学,要加强学生的身体素质、基本功和基本动作的训练,加强非对抗条件下的技术训练。切不可操之过急,求打取胜。尤其要注重加强基本功法的训练,如腿功、拍打功、跌扑功等。要由易到难,循序渐进。根据教材内容,科学、合理地安排训练内容和运动负荷。

第二,加强技术动作解析,这可以帮助学生建立正确的战术思想,明确完成战术的技术对策,熟悉具体攻防动作的使用和组合作用。教师可通过各种方式向学生提供各种实战场景,为学生解析动作,要求学生探索技术和战术实用对策。

第三,注重武德教育。攻防技术教学中对抗性强,易出现对立情绪。必须注重武德教育,从一般的礼仪到具体的技术使用,教师均要做出规定,要求学生执行。同时,要通过具体事件不失时机地进行耐心、细致的思想教育工作,做到以理服人,习武育人。

第四,强化重点技术动作。构成攻防技术动作的体系庞大,教师根据教材内容,有选择地将不同技法的重点技术动作进行强化教学,使学生规范掌握重点动作,熟练运用重点动作,逐步形成自身技术特点,且不可贪图技术体系的全面,而忽视重点技术动作的支撑作用。

第五,突出防身技法教学。武术攻防技术学习的目的是为了防身自卫,强健体魄。在教学中,教师选择的教材内容应注意以防卫型技术动作为主,即使是攻击技术,要求学生点到为止,更要明示其防身作用。技术动作的教学要讲明危害程度,讲明使用范围。

(四)武术训练的注意事项

第一,重视准备活动的质量。武术运动训练前的准备活动与其他体育运动项目的准备活动相比,有其特殊要求。多数体育运动项目的准备活动,以身体感到发热和微微出汗为宜,但武术运动项目的许多动作,其运动幅度大大超越了人体的日常生理活动极限,因此,准备活动理应做得更加充分。武术运动准备活动的内容,通常分为一般性准备活动和专项性准备活动两个方面,而且这两个方面需要科学、合理的搭配。对于不同风格及特点的拳种或器械套路,准备活动还应有选择性地进行。如在训练武术基本功跳跃动作或腿法技术较多的套路动作时,应重点加强对踝、膝、胯关节与腰部的活动;在训练长器械套路动作时,则应注重手、臂、肩关节和腰部位的活动等。根据人体运动的规律,准备活动应当由一般性准备活动逐步向专项性准备活动合理过渡,以使身体逐渐适应正式训练或比赛的要求。

第二,合理安排训练负荷。从运动生理学理论来看,人体在运动中一旦出现疲劳现象,就很容易产生身体局部损伤。因此,在安排运动量时要注意考虑训练者的实际情况,如训练者的身体发育情况、机能状态以及训练质量等,科学地安排训练内容和训练时间,并根据其训练水平的提高,不断改进训练内容、方法和手段。

第三,训练方法讲究科学性。有些没有经过武术的基本功和基本动作专门训练的学生,他们多存在一些片面的想法,渴望能够一举成功。实际上,如果操之过急,过早地进入较难技术或攻防实战技术的学习与训练,很容易造成关节扭伤或肌肉韧带拉伤,从而影响正常的学习与训练。根据运动生理学理论,初学武术必须先进行武术的基本功和基本动作训练,然后再学习武术基础套路,而且在动作规范化的前提下进行科学、系统的训练,使动作逐步达到正确、规范,只有这样,才能有效地提高一般身体素质和专项身体素质,为以后学习高难套路动作或攻防实战奠定良好的基础。在学习较为繁杂的动作技术时,要注意运用先分解后完整、先分类后综合的训练方法,同时也要增加某些相应的辅助性动作的训练。

第四,学会自我保护。武术训练,通常以单人训练的形式为主,因此,训练者必须学会和掌握自我保护的方法。如在摔倒瞬间,身体要尽量做到蹲缩,以降低身体重心减少下坠的力量,必要时也可屈肘扶地、低头、团身,以手、肩、背部着地顺势滚翻,切不可用手直臂支撑地面,以免造成手臂挫伤。对已伤部位的恢复性训练,更要注意谨慎小心,应量力而行。

第五,注意维护检修场地与器械。武术训练时,要重视对训练场地和器械等方面的检查与维修工作。在每次正式训练或比赛前,都要认真检查运动场地是否整洁、平坦,武术器械是否有损坏,设施是否完整安全;在攻防实战训练或比赛时,要特别注意检查各种护具是否有破损,佩戴是否正确、规范等,以防因场地、器材损坏而造成运动损伤。

(五)武术教学训练发展建议

"教育大计,教师为本",要想使武术这个传统体育项目发扬光大,被更多的人所认识、所欣赏,一个关键的因素就是武术教师。武术教学中教师的作用极为重要。目前,我国高校武术教师整体水平较高,政治思想也较过硬,学术潜力较大,但学术氛围不浓,科研能力弱,独立承担理论课不理想,因材施教、充分考虑学生兴趣爱好能力上较欠缺。同时,高校武术教师匮乏问题表现得较突出。我们应加大对中青年教师的培养力度,鼓励他们的创造力,本着继承、改革、发展、提高、创新的原则,积极启用创新意识较强的中青年教师,力争尽快培养出武术教师队伍的高层次人才。加强武术教师的继续教育,提高他们的学历层次。尽可能开辟多种渠道,使武术教师有更多的机会得到培养和提高,以利于更新武术教师知识,提高教学能力。

武术进入我国高校体育教学以来,实践上也多是以武术训练法代替武术教学,从而形成了"基本功—规范化套路"的武术教学模式。学生这个学习的主体一直未能成为武术理论和实践关注的主体。对此,武术教师应在传统的教学方法基础上,根据学生的不同特点调整自己的教学方法,不能为教套路而教套路,应当力争通过更多手段创造"兴趣点",把学生吸引到课堂中来,既让学生通过武术学习学会一些锻炼身体的手段和方法,又让他们不为学套路而学套路,而是愿意学,自觉学。

第九章 现代体育运动训练的安全研究

参加体育运动训练,除了要了解运动训练的基本原理与理论、原则与方法等内容外,还要注意运动中的安全,如此才能保证运动训练活动顺利进行。需要注意的是,在运动训练中,受主客观等各方面因素的影响,完全避免运动伤害事故几乎是不可能的,我们所要做的是尽最大可能地消除运动安全隐患,将运动安全风险降到最低。

第一节 现代体育运动训练疲劳与消除

一、体育运动训练疲劳的概念与分类

(一)体育运动训练疲劳的概念

运动训练疲劳,就是指运动训练活动持续一段时间后,运动员肌体不能维持原强度工作。关于运动训练疲劳的概念,许多专家与学者都提出了不同的看法和见解,但却并没有形成一个统一的结论。1983年第5届国际运动生化会议对运动疲劳做出了解释:肌体不能将它的机能保持在某一特定水平,或者不能维持某一预定的运动强度。这一定义得到了国内外许多专家、学者的认可,并被许多教科书和科研论文所采用。

需要注意的是,在运动疲劳中,运动性力竭是疲劳的一种特殊形式,是疲劳发展的最后阶段。疲劳与力竭是不同的,肌体运动一定时间后,工作能力下降,不能继续保持原强度的工作即为疲劳,但此时肌体并未力竭,所谓的力竭,就是在疲劳基础上,降低运动强度和改变运动条件,使肌体继续保持运动,直至完全不能运动。运动员从事体育运动训练一定要了解运动疲劳与运动力竭的不同之处。

(二)体育运动训练疲劳的分类

1. 以身体各器官为主要依据划分

依据身体各器官划分,可以将运动性疲劳分为心血管疲劳、骨骼肌疲劳和呼吸系统疲劳三大类。

(1)心血管疲劳。由于运动引起的心脏、血管系统及其调节机能下降称为"心血管疲劳"。心血管系统是肌体对疲劳较为敏感的机能系统,不同强度和时间的运动都可能引起心血管系统疲劳。心血管疲劳的症状主要表现为:运动后心电图秒－T段下降、T波倒置、心输出量减少、舒张压升高、心率恢复速度较慢等。

(2)骨骼肌疲劳。由于运动引起的骨骼肌机能下降称为"骨骼肌疲劳"。骨骼肌疲劳的症状主要表现为:力量训练后肌肉收缩力下降、肌肉僵硬及肌肉酸痛等。

(3)呼吸系统疲劳。运动引起的呼吸机能下降等称为"呼吸系统疲劳",一般情况下,呼吸系统疲劳并不常见,多出现在长时间运动或憋气用力后,并伴随着心血管系统疲劳。呼吸系统疲劳的症状主要表现为:剧烈运动时呼吸表浅、胸闷、喘不过气、肺功能下降等。

2.以疲劳发生的部位为主要依据划分

按照疲劳发生的部位这一划分标准,可以将运动性疲劳分为内脏疲劳、中枢疲劳和外周疲劳三大类。

(1)内脏疲劳。在日常的运动训练中,因内脏器官能量代谢障碍而带来内脏器官及肌体机能能力暂时性降低的现象,就是所谓的内脏疲劳。

(2)中枢疲劳。在日常的运动训练中,中枢神经及外周能量代谢障碍而带来的神经系统及肌体机能暂时性降低的现象,就是所谓的中枢疲劳。

(3)外周疲劳。在日常的运动训练中,因外周(包括 N－M 接点)能量代谢障碍而带来的肌体机能能力暂时性降低的现象,就是所谓的外周疲劳。

3.以疲劳的恢复时间为主要依据划分

按照疲劳的消除情况这一划分标准,可以将运动性疲劳分为急性疲劳和慢性疲劳两大类。

(1)急性疲劳。在日常的运动训练中,运动员因体能和神经能量的消耗和能量代谢障碍而迅速引起的机能能力下降的现象,就是所谓的急性疲劳。急性疲劳引起的机能能力的下降一般经过一段时间的休息和调整后就会消除,不会出现疲劳积蓄的现象。在日常生活中,急性疲劳主要表现为:看书后的倦意感、争论之后的疲惫感以及剧烈运动和长时间持续运动后的疲劳感等。由此可以看出,该类疲劳实际上就是生理性疲劳。

(2)慢性疲劳。在日常的运动训练中,运动员因前次活动产生的疲劳还未消除又开始产生新的疲劳,肩负新的疲劳债务,导致疲劳逐渐积累的现象,就是所谓的慢性疲劳。按照病理变化的性质这一分类标准,又可以将慢性疲劳分为可逆性过度疲劳和不可逆性过度疲劳。不可逆性过度是可逆性过度疲劳发展的结果,因此有人又把可逆性过度疲劳叫病理性疲劳,把不可逆性过度疲劳叫生活性疲劳。这两种疲劳在体力活动或脑力活动时均可能发生。运动员在剧烈的运动训练中,因调节不当而发生肌体机能能力调节紊乱就是身体慢性疲劳的结果。

4.以身体整体和局部为主要依据划分

按照身体整体和局部这一划分标准,可以将运动性疲劳分为整体疲劳和局部疲劳两大类。

(1)整体疲劳。由于全身运动而使全身各器官机能下降而导致的疲劳,就是所谓的整体疲劳。在日常的运动训练中,均有可能造成运动员全体各器官机能的下降。

(2)局部疲劳。以身体某一局部进行运动而使该局部器官机能下降而导致的疲劳,就是所谓的局部疲劳。如前臂负重屈伸运动可造成前臂肌肉力量下降,负重深蹲导致下肢肌群疲劳等。

整体疲劳和局部疲劳之间的关系非常密切,通常情况下,局部疲劳可以发展为整体疲劳,而整体疲劳往往包含着以某一器官为主的局部疲劳。

5.以疲劳发生的性质为主要依据划分

按照疲劳发生的性质这一划分标准,可以将疲劳分为生理性疲劳、心理性疲劳和病理性疲劳三大类。

(1)生理性疲劳。生理性疲劳是指在日常的运动训练中,运动员因体能活动引起各器官系统机能能耗加大而导致的工作能力及身体机能的暂时性降低的现象。生理性疲劳的产生范围通常在以肌肉活动为主的各种运动训练中。通常情况下,生理性疲劳的症状主要表现为肌肉酸痛、肌力下降、肌肉和关节僵硬等。

(2)心理性疲劳。心理性疲劳是指在日常的运动训练中,运动员精神负担重,神经紧张性高,思想压力大而引起神经能量消耗加大,导致神经系统机能能力暂时性降低的现象。一般情况下,心理性疲劳的症状主要表现为头晕头涨、精力不集中、情绪忧虑、思维能力下降、反应迟钝、记忆障碍等症状。

(3)病理性疲劳。病理性疲劳是指在日常的运动训练中,长期从事刺激强度过大、时间过长、节奏过于单调的训练活动而造成的疲劳。病理性疲劳被称为"过度疲劳"。通常情况下,病理性疲劳的症状主要表现为:身体机能及神经功能调节紊乱和各器官的组织学改变,思维及活动能力降低。病情严重者还可能出现厌世情绪,甚至出现个别人轻生自杀或过劳死的情况。

6.以疲劳发生的生理学和心理学特点为主要依据划分

按照疲劳发生的生理学和心理学特点这一划分标准,可以将运动性疲劳分为脑力性疲劳、感觉性疲劳、情绪性疲劳、体力性疲劳四大类。

(1)脑力性疲劳。在日常的运动训练中,运动员因神经高度紧张,脑细胞高度兴奋、活跃而能量消耗加剧,以致大脑思维工作能力暂时性降低的现象,就是所谓的脑力性疲劳。

(2)感觉性疲劳。在日常的运动训练中,运动员因高度紧张而能量消耗加剧,以致肌体各感觉机能暂时降低的现象,就是所谓的感觉性疲劳。

(3)情绪性疲劳。在日常的运动训练中,运动员因精神和体力负担重、思想压力大以及情绪高昂激动而能量消耗加大,以致肌体情绪暂时处于低落的现象,就是所谓的情绪性疲劳。

(4)体力性疲劳。在日常的运动训练中,运动员因肌肉能量消耗加大而使肌肉工作能力暂时性降低的现象,就是所谓的体力性疲劳。

7.以肌体对不同频率电刺激的应答情况为主要依据划分

按照肌体对不同频率电刺激的应答情况这一划分标准,可以将运动性疲劳划分为高频疲劳和低频疲劳两大类。

(1)高频疲劳。因高频刺激而引起神经—肌肉传递或肌肉动作电位传播降低,动作潜伏期时限延长,力量有选择性丧失的现象,就是所谓的高频疲劳。在大强度的运动训练中,运动员比较容易发生高频疲劳。

(2)低频疲劳。因低频刺激而引起肌肉兴奋—收缩偶联衰减,力量有选择性丧失的现象,就是所谓的低频疲劳。一般情况下,低频疲劳多发生于小强度的运动训练之中。

二、体育运动训练疲劳产生的原因与症状

(一)体育运动训练疲劳产生的原因

引起运动疲劳的原因是多方面的,其原因主要有以下几个方面:

1.运动员体内能源消耗过多

大量的研究与实践发现,运动员参加运动训练导致疲劳时体内能源物质往往消耗较多。如快速运动2~3分至非常疲劳时,肌肉内的磷酸肌酸可降低至接近最低点;而在长时间的持续运动中,由于糖的大量消耗,肌糖原及血糖含量均大幅度下降。能源贮备的消耗与减少

会引起各器官功能的降低。加上肌肉活动时代谢产物的堆积,水、盐代谢变化以及内环境稳定性失调等影响,肌体工作能力下降而最终导致疲劳现象的出现。

2. 运动员身体素质和运动能力持续下降

运动能力与身体素质的变化导致疲劳——人体的运动能力和身体素质与身体各器官、系统功能紧密相关。身体素质就是人体各器官、系统的功能在肌肉工作中的综合反映。各器官功能的下降,运动能力与身体素质便会受到影响。如在耐力性运动中心肺功能下降,承受耐力负荷的能力当然会降低,肌体就会产生疲劳从而降低工作能力。

3. 运动员的精神意志素质降低

运动中人体各器官、系统的活动都是在神经系统指挥下完成的,神经系统功能的降低、神经细胞抑制过程的加强会使疲劳加深:此时人的情绪意志状态与人体功能潜力的充分动员关系极大。其实人体在感到疲劳时,肌体往往尚有很大功能潜力,能源物质远未耗尽,良好的情绪意志因素可起到动员肌体潜力、推迟疲劳发生的作用。

当肌体出现这些疲劳症状时要及时休息,并对运动内容进行必要的调整,才有利于疲劳的恢复。运动能力下降是暂时的,经过休息可以恢复,与过度训练和某些疾病不同。

(二)体育运动训练疲劳产生的症状

以运动性疲劳的程度为主要依据进行划分,不同程度的运动性疲劳所产生的症状不同,主要分为以下三类:

1. 轻度疲劳症状

适宜负荷的运动后所产生的疲劳感都属于正常现象,其主要的症状为呼吸变浅、心跳加快等。当出现这种现象时,就属于轻度疲劳,可以在短时间内恢复。

2. 中度疲劳症状

当负荷量增大,运动时间增长时,就会产生中度疲劳,这种疲劳的症状表现主要分为三个方面:自我感觉方面,主要症状为全身疲倦、嗜睡、无力等;精神方面,主要症状为精神不集中、烦躁不安、情绪低落、经常出差错;全身方面,主要症状为面色苍白、眩晕、肌肉抽搐、呼吸困难、口舌干燥、声音嘶哑、腰酸腿疼等。中度疲劳通过采用一系列手段也能很快消除,不会对身体造成影响。

3. 重度疲劳症状

重度疲劳的程度最重,其主要的症状表现有三个方面:

神经反应迟钝、不易兴奋、烦躁、抵触等;肌肉力量下降,收缩速度放慢,肌肉出现僵硬、肿胀和疼痛,动作慢、不协调;肌体抵抗或适应阶段所获得的各种能力消失,并出现应激相关疾病,表现出器官功能衰退,导致重度疲劳。

一旦出现重度疲劳,一定要及时采取科学的方法来消除疲劳,否则就会对学习和生活产生不利影响,损伤身体。

三、体育运动训练疲劳的判断

(一)主观感觉判断(RPE)

一般情况下,运动员在进行运动训练时来自肌肉疼痛、呼吸、心血管等各方面的刺激,都会传到大脑,而引起大脑感觉系统的应激。因此,运动员在运动时的自我体力感觉,也是判断疲劳的重要标志。具体的RPE测试方法如下所述:

在运动现场,放一块 RPE(主观体力感觉等级表)木板,在木板上画表,内容如表 9－1 所示。锻炼者在运动过程中,指出自我感觉是第几号,以此来判断疲劳程度。如果用 RPE 的编号乘 10,相应的得数就是完成这种负荷的心率。这种方法是日常运动中运用最为广泛的,但这种方法的缺点就是主观性太强,只适用于日常简单的测试,准确的疲劳判断还需要更加科学的检测。

表 9－1　主观体力感觉等级表

自我感觉	RPE
非常轻松	6
	7
	8
很轻松	9
	10
轻松	11
	12
稍累	13
	14
累	15
	16
很累	17
	18
精疲力竭	19
	20

(二)肌力测定

运动员肌力测定的方法主要有两种,一种是背肌力与握力测定,另一种是呼吸肌耐力测定。

1.背肌力与握力测定

可早晚各测一次,求出其数值差。如次日晨已恢复,可判断为正常肌肉疲劳。

2.呼吸肌耐力测定

可连续测 5 次肺活量,每次测定间隔 30 秒,疲劳时肺活量逐次下降。

(三)感觉器官功能测定

运动员感觉器官功能测定的方法主要有两种,一种是皮肤空间阈测定,另一种是闪光融合频率测定。

1.皮肤空间阈测定

受试者仰卧、横伸单臂、闭眼,测试人员持触觉计或两脚规,拉开一定距离,将其两端以同样的力轻触受试者前臂皮肤,先从感觉不到两点的距离开始,逐渐加大两脚针距离,直到受试者感到了两点的最小距离称皮肤空间阈,又称"两点阈",阈值较安静时增加 1.5～2 倍为轻度疲劳,增加 2 倍以上为重度疲劳。

2.闪光融合频率测定

受试者坐姿,注视频率仪的光源(如红色),直到将红光调至明显断续闪光融合频率为止,即临界闪光融合频率。测三次,取其平均值,疲劳时闪光融合频率减少。如轻度疲劳时约减少 1.0～3.9 赫兹,中度疲劳时约减少 4.0～7.9 赫兹,重度疲劳时减少 8 赫兹以上。

(四)化验检查

化验检查的方法主要有两种,一种是疲劳时的血液化验,另一种是疲劳时的尿液化验。这两种方法能有效地判定运动员运动性疲劳的程度。

1.血液化验测定

疲劳时血液化验表现为,血红蛋白有下降趋势或处于较低水平。安静血乳酸值超过正常值范围,运动时的最大乳酸值和乳酸域值下降,早晨安静时血尿素值持续升高,血睾酮/皮质醇下降。血清肌酸激酶早晨安静值持续高于 200 国际单位/升,或完成定量负荷时的值明显升高,或运动后比原来负荷后的值突增 3～4 倍,IgG、IgM、IgA 明显下降。

2.尿液化验测定

疲劳时尿液化验表现为,晨尿蛋白值增高。运动员在进行大运动量的训练后,晨尿胆原增高,完成定量负荷后尿潜血出现阳性或连续在晨安静时为阳性。

(五)生理学评定

心肺功能主要是通过血压、脉搏、每搏输出量、每分输出量、心电图、最大摄氧量、肺活量、呼吸肌力等方面体现的。生理学的评定方法有很多,不同的方法能够判断出不同心肺功能的情况。常见的有四种情况。

(1)通过脑电图、脑血流图可以反映运动员疲劳时大脑局部缺氧缺血情况。

(2)通过血压与脉搏的变化所出现的紧张性不全反应,一般可预示运动员功能不良,或出现早期过度训练征象。

(3)通过肌电图的参数(如积分肌电图、据幅等)。

(4)通过测定膈肌肌电图及肺肌耗氧量、呼吸肌力、膈肌压力时间指数等,可以反映呼吸肌疲劳和膈肌疲劳的程度。

目前,国外研究运动性疲劳的方法主要有核磁共振(NMR)和阳离子发射 X 射线层面照相术(PEI)。其中,P－NMR 可无创伤性连续测定身体手臂、腿部肌肉和大脑中的 ATP、CP、Pi、pH 等和某些代谢产物的浓度,故可获得从运动开始直至疲劳时体内物质变化的动态含量,也可以进行动态观察,不仅是研究能量代谢新的生物化学方法,而且是研究脑局部缺血、神经递质等的无损伤方法。

(六)神经系统功能测定

神经系统功能的测定主要有以下三种方法:

1.疲劳时膝跳反射阈值升高。

2.疲劳时反应时延长。

3.测定血压体位反射的方法。

受试者坐姿,休息 5 分后,测安静时血压,随即仰卧在床上 3 分,然后把受试者扶起成坐姿(推受试者背部,使其被动坐起),立即测血压,每 30 秒测一次,共测 2 分,若 2 分以内完全恢复,说明没有疲劳,恢复一半以上为轻度疲劳,完全不能恢复为重度疲劳。

(七)心理学评定

心理学评定的方法有很多,其中最常见的有艾森克人格问卷(EPQ)、明尼苏达多维个性量表(MMPI)、情感状态特征表(POM 秒)等。具体应该根据实际情况进行有针对性的选择和运用。尽管如此,运动性疲劳的诊断标准迄今仍不明确,还缺乏能反映运动性疲劳的权威性的定量客观指标,即指标缺乏特异性。

四、体育运动训练疲劳的消除方法

运动性疲劳是体内多种因素综合变化的结果,要想使其恢复的速度和效果都更为理想,就要求采用多种科学手段,否则往往达不到预期的效果。运动性疲劳恢复的措施有很多,其中,最主要的有以下几大类,即运动性疗法、传统康复治疗、睡眠、中医药疗法、营养性疗法、物理疗法、温水浴及冷热水交替浴、心理放松疗法。

(一)运动性疗法

运动性疗法是以运动学和神经生理学为基础,利用人体肌肉关节的运动,以达到防治疾病、促进身心功能恢复和发展的方法。它是康复医疗的重要措施之一,要想达到较为理想的恢复效果,就要以运动员的实际情况为主要依据,以运动处方的形式,来有针对性地选择适合的运动方法,从而能够确定适当的运动量。具体来说,运动性疗法的具体措施主要有以下两种形式。

1.积极性休息

用变换活动部位和调整运动强度的方式来消除疲劳的方法,也就是积极性休息。谢切诺夫在1903年进行实验中发现,右手握测力器工作到疲劳后,以左手继续工作来代替安静休息,能使右手恢复得更迅速更完全,并认为,在休息期中来自左手肌肉收缩时的传入冲动会加深支配右手的神经中枢的抑制过程,并使右手血流量增加。大量研究也充分证明,与安静休息相比较,活动性休息可使乳酸的消除快一倍。积极性休息是运动疲劳恢复的重要措施之一,运用也较为广泛,其恢复效果也较为理想。

2.整理活动

整理活动是指在正式练习后所做的一些加速肌体功能恢复的较轻松的身体练习,是消除疲劳、促进体力恢复的好方法,应给予足够重视。如果一个人跑到终点后站立不动,血液会大量集中在下肢扩张的血管内,使静脉回心血量减少,因而心输出量下降,致使血压降低而造成暂时性脑贫血,会引起一系列不适感觉,甚至出现"重力性休克"。而在剧烈运动后进行整理活动的主要意义在于其不仅能够使心血管系统、呼吸系统仍保持在较高水平,而且对于乳酸的排除也有非常积极的促进作用。

一般整理活动应包括慢跑、深呼吸、体操、肌肉放松练习、静力牵伸练习等内容。肌肉静力牵伸练习对缓解运动后的肌肉紧张、放松肌肉、预防延迟性肌肉酸痛、消除肌肉疲劳、保持和改善肌肉质量都有良好的作用。总的来说,整理活动具有及时放松肌肉,避免由于局部循环障碍而影响代谢过程,因而延长恢复过程的重要作用。但是,为了能够保证理想的恢复效果,在做整理活动时需要注意,量不要大,尽量缓和、放松,使身体逐渐恢复到安静状态。

(二)传统康复治疗

传统康复治疗技术主要包括针灸、拔罐、推拿按摩、中药熏蒸等非药物疗法,这种治疗方法主要是通过调整人体的阴阳平衡、调节脏腑功能、疏通经络、调和气血、升降气机,达到消除疲劳、祛除致病因素、修复损伤、增强抗病能力和强壮脏腑功能等目的。

在传统康复治疗的措施中,运用较为广泛的是气功。气功是一种自我调节、自我控制的锻炼形式。气功练习对于运动性疲劳的恢复作用主要表现在以下几个方面:第一,气功练习能够使抵抗能力有所增强;第二,气功练习能帮助"放松",消除紧张状态,使交感神经系统的活动减弱,血管紧张素分泌系统发生变化,调节血压,使血运加快、皮温升高、红细胞和血红蛋白有所增加,白细胞吞噬能力提高,血皮质醇减少;第三,通过脑电图检查证实,气功练习对大脑皮层起保护性抑制作用;第四,气功可使骨骼肌放松,心跳减慢,耗氧量减少。

现代的康复往往采用多种形式的、积极的治疗和训练,因为严重的残障常以复合的形式表现,累及多种功能,所以必须进行全方位、多种类的康复治疗和训练。即使较单纯或程度不太重的损伤,如能积极采用多项治疗,其功能改善的效果也会更好。

(三)睡眠

睡眠是最好的消除运动性疲劳、恢复机能的治疗方法。人在睡眠时感觉减退、意识逐渐消失,肌体与环境的主动联系大大减弱,失去了对环境变化的精确适应能力,全身肌肉处于放松状态。通过睡眠使精神和体力得到恢复,通常情况下,成年人每天需要睡眠 7~9 小时,儿童少年大约需要 10 小时。对于运动性疲劳的运动员,睡眠时间可能需要更多一些,但并不是越多越好,应根据他们的疲劳程度确定适当的睡眠时间。

(四)中医药疗法

中医药疗法对于运动性疲劳的恢复具有积极的辅助作用。具体来说,这一疗法的具体形式主要有三种,即汤剂内服、内服外洗、药剂熏洗。

1.汤剂内服

采取内服中药消除运动性疲劳的方法主要分为服用复方中药和服用单味中药两种,前者居多。按照中医基础理论,用于消除运动性疲劳和促进体力恢复的复方中药主要是以"补益"和"调理"为主要治疗组方。使用"补益"和"调理"为主要组方的复方中药进补,都是以平衡肌体阴阳为宗旨,强调阴阳互根,孤阴不生,独阳不长,善补阳者必于阴中求阳,善补阴者必于阳中求阴。在治疗效果上多表现为双向调节、适应原样作用。

通过现代的大量研究可以得出,许多中药的活性成分都具有抗疲劳作用,如多糖就是,它能够有效提高抗氧化酶活性、消除自由基、抑制脂质过氧化,从而对生物膜产生一定的保护作用。怀山药多糖、魔芋多糖、枸杞多糖、猴头菌多糖、黄芪多糖、螺旋藻多糖、当归多糖等都是常用的多糖,具体应用于运动性疲劳的恢复中时,要根据实际情况进行有针对性的选择,做到有的放矢。

但根据李国莉、苏全生等人的研究发现,单纯采用中药提取物或有效成分可使中药的某些方面的作用比较突出,但这样的用法不十分符合中医理论,因此复方中药是必不可少的。复方中药是一复杂体系,其优点在于强调辨证施治,重在对肌体整体进行调节。在治疗效果上多表现为双向调节、适应原样作用,其促进和消除疲劳的作用很可能是改善运动能力的基础。

2.内服外洗

对于延迟性肌肉酸痛(DOM 秒)的局部病机辨证,中医的主要观点是:筋、骨、肉形体运动负荷过大,筋脉不舒,营血瘀滞,经脉不通受阻致疲,不通则酸困疼痛,肌肉发僵不舒。由此可以得出,舒筋活血、行气止痛、温通经络,是确定局部外治的法则。但是,中医十分强调整体观念,根据中医基础理论,肌肉与多脏腑功能均有关系,包括肝主筋,主疏泄,肝藏血;肺主气,主宣发与肃降,主行水;心主身之血脉;肾主藏精,主水,主纳气等;脾主肌肉,与肌肉发育和肌肉功能关系最为密切。"脾气充盛,则肌肉强健有力;气日以衰,脉气不通,邪在脾胃,则病肌肉痛"等。除此之外,中医还提出了五劳致伤,形劳而倦或劳累过度则能耗气而虚的观点。因此,在研究运动性肌肉疲劳以及延迟性肌肉酸痛(DOM 秒)时,要想达到较为理想的恢复效果,就应该充分考虑对脾的调理,并与外治相结合,否则就会事倍功半,影响运动性疲劳的恢复。

3.药剂熏洗

对于延迟性肌肉酸痛(DOM 秒),现代医学总体上的观点是,它不是一种损伤,而是骨骼肌疲劳的一种表现:通过无创伤性超声对延迟性肌肉酸痛的诊断,可以显示延迟性肌肉酸痛时的肌肉水肿、炎症及肌肉厚度的变化。中药熏洗和推拿的主要作用就是能够较为明显地恢复延迟性肌肉酸痛的肌肉组织结构、代谢和功能改变,并且消除延迟性肌肉酸痛。

(五)营养性疗法

恢复肌体的能量贮备是运动性疲劳恢复的关键,主要包括的内容有:肌肉及肝脏的糖原储备、微量元素平衡、关键酶的活性以及体液、细胞膜的完整性等。其中,补充营养是恢复的物质基础。

糖类在运动过程中起着非常重要的能量供应功能,只有糖类的贮备充足,才能够使肌体的机能逐渐恢复到正常水平。因此,补糖是营养补充的重点,人体感到疲劳或大运动量训练后补糖,可恢复血糖水平,增加肝糖原的储存,并且有加速消除血乳酸的作用。对耐力类项目而言,被耗尽的能量储备,特别是碳水化合物,必须系统地通过富含碳水化合物的营养物质重新予以弥补,在一般混合饮食情况下,约 72 小时后方能得以弥补,但是如果补充富含碳水化合物的食物,那么糖原储备在负荷结束后的 24 小时即能恢复原有水平。除此之外,要想更快、更好地恢复运动性疲劳,还少不了膳食中的优质蛋白质和适量的脂肪。

在补充运动中消耗的热量时,一般按照蛋白质、脂肪、糖三者的比例均衡进补。但是,不同类型的运动项目,营养成分的比例也是不相同的,需要根据运动项目的特点进行适当的调整,这样才能够取得更好的恢复效果,比如,在多数项目运动员的膳食中,三种能量的补充比例为 1.2：0.8：4.5；耐力性运动项目要求膳食中糖的含量较高,故三种能量的搭配比例为 1.2：1：7.5；而运动负荷量比较小的项目,则比普通人的能量补充稍高一些,三种能量的搭配比例为 1：0.6：3.5。三大营养物质摄取总量应根据项目的特点,以能满足肌体代谢需要为依据,既不能过多,也不能过少。否则都会影响人体的生理机能、运动水平,甚至影响身体健康。

除了糖、脂肪、蛋白质等能源物质的供应要保证充足外,维生素也要进行适量的补充。维生素的营养作用也非常重要,它不仅为人体正常代谢和生理机能所必需,而且还对人体运动能力有直接的影响。大负荷训练后,维生素 B 族和 C、E 的需要量将提高一倍,尤其在碳水化合物消耗量增加之后,特别要增加维生素 B 的补充量。

综上所述,训练后合理、及时的营养补充对于运动性疲劳来说非常重要,对运动员的膳食的要求是,应富含营养,易于消化,并应尽量多吃些新鲜蔬菜、水果等碱性食物。

(六)物理疗法

应用天然的或人工的物理因子,如光、电、声、磁、热、冷等作用于人体,引起局部或全身的生理效应,从而起到康复和提高机能的治疗方法,就是所谓的物理疗法。物理疗法的形式有很多种,比如常见的电疗、光疗、水疗、冷疗、蜡疗、超声波疗、热疗、磁疗以及生物反馈等治疗。

蜡疗的运用范围较为广泛,以此为例,来介绍物理疗法。蜡疗的主要特点是:热容量大,导热性小,几乎无对流现象。石蜡有很高的蓄热性能,在冷却过程中可释放大量热能。石蜡用于治疗的作用主要表现为两个方面:一个是温热作用,皮肤能耐受 60℃～70℃ 的石蜡而不被烫伤;另一个则是机械压迫作用,对肌腱挛缩有软化、松懈作用。因此,蜡疗的主要作用为:防止淋巴液渗出,减少水肿,促进渗出液吸收,扩张毛细血管和增加血管弹性。

(七)温水浴及冷热水交替浴

消除肌肉疲劳的一种最简单的方法,就是沐浴。通过沐浴,能够对血管扩张产生刺激,对血液循环和新陈代谢起到积极的促进作用,使代谢产物排出的速度加快,神经肌肉的营养得到进一步的改善。温水浴水温以 42℃ 左右为宜,时间为 10 分钟～15 分钟,每天 1～2 次,训练结束后 30 分可进行温水浴。但是,在应用温水浴时需要注意,为了保证达到理想的消除疲劳的效果,不能入浴时间过长、次数过频,水的温度也不能过高,否则就会起到相反的作用,加重疲劳。

冷热水浴可交替性地刺激血管的收缩和舒张,更有效地促进血液循环。进行冷热水浴时,热水温度 40℃,冷水温度 15℃,冷水浴时间为 1 分钟,热水浴时间为 3 分钟,交替 3 次。

(八)心理放松疗法

应用心理学的理论、原则和技术,对康复对象的各种心理、精神、情绪和行为障碍或严重的情绪困扰进行矫治的特殊治疗手段,就是所谓的心理放松疗法。行为疗法和合理情绪疗法是常见的两种心理放松疗法,这两种疗法各具特点,作用也有一定的区别。行为疗法又称行为矫正疗法,是 20 世纪 50 年代迅速发展起来的一种重要的心理学的理论和治疗技术,它按照一定的程序,采取正负强化的奖惩方式,对个体进行反复训练,以消除或矫正适应不良行为的一种心理疗法;而合理情绪疗法是以认知理论为基础,结合行为疗法的某些技术,以矫正人们认知系统中非理性的信念,促进心理障碍得以消除的心理疗法。

在训练和比赛之后,采用心理调整放松,能够达到较好的消除疲劳的效果,具体表现为:使神经的紧张程度有所降低,心理的压抑状态得到一定程度的缓解,神经系统的恢复速度也多有加快,这样就能够更好地促进身体其他器官的恢复。系统机能的恢复对身体起作用的心理放松手段很多,其中,肌肉放松、心理调整训练、各种消遣和娱乐性活动等,是最主要的几种手段。

音乐疗法是心理放松疗法中应用较为广泛的方法之一。从生理角度看,音乐作为一种声音刺激,可通过肌体的反射作用迅速产生一系列生理和心理反应。音乐的性质不同、表现形式不同,其对人体的作用也就有一定的差别,具体来说,主要表现在以下几个方面:节奏快而有力的音乐的主要作用是增强心脏功能,改善血液循环;节奏鲜明的音乐的主要作用是使人精神振奋,心跳加快,心肌张力增加;节奏缓慢、单调重复的音乐的主要作用是使人松弛,并有催眠镇静的作用;旋律优美的音乐的主要作用是使人心情愉快、平静,有助于消除运动员的情绪紧张及焦虑。除此之外,音乐的作用还表现为改善注意力,增强记忆力,提高人们对环境的适应力。

第二节　现代体育运动训练的伤病防治

一、体育运动训练损伤的防治

(一)体育运动训练损伤的预防

1.思想上加以重视

在运动训练中,运动员要从思想上高度重视运动性损伤的预防,学习并掌握有关预防运动性损伤的知识和方法。运动训练过程中要遵循运动训练的一般原则,加强身体的全面心理、易伤部位训练及肌肉力量训练。

2.做好准备工作

准备活动的内容要与训练内容相结合;准备活动需要根据身体特点、气象条件和训练而定。准备活动一般以身体感到发热、微微出汗为宜。准备活动结束与正式运动之间的时间不要过长,一般为3分。

3.加强自我保护意识

掌握运动中可能发生意外时的自我保护方法,防范运动技术伤的发生。学会运动后肌肉酸痛、关节不适等常见症状的治疗。对运动性损伤要做到及时发现,及时处理。

4.注意科学训练

科学训练主要包括五个方面,即全面性、渐进性、个别性、经常性、意识性。前三个方面对预防损伤极其重要,是不能够忽略的。

5.合理安排运动

要根据自身的健康状况和运动技术水平,合理安排运动量;运用各种形式的身体练习方法,全面提高身体素质,防止局部肌肉的过度疲劳。

6.要针对性别进行训练

由于性别的不同,人体的自身条件也不同。不同的身体条件适应各自的训练方式。如果选择不合适,要么训练不到位,要么就会给身体带来一定的损伤。

7.创造良好的训练环境

运动训练器具、设备、场地等在运动前都应进行严格的安全检查,从而为运动员的运动训练提供安全保障。

(二)体育运动训练损伤的治疗

1.擦伤

擦伤就是皮肤受外力摩擦所致的皮肤出血或组织液渗出。按损伤面积的大小,擦伤可分为小面积擦伤和较大面积擦伤。

小面积擦伤治疗:如果是表皮擦伤,可用碘酒或碘伏局部涂擦,不需包扎。如果是关节及其附近的擦伤,则在局部消毒后,再涂以消炎软膏,以免局部干裂而影响运动。另外,要注意运动卫生,以免感染。

较大面积擦伤治疗:应先以生理盐水或 0.05% 的新洁尔灭溶液清洗创面,然后进行局部消毒。最后盖以消毒凡士林纱布和敷料,并包扎。如有需要,可加服抗生素预防感染。

2.拉伤

拉伤是由于外力的作用,肌肉过度主动收缩或被动拉长致伤。拉伤的原因有很多种,如运动前的准备活动不充分、动作不协调、训练方法不得当等。发生拉伤后,伤处会出现肿胀、疼痛、肌肉痉挛等症状,诊断时可摸到硬块,肌肉断裂是比较严重的拉伤,要给予及时的治疗和处理。

拉伤轻者可立即冷敷,局部加压包扎,抬高患肢。24 小时后可实施按摩或理疗。病情严重者急救后,应立即送医院治疗。

3.挫伤

挫伤是指在钝器直接作用下,人体皮肤或皮肤下组织所受的伤,如运动时相互冲撞、踢打所致的伤。挫伤以四肢多见,可伴有功能障碍。发生挫伤后会出现局部青紫,皮下瘀血肿胀、疼痛的现象。严重者可发生肌肉断裂、骨折、失血、内脏损伤和脑震荡等。

单纯性挫伤在局部冷敷后外敷新伤药,加压包扎、抬高患肢。有肌肉、肌腱断裂者,应将肢体包扎固定后,送医院治疗。头部、躯干挫伤休克症状出现者应首先进行抗休克治疗,保温、止痛、止血、矫正休克后,立即送医院治疗。

4.皮肤撕裂伤

皮肤撕裂伤是指皮肤受外力严重摩擦或碰撞所致的皮肤撕裂、出血。

损伤状况轻者,在进行消毒后,以胶布黏合或用创可贴敷盖即可;撕裂面积较大者,则需止血缝合和包扎。如有必要可酌用破伤风抗毒素肌内注射,以免引起破伤风。

5.刺伤

刺伤的伤口较小但较深,如果不做处理可能伤及深部组织器官,或将异物带入伤口深处引起感染。

损伤轻者先用碘酒、酒精将伤口周围消毒,然后在伤口上撒上消炎粉,用消毒纱布覆盖,再加以包扎。被不洁物刺伤的,要注射破伤风抗毒素,预防破伤风。

6.切伤

切伤的伤口边缘整齐,出血较多,但周围组织创伤较轻。深的切伤可能切断大血管、神经、肌腱等组织。

损伤轻者先用碘酒或酒精消毒,然后在伤口上撒上消炎粉,用消毒纱布覆盖,较重者,应彻底止血,缝合伤口。伤情和污染较重者应该注射抗菌药,预防感染。被不洁物切伤的,要注射破伤风抗毒素,预防破伤风。

7.踝关节扭伤

踝关节扭伤属于关节韧带损伤,在运动训练中最为常见。造成踝关节扭伤的原因是踝关节过度内翻或外翻而导致的踝关节内、外侧韧带受损。发生扭伤时,伤者伤处疼痛、肿胀,韧带损伤处有明显压痛,皮下有瘀血。

发生损伤后,运动员要暂停运动,冷敷,加压包扎,抬高患肢。24 小时后可以进行热敷和按摩。严重的扭伤或怀疑有韧带撕裂时应及时求医。

8.肘关节损伤

肘关节损伤是由于运动技术不合理、运动方法不得当而发生的损伤。在进行小球类运动锻炼时常发生肘关节损伤。

运动员在运动训练中,要避免肘关节损伤的发生,就应该做好充分的准备活动,合理安排运动量与负荷。在运动结束后,要做好整理活动,按摩肘部,以促进疲劳的恢复,加强保护。

急性肘关节损伤,要对伤肘进行特殊处理,要进行适当的休息制动,以促进恢复。运动损伤发生后,可以局部冷敷,加压包扎,外敷新伤药。24小时之后,可进行理疗、按摩、外敷中药。

可采取局部封闭注射肾上腺皮质激素类药物的方法,对慢性伤者,应以理疗、按摩、针灸治疗为主。

对有肌肉韧带断裂或伴有撕脱骨折者,宜进行手术缝合术等。

发生急性损伤后,在治疗期间要禁止参加大强度的运动训练,以免加重损伤或出现新的损伤。

经过一定的处理后,如果伤者损伤部位没有疼痛,即可进行运动,但需要注意的是,要合理地安排运动的负荷量与强度,负荷量与强度要逐渐增加。

伤者在练习与康复时,要佩戴必要的保护装置,如护肘、弹力绷带等,以免加重肌体的负担,造成其他的运动损伤。

9.肌肉拉伤

肌肉拉伤是指在外力直接或间接作用下,使肌肉过度主动收缩或被动拉长所致的肌肉纤维损伤或断裂。发生肌肉拉伤时,会出现疼痛、压痛、肿胀、肌肉紧张、发硬、痉挛等症状,其中,有些损伤还伴有闪痛、撕裂样感,肿胀明显及皮下瘀血严重,触摸局部有凹陷及一端异常隆起者,可能为肌肉断裂。

伤势轻者可停止训练,立即休息,抬高患肢,局部冷敷并加压包扎,疼痛严重者,可酌情给止痛药。24小时后进行理疗和按摩,对于肌肉断裂患者,应加压包扎并立即送往医院处理。

10.胫骨痛

胫骨痛在运动医学中又称为"胫腓骨疲劳性骨膜炎"。此病多发生在跑、跳等运动项目中。由于这类活动使大腿屈肌群不断收缩,而过度牵扯其胫腓骨的附着部分,致使骨膜松弛,骨膜下出血,产生肿胀、疼痛等炎症反应,导致出现此病。

运动员在发生胫骨痛后,要注意足尖跑、跳的运动量,不要加重下肢的负担,进行少量的运动以促进慢慢恢复。在进行运动前一定要做好准备活动,运动后做好整理活动,可进行局部按摩。伤势严重者,立即就医。

11.肩袖损伤

肩袖损伤是指肩袖肌腱或合并肩峰下滑囊的损伤性炎症病变。发生肩袖损伤时,肩外展会感到疼痛,有时会向上臂、颈部放射,肩外展或伴内、外旋时,疼痛加重,压痛局限于肩峰与肱骨大结节之间。肩袖损伤可分为急性损伤和慢性损伤,急性损伤期间常伴有三角肌痉挛疼痛,慢性损伤期间继发三角肌萎缩乏力。

运动员在发生运动损伤后,可适当进行休息、调整,可采用物理治疗、针灸、按摩等方法治疗。除此之外,还可活动运拉肩关节和上肢,以促进恢复。如果发生肌腱断裂,则要立即就医。

12.髌骨劳损

髌骨具有保护股骨关节面、维护关节外形和传递股四头肌力量的作用,是维护膝关节正常功能的主要结构。髌骨劳损一般是膝关节长期负担过重或反复损伤积累而成的。髌骨劳损是膝关节酸软疼痛,髌骨压迫痛,单足半蹲的时候有痛感。少数患者因长期膝关节疼痛不敢用力而肌肉萎缩或有少许关节积液。

当运动员发生髌骨劳损后,可采用按摩、中药外敷、针灸等方法治疗;加强膝关节肌群力量练习,比如采用高位静力半蹲,每次保持3~5分钟即可,每日进行1~2次。

13.腰部扭伤

腰部扭伤是腰部软组织的损伤。有明确的外伤史,伤后立即或一、二日后发生腰痛,为急性腰部扭伤,亦称"闪腰"。肌肉轻度扭伤后疼痛显著,脊柱不能伸直;因肌痉挛而引起脊柱生理曲线改变为较重的扭伤;如是棘上韧带与棘间韧带扭伤,则受伤时感到局部突然撕裂样疼痛,过度前弯腰时疼痛加重,腰伸展时疼痛较轻,棘突上或棘突之间有局限而表浅的明显压痛点。若是筋膜破裂,则多发生在肌鞘部和髂嵴上、下缘,伤处有明显的压痛点,弯腰和腰扭转时疼痛较重,腰伸展时疼痛较轻。如果是小关节交锁,受伤当时即腰部剧烈疼痛;呈保护性强迫体位,不敢做任何活动,亦惧怕任何搬动,尤其不能做腰后伸活动,疼痛位置较深,不易触到压痛点,但叩击伤处可引起震动性剧烈疼痛。

休息:可仰卧于垫子或木板床上休息,腰部垫一薄枕以便放松腰肌,活动时要避免受伤组织受到牵拉。轻度扭伤可休息2~3天,较重扭伤需休息一周左右。

按摩、穴位按摩:取人中、扭伤、肾俞、大肠俞、委中等穴,手法强度应使病人有较强的酸麻胀感为宜。

其他疗法:如外贴活络止痛膏,内服活络止痛药,火罐疗法、针灸疗法、局部注射强的松龙、理疗等。

14.关节脱位

在运动训练中,因受外力作用,使关节失去正常的连接关系叫关节脱位,又称"脱臼"。发生关节脱位时,伤者会感到剧烈疼痛,关节周围出现显著肿胀,关节功能丧失。有时还发生肌肉痉挛,严重时会出现休克。

运动员在发生关节脱位后,切不可随意做复位动作,以免加重伤情。用夹板或三角巾固定伤肢,并尽快送医院治疗。

15.骨折

骨折是指在运动时,运动员身体某部受到直接或间接的外界力量撞击而造成的损伤。

常见的骨折有肱骨骨折、尺桡骨骨折、手指骨折、小腿骨折、肋骨骨折等。骨折发生时伤者可感到明显的疼痛,患处出现肿胀的现象,肢体失去正常功能,严重时还伴有出血和神经损伤,甚至发烧及突发休克等现象。当运动员发生骨折后,切忌随意移动肢体,应用夹板或其他代用品固定伤肢;如出现休克,应对患者实施人工呼吸。对于有伤口出血的患者,要采取止血措施,并送往医院进行治疗。

二、体育运动训练疾病的防治

(一)过度紧张

1.过度紧张的原因

身体及心理素质较差;运动水平不高;肌体出现过度疲劳现象;伤病中断训练后突然参加剧烈活动;患有某些心血管疾病的患者,突然参加剧烈运动,易导致过度紧张。

2.过度紧张的症状

头晕、眼前发黑、面色苍白、全身无力、站立不稳;有恶心呕吐、脉搏快速细弱、血压明显下降的现象;严重者会出现嘴唇青紫,呼吸困难,胸肋部疼痛,肝脏肿大,心前区痛,心脏扩大等急性心功能不全等症状。

3.过度紧张的预防

运动员在运动前做好一定的准备活动,运动训练要全面,要循序渐进地进行;当运动员伤病初愈进行运动训练时,要注意运动负荷量与强度的合理安排;在进行大强度运动训练前,应做好必要的体格检查;根据个人具体实际合理选择运动项目和训练方法;要注意运动训练的卫生,加强营养补充;运动训练要进行必要的医务监督,将运动疾病的风险降到最低。

4.过度紧张的治疗

轻度的过度紧张,可安静地仰卧在垫上,短时间休息后可得到恢复;发生脑缺血时,应将患者平卧休息,头稍低,给以热糖水或镇静剂以促进恢复;对于严重的心功能不全的患者,应保持安静,平卧,指掐"内关"和"足三里"穴;如果昏迷,可指掐"人中穴";对于呼吸困难或心跳停止者,应施以人工呼吸,然后去往医院治疗。

(二)岔气

1.岔气的原因

岔气是指运动时发生与腹痛位置不同的突然性胸壁或上腹近肋骨处的疼痛现象,"岔气"出现的原因主要有以下两个:

(1)没有进行准备活动或准备活动不充分。

(2)发生呼吸节奏紊乱或心肌功能不佳的现象。

2.岔气的症状

患者胸壁或上腹近肋骨处出现明显的疼痛;说话、深呼吸或咳嗽时局部疼痛;按压疼痛部位有明显压痛,但无红肿现象出现。

3.岔气的预防

运动前做充分的准备活动,使身体适应逐步加大的运动量;没有特殊情况不要中断锻炼,运动锻炼中要掌握好呼吸的方法和节奏。

4.岔气的治疗

深吸气后憋住不放,握拳由上到下依次捶击胸腔左、右两侧,亦可用拍击手法拍击腋下,再缓缓深呼气;深吸气憋住气后,请别人捶击患者侧背部及腋下,再慢慢呼气;连续做深呼吸,同时用手紧压疼痛处可有一定程度的缓解;用食指和拇指用力捻捏内关和外关穴,同时做深呼吸和左右扭转身躯的动作;可深吸气后憋住不放,用手握空拳捶击疼痛部位。

(三)肌肉痉挛

1.肌肉痉挛的原因

肌肉痉挛,是指肌肉发生的不自主的强直性收缩的现象。人体的小腿腓肠肌、足底的屈拇肌和屈趾肌是最容易发生肌肉痉挛的部位。发生肌肉痉挛的原因有很多,主要是运动者体内失盐过多、冷刺激、肌肉收缩与舒张失调等原因所致。

2.肌肉痉挛的症状

患者全身肌肉强直,双眼上翻或凝视,神志不清。出现身体局部抽风的现象,仅局部肌肉抽动,如仅一侧肢体抽动,或面肌、手指、脚趾抽动等。

3.肌肉痉挛的预防

运动前后做充分的准备活动和整理活动;运动前对易发生肌肉痉挛的部位做适当的按摩;在身体疲劳时不宜参加长时间或大运动量、高强度的运动。

4.肌肉痉挛的治疗

运动员在运动训练的过程中,当发生肌肉痉挛时,牵引患者痉挛的肌肉常可使之缓解。例如,小腿后面群肌痉挛可伸直膝关节,用力将足背伸;足底部屈拇肌、屈趾肌痉挛,可用力使足和足趾背伸,除此之外,还可采用按摩的方法促进运动肌体的恢复,如推摩、揉捏、点穴等手法,可促使缓解。

(四)肌肉酸痛

1.肌肉酸痛的原因

运动员在运动时肌肉活动量过大,而引起局部肌纤维及结缔组织的细微损伤,以及部分肌纤维的痉挛所致。

2.肌肉酸痛的症状

局部肌肉纤维细微损伤及痉挛;整块肌肉运动时存在酸痛感。

3.肌肉酸痛的预防

做好充分的准备活动,注意运动中有关局部肌肉的活动,锻炼要充分;科学、合理地安排运动负荷;避免长时间锻炼身体某一部位,以免加重局部肌肉的负担;做好整理运动,可采用一般放松练习和肌肉伸展牵引练习。

4.肌肉酸痛的治疗

(1)对酸痛局部进行静力牵引练习,保持拉伸状态 2 分,然后休息 1 分,重复练习。

(2)对酸痛的局部肌肉进行热敷,促进血液循环及代谢过程,有助于损伤组织的修复及痉挛的缓解。

(3)对酸痛局部进行必要的按摩,使肌肉得到放松,促进肌肉血液循环,有助损伤修复及痉挛缓解。

(4)口服维生素 C。维生素 C 有促进结缔组织中胶原合成的作用,能加速受损组织的修复和缓解酸痛。

(5)补充微量元素锌元素,锌元素有利于损伤肌肉的修复。

(五)运动中腹痛

1.运动中腹痛的原因

准备活动不充分;运动员身体素质较差,训练水平较低;运动负荷过大;呼吸与动作之间的节奏配合不良;精神紧张,过度疲劳;膳食不合理,营养不良等。

2.运动中腹痛的症状

(1)运动员在进行小负荷强度运动时,腹痛不明显。负荷强度增加后,腹痛逐渐加剧。

(2)腹痛部位,常为病变脏器所在。

左上腹痛,多为脾瘀血;左下腹痛,多因宿便引起;右上腹痛,多为肝胆疾患、肝脏瘀血;右下腹痛,多为阑尾炎;中上腹痛,多为急性或慢性胃炎;腹中部痛,多为肠痉挛、蛔虫病。

3.运动中腹痛的预防

运动前要做充分的准备活动,运动时注意呼吸的节奏;可以采取各种训练方法,全面提高运动员肌体机能水平;运动训练要科学,循序渐进地增加负荷量与强度;合理安排膳食与营养,饭后切忌参加剧烈运动。

4.运动中腹痛的治疗

患者用手按压疼痛部位,或弯腰跑一段距离,一般疼痛即减轻或消失;降低运动强度,调整呼吸和运动节奏;病情加重时应停止运动,口服止痛药物,点掐或针刺足三里、内关、三阴交等穴位,进行腹部热敷等;经过治疗如果还没有效果,则立即就医。

(六)低血糖症

1.低血糖症的原因

运动前体内肝糖原储备不足,运动时不能及时补充血糖的消耗;长时间的运动导致运动者体内血糖量的大量减少;中枢神经系统功能紊乱,导致胰岛素分泌量增加;患者没有遵医嘱而参加运动训练。

2.低血糖症的症状

轻者感到饥饿、疲乏、头昏脑涨、心悸、面色苍白、出冷汗;重者可出现神志模糊、语言不清、四肢发抖、呼吸短促、烦躁不安或精神错乱,甚至惊厥、昏迷;脉搏快而弱,血压偏高或无明显变化,或昏倒前升高而昏倒后降低,呼吸短促,瞳孔扩大;血糖成明显降低症状。

3.低血糖症的预防

在进行大运动量的运动时,应准备一些含糖的饮料;日常运动锻炼较少或者体能素质较差者,不宜参加长时间的剧烈运动。

4.低血糖症的治疗

低血糖患者应采取平卧的方式休息,注意保暖;较轻者可饮浓糖水或吃少量食品,一般短时间内即可恢复;可静脉注射50%葡萄糖40～100毫升;昏迷不醒者,可针刺人中、百会、涌泉、合谷等穴,并及时就医。

(七)运动性贫血

1.运动性贫血的原因

一般情况下,运动性贫血是由各种原因引起的,如果运动员的生理负担量过大而参加运动训练就很可能导致运动性贫血的发生。

2.运动性贫血的症状

在进行血液检查时,运动员的血红蛋白含量减少,男性低于 120 克/升,女性低于 105 克/升;头晕、乏力、易倦、记忆力下降、食欲差,发病缓慢;运动训练过程中常伴有气促、心悸等症状;皮肤和黏膜苍白,心率较快,心尖区可听到收缩期吹风样杂音等。

3.运动性贫血的预防

合理安排运动负荷,运动的量与强度要循序渐进增加;根据个人具体实际,贯彻个别对待的基本原则;多食含蛋白质丰富的食物,尽力改掉偏食的不良习惯;补充身体必需的铁元素。

4.运动性贫血的治疗

发生运动性贫血时,要适当减少运动的量与强度,必要时停止训练,等人体状况恢复良好时再参加训练;服用维生素 C 和胃蛋白酶合剂,以促进铁的吸收;口服硫酸亚铁片剂,可治疗缺铁性贫血;合理膳食,补充营养,多食用富含蛋白质和铁的食物。

(八)运动性血尿

1.运动性血尿的原因

(1)肾缺氧。运动时血液重新分配,肾脏缺血缺氧,影响肾脏正常功能,以致红细胞渗出。

(2)肾静脉高压。运动者肾周围脂肪组织较少,长时间跑跳时,身体震动可使肾脏下垂,使静脉血流受阻,肾静脉压增高,从而导致红细胞渗出。

(3)肾损伤。运动时腰部的猛烈屈伸或蜷缩体位可使肾脏受到挤压,肾内毛细血管损伤,从而引起肾出血。

(4)膀胱损伤。在膀胱排空的情况下跑步,脚落地震动时膀胱后壁与膀胱底部互相触碰,而使该部位发生运动损伤,引起血尿。

2.运动性血尿的症状

运动后即刻出现血尿情况;停止运动训练后,血尿则迅速消失,一般不超过 3 天;无其他症状出现,血液化验、肾功能检查、腹部 X 线平片等均正常。

3.运动性血尿的预防

运动前后做必要的准备活动和整理活动;合理膳食,注意营养补充;饭后切忌立即进行剧烈运动。

4.运动性血尿的治疗

对身体进行全面的检查,排除病理性血尿,以免误诊;出现肉眼血尿时,应立即停止运动;对出现少量红细胞而无症状的运动者,应减少运动量,继续观察。

(九)冻伤

1.冻伤的原因

冻伤是肌体的某一部分组织因寒冷侵袭而出现血液循环障碍,如水肿、水疱、坏死等局部损害的症候群。一般来说,冻伤发生的原因主要是人体长时间暴露在寒冷环境下,体温过度下降,血液循环障碍和细胞代谢不良,导致手、足、面颊、耳、鼻等局部发生损伤。

2. 冻伤的症状

受冻部位无痛感,变得苍白或蜡黄,有红斑和水肿、水疱和大疱、浅表坏疽、深部坏疽以及肌肉、肌腱组织、骨膜和神经损伤。

3. 冻伤的预防

采用多种形式的体能训练,以增强肌体的耐寒能力和免疫力;在进行运动训练时,运动员的着装要合理,衣服、鞋袜要温暖而合适;在气候寒冷时,身体外露的部分采取必要的保暖措施,如手套、耳套等。

4. 冻伤的治疗

第 1 度冻伤:禁用火烤或热水烫,也不要用雪水摩擦,应迅速放在 38℃～40℃ 的温水复温,但水温不超过 45℃,以免发生烫伤。复温后,局部可涂冻疮膏,也可用酒精棉球经常轻轻揉擦,使局部皮肤微红即可。注意患部保暖和清洁,避免因痒搔破。

第 2 度冻伤:小水疱不要弄破;较大的水疱,在局部消毒后用针头刺破,然后包扎。若已溃,可搽紫药水或消炎软膏后再包扎。

第 3 度冻伤:及时去医院接受治疗。

(十)中暑

1. 中暑的原因

中暑是热射病、热痉挛和日射病的总称,一般发生在炎热的夏天,尤其是在烈日的直接照射下多发生中暑现象。

2. 中暑的症状

身体发热、四肢乏力、头昏脑涨、恶心呕吐、胸闷等;烦躁不安、脉搏加速、血压下降;重症患者还会出现头痛剧烈、昏厥、昏迷、痉挛等症状。

3. 中暑的预防

在夏天进行体育运动锻炼应尽量避开炎热的时间段。

在高温天气下运动时,最好戴上遮阳帽,以防日光直射;衣服的选择要合理,以浅色或白色为宜。室内运动场地应有良好的通风、降温设备。另外要准备大量补充水分的饮料。

中暑早期会出现一定的先兆症状,如发现运动者出现大量出汗、恶心、头昏等现象时,应立即停止运动。

选择阴凉的背景进行运动训练,训练中应增加休息的次数。

夏天进行体育运动,消耗的水分较多,应及时补充水分。

运动锻炼后切忌用冷水浇身,要用温水洗澡,可有效地避免中暑的发生。

4. 中暑的治疗

对轻度中暑患者,应将其迅速移至阴凉通风处休息,解开衣领,并给予清凉饮料、浓茶、淡盐水和人丹、解暑片(每次 1～4 片)或藿香正气丸(每次 1 粒)等解暑药物。对病情较重的患者,应立即移到阴凉处,让其平卧(或抬高下肢),采取的措施如下:中暑痉挛时,服用含糖、盐饮料,并在四肢做重推摩、按摩,头部用冰袋或冷水湿敷;中暑高热时,应迅速降温,如用冷水或冰水擦身,或在额、颈、腋下和腹股沟等处放置冰袋,也可用50％酒精擦浴;症状重或昏迷者,可针刺人中、涌泉等穴,并应立即送往医院接受治疗。

(十一)昏厥

1.昏厥的原因

长时间站立或过久下蹲后骤然起立,使脑部缺血,容易引起昏厥。

跑动后立即停止,由于下肢血管失去肌肉收缩的挤压作用,加上血液本身的重力关系,大量血液积聚在下肢舒张的血管中,造成回心血量减少,因而心输出量减少,使脑部突然缺血,而发生晕厥。这种昏厥也叫"重力性休克"。

神经类型欠稳定的人,一旦受惊、恐惧、悲伤,或者看到别人出血,都可能反射地引起广泛的小血管急性扩张,血压下降,从而导致脑部血液供应不足而发生血管抑制性昏厥。

2.昏厥的症状

昏厥前,病人面色发白,感到头昏眼花、全身软弱无力;昏厥时失去知觉,突然昏倒;昏倒后,面色苍白、手足发凉、出冷汗、脉搏慢而弱、血压下降、呼吸缓慢。经过短时间的平卧休息,脑缺血消除,知觉迅速恢复,但精神不佳,仍有头昏、全身无力的感觉。

3.昏厥的预防

当有昏厥的前期症状时应立即平卧,或由同伴扶着走一段路,可使症状减轻或消失;坚持锻炼,增强体质;久蹲后要慢慢站立起来;跑后不要立即站立不动,应继续慢跑并做深呼吸。

4.昏厥的治疗

让患者平卧,头部稍放低,松解衣领,注意保暖;用毛巾擦脸,自小腿向大腿做重推摩和揉捏;病人没有苏醒,则用手指掐点人中穴;禁止给任何饮料饮用或服药。有条件的话,应给氧气和在静脉注射25％～50％葡萄糖40～60毫升;如呼吸停止,应立即进行人工呼吸,醒后给以热饮料,注意休息;在急救同时,应尽快联系医生做进一步的治疗。

(十二)休克

1.休克的原因

运动量过大;身体生理状态不良;肝脾破裂大出血、骨折和关节脱位的剧烈疼痛等。

2.休克的症状

早期常有烦躁不安、呻吟、表情紧张、脉搏稍快、呼吸表浅而急促等症状;发作期,表现为精神萎靡不振、面色苍白、口渴、畏寒、头晕、出冷汗、四肢发冷、脉速无力,血压和体温下降;严重者出现昏迷。

3.休克的预防

对有可能发生休克的运动员,要采取相应的预防措如活动性大出血者要确切止血;骨折部位要稳妥固定;软组织损伤应予包扎,防止污染等;对严重感染的病人,要采用敏感抗生素,静脉滴注,积极清除原发病灶,以免发生感染;充分做好严重患者的术前准备。

4.休克的治疗

使患者安静平卧于床上,并注意保暖;可给服热开水及饮料,针刺或点人中、足三里、合谷等穴；由骨折等外伤的剧痛而引起的休克，应给以镇痛剂止痛；急救的同时，应立即送往医院做进一步的检查和治疗。

第三节　现代体育运动训练的医务监督

一、体育运动训练医务监督的内容

（一）对运动训练进行医学监控

为了提高自己的技能水平，运动员必须要坚持长期的运动训练，而运动训练就是一项为提高自己运动能力，挖掘自身运动潜能而进行的大负荷的身体活动。在运动训练的过程中，运动员必须要采用一定的医学技术手段对自身的健康情况进行科学监控，这样不仅可以适时了解运动员的身体情况，避免运动疲劳的产生和累积，同时还可以监测出运动员参加运动训练所取得的实际训练效果。

（二）体格检查

体格检查是运动训练监督的一项重要内容，体格检查就是对运动员身体机能状况进行综合评定。这种检查可在不同的阶段和不同的状态（如安静状态、训练过程、恢复过程）下进行。另外，除阶段性的定期检查外还可进行动态观察和比较。

（三）运动性伤病的预防和检疗

在日常的训练和比赛中，受各种因素的影响，运动员常常承受各种各样的运动性伤痛。因此，为了使运动员健康地参与运动训练和比赛，就要及时发现和正确处理运动员的运动性伤病，掌握运动员患各种疾病和运动损伤后开始恢复训练的适宜时机、训练内容和运动量、能否参加比赛以及参加比赛的项目和时机等。

（四）消除运动性疲劳

在长期的运动训练中，运动员常因自身或其他方面因素的影响而产生精神疲劳和身体机能的下降，这是肌体为维护正常生理功能而做出的一种自我保护现象。因此，对运动员的精神疲劳要给予充分重视和采取有效措施，以免引发肌体调节的紊乱和过度疲劳。

二、体育运动训练医务监督的常用指标

（一）脉搏

在安静时，正常成年人的脉搏（心率）为 70 次/分左右，正常范围是 60～100 次/分。安静时心率超过 100 次/分的称为"窦性心动过速"；安静时心率低于 60 次/分的则称为"窦性心动过缓"。长期坚持体育锻炼的人，经常会出现窦性心动过缓，这是心血管系统对长期训练产生适应的表现。大多数运动员也普遍存在窦性心动过缓。

在对运动员进行医务监督时，可以通过测量运动训练和比赛时运动员的脉搏，来衡量运动量的大小。例如，当运动员脉搏超过 180 次/分时，则说明此训练的运动量较大；而脉搏在 150～180 次/分时则为中等运动量；低于 144 次/分为小运动量。以脉搏恢复时间 5～10 分为标志，在 5～10 分内恢复运动前的脉搏次数为小运动量；在 5～10 分后比运动前快 2～5

次/分为中等运动量;在 5～10 分后比运动前快 6～9 次/分为大运动量。

　　大量的研究和实验发现,除了通过测量运动训练和比赛时运动员的脉搏来衡量运动量的大小外,还可以通过人体在完成同样定量负荷后或完成极限负荷或力竭性负荷后,脉搏的比较来了解训练时肌体的状况。定量负荷后脉搏频率减少是人体运动机能能力提高的表现。如台阶实验、PWC170 等。如果负荷后脉搏增加,则提示运动能力没有提高,或训练效果不好;极限负荷指让受试者进行最大限度的发挥和表现其机能水平的运动,即随着负荷强度的增加要求运动到无法继续运动为止。这时脉搏所表现出的是肌体的最大负荷能力,其脉搏所能达到的水平越高,则心脏的负荷能力越好。

　　(二)血压

　　血压是反映人体机能状态及疲劳程度的常用指标。一般情况下,正常成年人动脉收缩压低于 18.6 千帕(140 毫米汞柱),舒张压低于 12 千帕(90 毫米汞柱)。清晨血压比较稳定。排除运动员自身的健康原因,如果清晨血压较平时增高 20%,且持续两天以上不恢复者,常常表示运动量过大、过度疲劳或机能下降,这时就需要结合自身的具体实际,调整运动负荷。

　　(三)血糖

　　血糖是血液中各种单糖的总称,主要是葡萄糖、半乳糖、果糖和甘露糖等。正常人清晨空腹时静脉血糖浓度为 3.89～6.11 毫摩尔/升。临床上将空腹血糖浓度低于 2.80 毫摩尔/升者称为低血糖。运动员在运动训练期间,如果血糖正常,运动成绩提高,则说明肌体功能状况良好;如果血糖呈持续下降的趋势,运动成绩下降,则说明运动时间过长、运动量过大,血糖利用过度或葡萄糖过量消耗,这时就需要重新确定运动负荷。

　　(四)血红蛋白

　　血红蛋白是红细胞中具有携氧功能的含铁蛋白质,可作为评定身体机能状况的一个重要生理指标。正常男子血红蛋白含量为 120～160 克/升,女子为 105～150 克/升。而在训练期间,如果人体血红蛋白浓度正常,则说明肌体功能状况好;如果血红蛋白下降 10% 以上(男子低于 120 克/升,女子低于 105 克/升)称为"运动性贫血";如果运动成绩下降,表示身体机能状况不好,注意调整运动量。一般来说,运动员在一次紧张的训练或比赛后,血红蛋白含量会普遍下降,但经过一定的调整后,大都能恢复至训练或赛前水平。

　　(五)血乳酸

　　血乳酸是体内糖无氧酵解的代谢产物,血乳酸水平可作为指标区分有氧和无氧代谢,从而控制训练的性质。在训练期间,人体血乳酸水平越高,说明肌体无氧代谢程度越高,即训练强度越大。一般情况下,出现乳酸阈的水平是在 4 毫摩尔/升。在使用血乳酸作为训练强度监测指标时,注意取血的时间应在运动后 3～10 分钟。

　　(六)血尿素

　　血尿素是蛋白质的代谢产物。运动中,内脏器官循环血量减少,使尿素的排出减少;运动可使蛋白质的分解代谢加强,尿素生成增加,因此,血尿素水平可以作为肌体对运动负荷反应及恢复情况的医疗指标。通常情况下,正常血尿素的水平是 5～6 毫摩尔/升,运动员的血尿素正常值是 7 毫摩尔/升。通过运动员安静时的血尿素水平可以及时了解肌体的蛋白质代谢情况,血尿素水平明显升高说明肌体处于疲劳状态。

运动员在运动训练期间,动态观察血尿素可以有效评定运动员身体机能的状况,操作方法是在一周的运动训练中每 2 天查一次清晨血尿素水平。如果经过一周的运动训练后,血尿素水平逐渐升高,经过周末休息仍不能恢复,则表明运动负荷过大,肌体在训练后无法完全恢复,长期下去将导致疲劳积累;如果血尿素值平稳,没有明显的升高或改变,说明运动训练对肌体没有产生明显的刺激,是负荷量过小的表现,应加大训练量和训练强度;如果在一周的运动训练过程中,血尿素水平先增高,经过周末休息可基本恢复到训练前的水平,则说明运动量较为合理。

（七）心血管机能实验

在运动训练的过程中,运动员身体机能状况可以根据自身的具体情况选择合适的机能测定方法。在运动训练过程中,进行心血管机能评定主要是为了了解训练效果或者身体机能状况,心血管机能评定可以作为依据用于帮助教练员安排下一步训练计划。当运动员的心血管机能检查出现异常时,应对训练进行相应的调整。主要的机能测定方法有功率自行车测试、跑台负荷试验、台阶试验、改良联合机能试验等。

（八）调节代谢指标

1. 睾酮

睾酮在血液循环中有结合型和游离型两种,影响蛋白质合成的主要是游离型睾酮。通常男性睾酮的正常范围在 10.4～41.5 毫摩尔/升,女性睾酮的正常范围在 0.9～2.8 毫摩尔/升。目前,学界对运动时睾酮的生理作用还不十分清楚,现有的认识主要是对抗糖皮质激素的蛋白质分解作用,保存体内的蛋白质,有利于肌体贮留糖原及运动后肌糖原的恢复,使肌体对运动应激抵抗力增强,提高对运动量的承受能力。睾酮能促进蛋白质合成和增加肌肉力量,促进骨基质增加和钙化,为神经肌肉传导提供营养,使神经末梢乙酰胆体的释放易化。有人认为,睾酮对红细胞生成、肌糖原和磷酸肌酸合成有一定的作用,因而与运动能力有着极为密切的关系。睾酮的生理作用主要是刺激男性性器官发育并维持其功能,刺激第二性征的出现和维持其正常状态。同时它还可以促进运动员体内蛋白质的合成,对运动员结束训练后的肌体恢复产生一定影响。当肌体处于运动疲劳状态时,其体内的睾酮水平也会出现较为明显的下降。

2. 皮质醇

皮质醇可加速分解代谢过程,能使肌体对外界刺激产生应激和适应作用。皮质醇的正常值范围是 110～690 毫摩尔/升。肌体疲劳时,皮质醇的水平会上升,降低肌体合成蛋白质的速度,不利于肌体的恢复。

3. 血清肌酸激酶

血清肌酸激酶(CK)又称"磷酸肌酸激酶"(CPK),是短时间剧烈运动时能量补充和运动后 ATP 恢复的反应催化剂,与运动时和运动后能量平衡及转移密切相关。安静时,血清 CK 主要是由骨骼肌和心肌中的 CK 透过细胞膜进入血清。CK 的正常范围是:男子 10～100 单位/升、女子 10～60 单位/升。而在训练期间,由于肌体骨骼肌局部缺氧,代谢产物堆积,自由基增多,细胞膜损伤和通透性增加,肌细胞内的 CK 进入血液,导致运动后血清 CK 升高。由于 CK 在血清中上升和细胞损伤有关,因此 CK 是评定疲劳程度和恢复过程的重要指标。

血清 CK 的变化受负荷强度的影响较大。一般短时间极大强度运动后 5 至 6 小时,血清 CK 升高,8 至 24 小时达高峰,48 小时后逐渐恢复,负荷强度越大,恢复越慢。值得注意的是,在训练期间使用血清 CK 做评价,需做 CK 同工酶等测定,并同其他临床诊断相结合,以区别于心肌炎时血清 CK 的上升。

三、体育运动训练的自我监督

自我监督是运动员在运动训练中,肌体对自身的健康状况、身体反应、功能状况等进行自我观察和检查的方法。自我监督可以帮助运动员合理地确定与评价运动负荷,从而帮助运动员在训练过程中选择适宜的运动负荷安排,避免运动性损伤和运动性疾病的发生。自我监督常用的方法有两种:一种是个体的主观感觉,另一种是客观检查。

（一）主观感觉

1. 精神状态

在运动训练中,运动员的精神状态主要包括正常感觉和不良感觉两种。前者主要表现在运动后疲劳消除较快,功能恢复较快,精神饱满,无全身不适感;后者主要表现在运动后四肢无力、肌肉酸痛、关节疼痛、头痛、恶心,甚至呕吐、头晕、气喘、心前区憋闷、上腹部疼痛等,这主要是运动量过大的表现。

2. 运动心情

运动心情是反映运动员有没有训练欲望的一个指标,一般情况下,当运动员身体机能正常时,精神饱满,体力充沛,渴望训练。而当运动员出现运动疲劳或自身状况不佳时,就容易导致心情不佳,甚至出现厌烦训练的症状,尤其会出现惧怕参加紧张的训练和比赛的情况。在自我监督表中,运动员可以根据实际情况做一定的记录,如渴望训练、厌烦训练、恐惧训练等。

3. 睡眠

睡眠状况是反映运动员神经系统功能状态的指标。当运动员的训练负荷过大,超过了肌体的负担能力时,首先会反映在神经系统方面,早期主要表现为睡眠模式的改变。好的睡眠状态是入睡快,醒后精力充沛。如果经常出现入睡迟、夜间易醒、失眠、睡醒后仍感疲劳等情况,则表明训练的负荷已超过了肌体的负担能力,或肌体已疲劳,需要进行调整,在自我监督表中可填写良好、一般、入睡迟、夜间易醒、失眠等。

4. 食欲

一般情况下,人体中枢神经的疲劳程度可以根据个体的食欲来进行反映。如果个体训练量适当,运动后能量消耗大,食欲良好,食量大。而如果出现运动训练过度,运动后会出现不想进食、食量减少的情况,这就充分表明运动员个体的中枢神经系统已经疲劳,需要做出及时调整。

5. 出汗量

运动时,出汗量的多少与运动量、训练程度、饮水量、空气温度、湿度、衣着厚薄以及个体的神经系统状况密切相关。在观察出汗时,应特别注意是否有盗汗。

盗汗即夜间睡眠中出大量冷汗的现象,是植物神经系统功能紊乱或身体疲劳的表现,也是内脏器官患病的征兆,应予以高度重视。一般来说,在整个运动训练期间,如果其他条件相同,出汗多则表明技能水平下降。

总之,在运动训练中,自我感觉是运动员在运动训练中最直观的反映,有利于运动员及时发现问题,从而采取有效的措施控制整个运动训练过程。在运动训练实践中,个体的主观感觉可根据具体情况填写并做好记录,为运动训练的调整提供必要的依据。

（二）客观标准

1. 体温

一般正常人口腔温度为 $36.5℃\sim37.2℃$,腋下温度较口腔温度低 $0.3℃\sim0.6℃$。运动员体温会随着生理状态、昼夜时差、年龄、性别、环境等不同而稍有波动。运动员在非运动训练时的基础体温与正常人相同,在运动训练过程中,由于肌肉运动产热明显,肌体代谢率增加,运动员体温会略有升高。即运动状态下体温略高,安静状态下略低,早晨 4～6 时体温最低,午后 5～6 时体温最高,但在 24 小时之内体温变化不超过 1℃。

运动员应在清晨觉醒后,开始活动前测量体温并记录。长期记录体温变化有利于运动员判断自身新陈代谢情况,预测运动成绩变化。另外,体温能在一定程度上反映运动员身体代谢水平,比赛或赛前的紧张情绪也可使运动员体温升高。因此,在比赛前观察体温,有利于判断赛前紧张状态是否出现。

2.脉搏

个体在参加运动训练时,要学会适时监测自己的脉搏。人体脉搏的频率与年龄、性别、运动、情绪、休息和睡眠等都有着密切的关系。一般说来,脉搏与训练水平有关,是一个直观而非常有效的指标。每天对自己的晨脉进行检查,可以直接了解运动量对自身的影响。运动量合适、身体健康时,晨脉每日节律整齐,变化每分不超过 3～4 次;身体机能状态差、运动量不当时,每分晨脉可较前日增多 6 次以上。如脉搏持续上升或长期不能恢复到正常值范围,则说明运动量过大;出现心律不齐者,应到医院做心电图检查。

3.体重

体重可以综合反映人体肌肉、脂肪、内脏器官及骨骼等的生长发育情况,是评定人体生长发育的基本标准之一。一般来说,健康青少年的体重是相对稳定增长的,健康成人的体重是相对稳定的,一个月内体重增减不超过 3 千克。运动训练或比赛后,体重会出现一定程度的下降,体重下降的幅度与运动强度、运动持续时间成正比,一般情况下,经过系统的运动训练后,运动员的体重变化呈现出以下三个特点:

第一,经过一段时间的运动训练后,肌体会因失去过多的水分和脂肪而导致体重有逐渐下降的趋势,一般下降 2～3 千克,持续下降 3～4 周。体型较胖或参加系统训练前较少活动者,体重下降的幅度可能更大一些。

第二,随着运动训练的持续进行,运动员的体重会逐渐处于一个稳定时期,一般情况下,会出现运动后体重减轻的状况,但在 1～2 天内得到完全恢复。这个阶段一般持续 5～6 周以上。

第三,长期坚持训练会使肌肉等组织逐渐发达,体重有所增加,并保持在一定的水平上,如果发现体重减轻了 2～3 千克以上,则可能是运动量太大。如果减少运动量后,体重仍不能回升,应去医院检查。

运动员在运动训练期间,如果体重持续下降并伴有其他异常情况,如睡眠失常、情绪恶化等,很有可能是早期过度训练、身体患有慢性消耗性病变(如肺结核、甲状腺功能亢进)或热能不足等原因引起的。进行大运动量训练的运动员在停止训练后体重增加是正常的生理反应,但如果体重逐渐增加,则表明运动量小、热量累积过多。

4.运动成绩

运动员在平时运动和比赛中记录运动成绩有利于合理地判断运动训练强度安排是否合理,可以促进更合理地安排运动训练,帮助运动员提高运动成绩,达到更高的运动水平。运动成绩长期不增长或下降,可能是身体机能状况不良的反映,也可能是早期过度训练的表现。由此可见,运动成绩对于观察肌体的健康水平和运动训练状况是一个良好的客观监测指标。

参考文献

[1] 岳慧灵. 体育课程运动处方教学模式[M]. 长春:吉林人民出版社,2020.06.

[2] 陈连华. 现代高校体育教学及其模式创新[M]. 西安:陕西旅游出版社,2020.10.

[3] 李海英. 新时代高校体育教学的多维研究与运动教育模式[M]. 北京:人民体育出版社,2020.12.

[4] 曹垚. 现代体育教学理论与实践训练探索[M]. 长春:吉林人民出版社,2020.07.

[5] 刘逵. 新媒体视阈下体育教学与模式创新[M]. 长春:吉林美术出版社,2020.07.

[6] 瞿昶. 体育教育与健康研究[M]. 沈阳:沈阳出版社,2020.09.

[7] 王俭民. 篮球教学与体育训练[M]. 长春:吉林科学技术出版社,2020.09.

[8] 李曦,李文娟. 大学体育训练与指导[M]. 北京:北京工业大学出版社,2020.08.

[9] 唐进松,陈芳芳,薛良磊. 现代体育运动训练理论与方法探索[M]. 北京:中国商务出版社,2019.06.

[10] 王培辉. 体育运动项目技能教学与训练研究[M]. 哈尔滨:哈尔滨出版社,2020.08.

[11] 黄武胜. 体育训练与运动心理学研究[M]. 北京:中国商务出版社,2019.05.

[12] 李儒新,曾晓彬. 运动训练学[M]. 长沙:湖南科学技术出版社,2019.10.

[13] 叶应满,王洪,韩学民. 现代运动训练的理论分析与科学方法研究[M]. 成都:电子科技大学出版社,2017.10.

[14] 俞冠先. 现代体育运动训练理论与方法探索[M]. 北京:地质出版社,2018.01.

[15] 沈建敏. 体育教学创新与运动训练研究[M]. 北京:新华出版社,2018.03.

[16] 张达成,骆繁荣. 现代体育运动科学训练理论与方法探索[M]. 北京:中国纺织出版社,2017.10.

[17] 宁昌峰. 现代体育教育训练的理论发展与创新研究[M]. 北京:煤炭工业出版社,2018.05.

[18] 龙斌. 论运动训练原则[M]. 北京:北京体育大学出版社,2018.05.

[19] 叶春明,于守娟主编. 青少年运动训练研究[M]. 长春:吉林大学出版社,2019.03.

[20] 朱敬. 运动训练及损伤康复研究[M]. 北京:中国水利水电出版社,2019.11.

[21] 顾长海. 现代运动训练理论与实践研究[M]. 上海:同济大学出版社,2018.06.

[22] 杨卓. 现代运动训练内容分析与创新方法研究[M]. 北京:中国商务出版社,2018.01.